U0541399

本著作为2018年度教育部人文社会科学研究青年基金项目"我国在家教育法律规范问题研究"（项目编号：18YJC880143）的研究成果。

# 中国在家教育
# 法律规范问题研究

郑国萍 著

中国社会科学出版社

# 图书在版编目（CIP）数据

中国在家教育法律规范问题研究／郑国萍著 . —北京：中国社会科学出版社，2021.5
ISBN 978 - 7 - 5203 - 8645 - 6

Ⅰ.①中… Ⅱ.①郑… Ⅲ.①家庭教育—法律—研究—中国 Ⅳ.①D922.164

中国版本图书馆 CIP 数据核字（2021）第 135108 号

| | |
|---|---|
| 出 版 人 | 赵剑英 |
| 责任编辑 | 王鸣迪 |
| 责任校对 | 韩海超 |
| 责任印制 | 张雪娇 |

| | |
|---|---|
| 出　　版 | 中国社会科学出版社 |
| 社　　址 | 北京鼓楼西大街甲 158 号 |
| 邮　　编 | 100720 |
| 网　　址 | http://www.csspw.cn |
| 发 行 部 | 010 - 84083685 |
| 门 市 部 | 010 - 84029450 |
| 经　　销 | 新华书店及其他书店 |

| | |
|---|---|
| 印刷装订 | 北京市十月印刷有限公司 |
| 版　　次 | 2021 年 5 月第 1 版 |
| 印　　次 | 2021 年 5 月第 1 次印刷 |

| | |
|---|---|
| 开　　本 | 710×1000　1/16 |
| 印　　张 | 15.5 |
| 插　　页 | 2 |
| 字　　数 | 262 千字 |
| 定　　价 | 98.00 元 |

凡购买中国社会科学出版社图书，如有质量问题请与本社营销中心联系调换
电话：010 - 84083683
**版权所有　侵权必究**

# 前　　言

　　近年来，在我国义务教育全面普及取得丰硕成果的同时，人们对教育多元化、个性化的权利诉求也不断增强。在家教育作为一项新生的多元个性化教育形态，在全国多个省市都有存在，并呈逐渐上升的趋势。在很多西方国家，在家教育是父母教育选择权的重要组成部分，经历了从严格控制到尊重认可的合法化历程。而我国义务教育制度下的在家教育尚处于肇始之际，是新兴的法律问题，义务教育法律制度与学校教育形态的捆绑，使在家教育遭遇合法性危机，引发了法律规范冲突。因此，在我国，是否应该赋予在家教育以权利？在家教育是否具有存在的合理性基础？在义务教育法律制度下，在家教育是否具有合法性？从哪些维度对在家教育进行法理论证？从保障儿童学习权的终极意义上看，应该如何规范和管理这一特殊教育形态？对以上问题的思考便是本书立论的基础。

　　基于以上问题，本书运用综合法学研究范式对在家教育进行研究。运用社会学法学倡导的社会分析方法，从法律事实之维，考察与发现在家教育问题；运用自然法学的价值分析方法，从价值之维，对在家教育法律事实蕴涵的合理性进行探究；运用实证法学的实证分析方法，从法律规则之维，对在家教育的合法律性机理进行论证。在以上综合法学研究方法论的指导下，本书选择广州、重庆、大理三地为主要考察点，以问卷调查、个案访谈、参与式观察等田野考察法作为基本方法，综合运用文本分析法、比较研究法、法律解释法与案例研究法等，对问题展开研究。

　　本书主要沿循以下步骤进行：首先，本书以在家教育法律现象为切入点，通过文献分析，把握在家教育的历史发展脉络，找到研究的基础和生长点；运用田野调查法，对在家教育的现状进行深入考察。其次，从实践与理论层面论证在家教育存在的合理性基础。再次，运用田野考察法、文本分析法等，呈现在家教育的法律规范冲突，并对其实践表征及其问题根源进行分析。复次，基于在家教育法律问题，先从法律本体之维进行合法律性机理分析，再从法律价值之维进一步进行法律论证。然后，运用比较研究法，选择美国在家教育法律规范和我国台湾地区在家教育有关规定，将其发展历程与现状进行比较，以资借鉴。最后，遵循在家教育法律规范问题的应对逻辑，尝试对在家教育法律规范问题的解决提出理论构想与制度建议。

通过深入研究分析，提出了以下观点和结论。

在家教育具有内在自洽的合理性基础。一方面，从教育学、经济学、历史学等多学科视角研究发现，我国在家教育使儿童幸福与发展的两维目的得以充分实现；在获得个人利益的同时，兼顾了教育的公益性；还使古代兼具学术文化传承功能的家学教育具有回归与超越性，从而使在家教育具有实践合理性。另一方面，通过探寻在家教育权利赋予的法源基础，发现我国在家教育是父母教育权优先性的体现，是儿童受教育权利的新转向，以儿童最大利益为原则实现对父母教育权与国家教育权的超越和融合，使在家教育具有理论合理性。客观的必然性与理论的规律性统一使在家教育具有充分的合理性基础和依据。

在家教育的合理性要回到现实指涉的合法性上，源于在家教育法律事实的考察发现，在我国《义务教育法》颁行后，在家教育的发展遭遇了合法性危机，导致在家教育遭遇法律规范困境与挑战。具体表征为：与传统学校教育体制无法衔接，对在家教育缺乏监督与评估，相关社会支持系统缺乏，以及对在家教育与微型学校界定不清。而学校教育制度单向度推进、单一的分析实证法律思维的固化倾向、教育需求变化中法律制度的局限性，以及在家教育相关主体的权利义务关系不清等是其问题根源。

对在家教育进行法律本体与法律价值方面的分析是回应法律规范冲突的途径，也是说明其可认同性和可接受性的依据。义务教育的法律规则在面对在家教育行为时遇到了诸多的新问题，教育关系主体在地位、性质方面都发生了变化，通过对在家教育的法律属性、权利义务的分配、责任的认定等本质属性与内在联系进行客观分析，对在家教育法律价值进行应然评价，促进在家教育法律事实中新的法律关系的生成，为将来在家教育合法地位的取得提供相应的评价标准和价值合理性依据。

基于以上的研究论证，为解决我国在家教育法律规范问题，保障儿童受教育权，得出如下思考：首先，要遵循在家教育法律规范问题的应对逻辑，对在家教育的地位、教育改革的实施、在家教育的制度创新进行解惑。其次，在理论层面加以思考，要对我国在家教育进行清晰界定，通过教育行政的松绑与再规制实现在家教育权利，在家教育的合法化要满足相应的前提条件，同时要把义务教育培养目标作为衡量的基本标准，把儿童全面、自由、个性化发展作为在家教育法律制度创新的生长点。然后，研究源于现实，再回归现实，在具体法律规范制度建设上，要确立在家教育法律规范的指导原则，在实体法层面进行在家教育法律制度创新，在程序法层面进行在家教育法律保障，同时进行学校教育制度的改革和相关社会支持系统的完善。由此，我国在家教育实现从实质到形式的合法性统一，在实现义务教育培养合格公民目标的基础上，促进儿童全面、自由、个性化发展。

本书研究的创新之处表现在：首先，运用了综合法学研究范式，从法律的现实、价值与规则多维视角对在家教育法律规范问题进行综合分析。其次，将"fieldwork"作为研究方法运用于教育法学研究，通过田野考察从现实中发现问题，寻求证据，以进一步从社会学法学视角进行分析，增强研究的说服力。对教育法学多拘泥于实证法学与自然法学的纯粹理论思辨的单一式研究而言，本书从研究范式到具体研究方法都具有一定的创新性。

但是，由于本书主要从较为宏观的角度对在家教育法律规范问题进行分析，因此对法律制度的具体设计还不够深入，同时教育学视角的论证稍显薄弱，尚需进一步完善。希望通过这些初步研究，为儿童受教育权益的保护、教育政策法规的进一步完善提供些许有益的建议或启示。

# 目　录

导　论 …………………………………………………………… （1）
　　一　问题提出 ………………………………………………… （1）
　　二　研究目的 ………………………………………………… （5）
　　三　概念界定 ………………………………………………… （5）
　　四　文献综述 ………………………………………………… （7）
　　五　研究设计 ………………………………………………… （23）

第一章　我国在家教育的历史与现状 ………………………… （28）
　　一　在家教育的发展历程 …………………………………… （28）
　　二　在家教育的现状考察 …………………………………… （36）

第二章　我国在家教育的合理性基础 ………………………… （58）
　　一　在家教育存在的实践合理性 …………………………… （59）
　　二　在家教育权利赋予的理论合理性 ……………………… （78）

第三章　我国《义务教育法》颁行后在家教育的法律规范冲突 …… （95）
　　一　在家教育法律规范冲突的实践表征 …………………… （95）
　　二　在家教育法律规范冲突的本质 ………………………… （107）
　　三　在家教育法律规范冲突的归因检视 …………………… （113）

第四章　规范在家教育行为的法律分析 ……………………… （128）
　　一　在家教育的法律事实 …………………………………… （129）
　　二　在家教育的法律属性 …………………………………… （130）
　　三　在家教育的法律关系构成 ……………………………… （135）

· 1 ·

四　在家教育的法律责任 …………………………………… (144)
　　五　在家教育的法律价值评价 ……………………………… (150)

**第五章　比较视野中的在家教育法律规范** ……………………… (164)
　　一　在家教育比较的基础 …………………………………… (165)
　　二　美国在家教育法律规范 ………………………………… (166)
　　三　我国台湾地区在家教育相关规定 ……………………… (177)
　　四　对在家教育法律规范比较的简要评论 ………………… (184)

**第六章　我国在家教育法律规范体系构建** ……………………… (188)
　　一　在家教育法律规范问题的应对逻辑 …………………… (188)
　　二　解决在家教育法律规范问题的理论思考 ……………… (190)
　　三　解决在家教育法律规范问题的制度建议 ……………… (196)

**结　语** ……………………………………………………………… (214)

**参考文献** …………………………………………………………… (217)

**附　录** ……………………………………………………………… (231)
　　附录一　参考法律文件汇总 ………………………………… (231)
　　附录二　关于在家教育基本情况的问卷调查 ……………… (232)
　　附录三　关于在家教育具体情况的访谈提纲 ……………… (234)
　　附录四　访谈记录节选 ……………………………………… (235)

**后　记** ……………………………………………………………… (240)

# 导　论

## 一　问题提出

### （一）基于我国在家教育群体的规模扩大与权利诉求的增强

文明社会以来，教育经历了从家庭向社会，再由社会向国家职能的两次转移。近年来，在义务教育的全面普及取得丰硕成果的同时，随着教育改革的不断深化，人们的教育权利意识逐渐苏醒，要求教育自由化、多元化的呼声不断。家长和学生的教育需求分化越来越显著，他们不仅仅追求同类中的优质教育，更追求非同质化的、个性化和差别化的教育。部分家长在传统学校之外寻找一种新的教育模式——把孩子留在家里自行教育，家庭再次成为孩子学习的主要场域。

在家教育作为一项迅速发展的教育形态，在西方国家已有较长的历史和较多的经验。而在我国[①]，近些年来，国内见诸媒体报道的"在家上学"的案例也越来越多：成都的蓉榕、广州的韦小溪、浙江海盐的袁小逸、哈尔滨的辛蕴甜、童话大王郑渊洁的儿子郑亚旗、上海的於杨、北京的洋洋、四川泸州女孩李婧磁等。根据21世纪教育研究院发布的部分统计数据，在中国大陆关注在家上学的群体规模约为1.8万人。目前在北京、上海、广东、浙江、江苏、湖北、云南等地都存在在家上学的个案，存在形式多种多样。从分布区域来看，排名前三位的省市依次是广东、浙江和北京，均位于东部。[②] 从规模增长的情况来看，在2013年的时候，"在家上

---

[①] 此处的我国主要指中国大陆地区，因为中国台湾地区在家教育已符合其相关规定，因此不在本文的在家教育问题研究之列，而是作为经验借鉴的一部分。

[②] 杨东平：《中国教育发展报告（2014）》，社会科学文献出版社2014年版，第202页。

学"的真正实践者，全国大概是2000人，2017年大概6000人，每年增长速度是30%。①

我国的在家教育作为一种新兴的教育形态，对于大多数人来说，仍是一个陌生的领域，也带来了许多的疑惑和忧虑。在家教育的内涵如何界定？在家教育究竟由谁来实施？父母能胜任教师的角色吗？课程与教材等都是如何安排的？学习的结果如何？学生是否能和社会接轨？种种疑问，不一而足。带着以上问题，笔者先后到广州、重庆、大理三地进行了多次实地考察。对在家教育的群体规模、产生原因、教育过程及其效果、面临的困难进行考察，力图寻找在家教育存在的真实问题，探寻有无其存在的合理性。

考察结果证实在家教育现象在我国多省市都有存在，并呈逐渐上升的趋势，总体而言，在家教育取得了较好的效果，也存在一些亟待解决的问题，比如无法取得学籍所带来的升学等一系列与学校教育体制的衔接问题。无论是出于主动还是被动的在家教育选择，所反映的事实是：家长和学生的教育需求分化愈来愈显著，在家教育是家庭对个性多元教育形式需求的产物，家庭成了孩子学习的主要场域，父母正在代替学校担负着教育的职责行使着教育的权利，但这并非父母放弃和剥夺孩子受教育的权利，而是为了满足孩子个性化的成长。

在西方很多国家，在家教育是父母教育选择权的重要组成部分，大都经历了从不合法到合法的发展历程。而我国的在家教育尚处于肇始之际，是一个新生事物，是新兴的法律问题，还处在合理合法性的争议阶段。那么，在我国，父母有在家教育的权利吗？在家教育是否有存在的合理性？从实体法的角度，是否合法？从保障儿童学习权的终极意义上看，国家应该如何规范和管理这一特殊教育形态？

**（二）基于对在家教育的合理性思考**

现实中不断出现的在家教育，是否具有其存在的合理性呢？黑格尔有句名言："凡是合乎理性的东西都是现实的；凡是现实的东西都是合乎理

---

① 王佳佳：《中国"在家上学"调查研究报告（2017年）》[EB/OL]，2017年6月23日，https://mp.weixin.qq.com/s/KQdd2dMeEHLCVE-yj6_Qlg，2020年7月17日。

性的。"这是因为"现实性在其展开过程中表现为必然性。"①恩格斯进一步指出，黑格尔区分了现存和现实，认为现实不等于现存，现实的事物是包含有历史必然性的事物。那么，从历史与现实角度来看，我国在家教育是否具有存在的必要性与必然性，是否合乎目的性与规律性呢？

同时，现实中出现的在家教育，是否在理论上具有合理性呢？1948年《世界人权宣言》第6条第3项的规定："父母对其子女所应受教育的种类，有优先选择的权利"，这是《世界人权宣言》赋予父母的教育优先选择权利。2012年11月3日，在德国柏林举行的第一届"全球在家教育会议"上，在家上学者共同签署了《柏林宣言》，指出："父母和家庭在教育及养育儿童上有必要且不可替代的基本角色，此角色应为各国政府尊重和保护的自然权利。"同时，"在家教育是有效教育儿童成为有文化且有生产力之公民及成为公民社会成员的方式，且并没有任何证据显示在家教育会对儿童造成伤害或增加伤害的风险。"基于此，会议通过了6条宣言，提出"承诺支持自由、多样性和多元化的教育，透过正式及非正式的协调，让在家教育成为每个国家的合法教育选择，并成为每个家庭和孩子的权利。"②那么，在家教育的法源基础是什么？是否应该赋予我国公民在家教育权利？在家教育与义务教育的关系为何？义务教育制度下的在家教育是否具有合理性依据？

## （三）基于义务教育法律制度下在家教育的合法性争议

国际法虽然规定父母有优先选择教育的权利，至于父母是否有权选择在家教育以替代正规学校教育这一点却是由本国国内法自行决定的，我国的在家教育是否取得了合法地位呢？教育自古以来主要表现为私人的事务与民间的事业，教育成为国家的职能只是近代的事情。我国《义务教育法》③规定："凡年满六周岁的儿童，其父母或者其他法定监护人应当送其入学接受并完成义务教育。"从立法原意来看，我国的教育体制自从实施九年义务教育以来，中小学阶段的教育应该是由政府批准设立的公私立学

---

① [德]黑格尔：《法哲学原理》，范扬等译，商务印书馆1979年版，第11页。
② 资料来源于2013年8月21世纪教育研究院在"在家上学&多元教育国际会议"中的报告内容（内部资料）。
③ 为行文方便，本书中的《中华人民共和国义务教育法》都简称为《义务教育法》，其他法律名称也采取同样的处理方式。

校提供。也就是说，法律并没有明确赋予父母选择在家教育的权利，进入学校接受义务教育是适龄儿童的应然选择。以我国"在家教育第一案"为例①，此案中孩子在家接受教育的效果良好，但因违背《义务教育法》的相关规定而判决必须回到学校接受义务教育，由此显现了义务教育法律制度下在家教育的合法性危机，引发了法律规范冲突。

我国在家教育所引发的法律规范冲突主要体现在，法律并未对《义务教育法》中的"入学"概念做出明确界定，由此人们的理解产生了歧义，基于对成文法的"平义法""原意法"和"目的法"等不同解释方法，得出了不同的观点：一种观点认为"入学"之"学"即学校，因此"入学"即进入符合国家规定、获得办学许可的学校教育机构。根据这一理解，在家教育显然违反了法律规定，故不具合法性。另一种观点则认为，法律并未明确规定"入学"之"学"即学校，故"入学"亦可理解为"进入义务教育法规定的学习过程"。只要能够切实保障适龄儿童以合理的学习过程接受符合规定的教育，并达到相应学业标准，则在家教育也是可为途径。按此理解，在家教育应属于法律消极认可并应予保护的民事法益。②那么，针对在家教育的法律规范冲突，应当如何从法理的视角看待与分析这一新的教育现象，以合理解决在家教育的法律规范问题呢？主要应涉及以下问题：（1）在家教育法律规范问题的实践表征是什么？导致法律规范问题的根源包括哪些方面？（2）从在家教育的法律本体角度分析，在家教育是否与学校教育具有同等的法律地位？如何处理在家教育中的各种法律关系？父母、学校、政府等各扮演什么样的角色和承担什么样的责任？（3）从在家教育的法律价值角度分析，在家教育是否具有合理性？（4）在什么条件与时机下，如何通过法律规范体系的构建促成在家教育实质合理性与形式合法性的统一？

探寻在家教育法律规范问题之困，唯有从在家教育的法理上去寻找其存在的合理性与正当性依据，发挥其导引、审查与控制功能，实现在家教

---

① 王某与侯某2000年11月因感情不和离婚，经协商，孩子明明（化名）的抚养权归侯某，但事实上明明一直由母亲王某抚养。2004年6月，侯某将正在幼儿园的孩子带走，在家自行教育，一直没有让孩子入学。2006年，王某认为侯某的做法侵犯了孩子受教育的权利，对抚养孩子极为不利，遂上法院讨要孩子的抚养权。法院经审理后做出判决，维持父亲侯某的抚养权，同时也要求侯某尽快解决孩子的上学问题。

② 何颖：《当前我国义务教育阶段"在家上学"的法学分析》，《教育学报》2012年第4期。

育的实质合理性与形式合法性统一，才能进一步解决法律条文上的规范问题。法理分析重在揭示法律规定的原因，阐释法律制度规定背后的原理，关注对法律现象、相关法律规定乃至法律理论在抽象意义上的反省、批评与重构，是实然的事物理路与应然的价值追求的结合体。因此，本书试图从在家教育的历史与现实考察入手，分析在家教育实践和理论上存在的合理性依据，进而呈现义务教育法律制度下在家教育的法律规范冲突，通过对在家教育法律规范冲突的实践表征与问题根源探析，对在家教育在法律本体与价值维度的合法律性机理进行分析，进而对在家教育进行法律规范体系构建，达成在家教育实质合理性与形式合法性的统一，促进儿童受教育权的充分实现。

## 二　研究目的

随着个性多元化教育诉求的增强，在家教育作为一种新兴的教育形态在全国各地出现，造成义务教育法律制度下的在家教育合法性危机，引发在家教育的法律规范冲突。如何正确对待与处理这一新生的教育法律问题是本书的关注点。本书拟在对在家教育法律问题的现实状况和存在的问题进行全面系统的考察后，从法律的现实、价值与规制多维视角深入分析论证在家教育法律规范的合理性与正当性依据，以期为在家教育的健康良性运行，未来在家教育法律规范的实现提供法理依据，以保障在家教育者的合法权益，培养社会的合格公民，实现儿童全面、自由、个性化发展。

## 三　概念界定

### （一）在家教育的概念界定

在家教育（home schooling）是20世纪60年代末70年代初兴起于美国的一场社会运动，home schooling 一词最早出现于1977年美国教育家、作家约翰·霍特的《非学校化教育》这一杂志中。其时，针对美国学校教育质量的逐步下降、暴力等宗教因素的不断增加和校园"文化泛滥"的现状，部分家长本着有利于孩子成长的原则，选择将孩子带回家，实行以家庭为基础的教育。各国的学者都对在家教育进行了概念界定。

在家教育简单说就是不需全然到校上课，主要是父母扮演教师和指导者角色，由父母或其聘请的家庭教师等承担教育责任，教育一个或几个家庭的孩子，并以家庭作为指导学习的主要但并非唯一场所。基于个别化、多元化的教育理念和学习需要而自然扩展到学校以外的场所来进行教学。因此，在家教育与学校教育的本质区别在于，在家教育是父母担负教育孩子的主要责任，主要场所在家里，采取与学校、社区等相结合的一种灵活个性化的教育形态。

因此，综合各国专家学者对在家教育的界定和认识，结合我国实际情况，在义务教育制度背景下，在家教育的"家"是相对于学校而言，以家庭为主要场域，是以家庭为中心的多场所多形式的教育。可将我国在家教育界定为："在家教育"也称为"在家上学""在家自行教育"，主要是指处于义务教育阶段的适龄儿童以家庭为主要教育场所，一个或几个家庭的孩子聚集在一起学习与活动，父母自己为孩子的教育负主要责任，主要由父母或者延请的家庭教师担任教学工作，替代传统正规学校教育并达到义务教育的相当水平，可以免除强制入学义务的一种非学校化的、家长自助的弹性教育形态。

### （二）在家教育的实施对象

在家教育的实施对象主要指义务教育阶段的适龄儿童，但并不适用于一切适龄儿童。在以往的社会政策论述中，在家教育归于特殊教育范畴，对在家教育的对象有着严格的限定，主要面向那些身心障碍或行动不便而无法在普通学校接受教育的在家自行接受教育的学生。对于这一特殊教育群体的学童，《义务教育法》《残疾人教育条例》及其他教育法律给予了专门的规定与论述。因此，此类特殊教育学童的在家教育并不在本书的讨论范围，本书主要针对义务教育阶段正常适龄儿童的在家教育。

在家教育是家长们有着相同或相近的教育理念和价值观，以儿童发展为目的，一个或数个家庭的孩子聚集在一起学习与活动，父母自己为孩子的教育负主要责任，不同于把孩子全权委托给有组织的全日制现代私塾、学堂、书院等各种微型学校的情况。我国《民办教育促进法》针对国家机构以外的社会组织或个人举办的学校及其他教育机构，对其设立条件、学校的组织与活动、教师与受教育者的法律地位、学校资产与财务管理、法律责任等各个方面进行了严格规定。对私立学校的设立也具有人数、场地等规定和限制，如果家长把孩子送入其他脱离父母教育监管的教育机构，这些教育机构必须符合我国的《民办教育促进法》的相关标准，以保障儿童的合法权益。因此，在对在家教育进行界定时，需要把真正的在家教育群体和其他办学形式区别开来，杜绝以在家教育之名行学校之实的法律争议存在。在家教育应该是由父母负主要教育责任的，以家庭为主要教育场所的一种教育形态，并不包括其他私塾、书院等私立教育模式。

## 四　文献综述

### （一）教育权的相关研究

#### 1. 教育权的相关研究

秦惠民最早对教育权的型态进行了深入研究，对教育权的演变历程进行了详细论述。他认为，现代社会的教育权，指由当今世界各国法律所普遍规定、确认和维护的教育权利或权力。现代社会的基本教育权结构，由国家教育权、家庭教育权和社会教育权所组成，这三者是相并列的独立存在的教育权型态。地方教育权、学校教育权、教师教育权等，不过是国家教育权和社会教育权的衍生物。[1] 由此，准确划分了教育权的存在型态，避免各个层级权利（力）的混淆使用。饶龙飞等人对于教育权概念做了全面的文献综述，使研究者能很好地窥见其研究进展状况。他们认为，教育权概念是教育法学的两大基本范畴之一，学界对教育权的法律属性、教育权与受教育权的逻辑关系及教育权的外延问题存在不同的观点、主张或学说。

#### 2. 父母教育权的相关研究

（1）父母教育权的确认研究

国外对父母教育权的确认较早。在古代埃及、印度、雅典、罗马等，都把教育子女作为家庭的重要职责。在人类社会早期，父母拥有教育子女的完全权利。但是自18世纪以来，伴随教育职能向国家的转化，父母教育子女的权利范围大为缩减，基于为人民谋福利立场和从国家利益出发，

---

[1] 秦惠民：《现代社会的基本教育权型态分析》，《中国人民大学学报》1998年第5期。

国家大力介入教育事务，从而拥有了对儿童的教育权力。但是父母对儿童的教育权并没有就此消失。1925 年，美国的"皮尔斯案"再次确立了父母的教育权，认为教育是一项给予那些"养育儿童并引导其命运之人"的个人权利。

关于我国父母教育权的确认。我国《宪法》第 49 条第 3 款规定："父母有抚养、教育未成年子女的义务。"虽未明确将教育子女列为父母的权利，但并不意味着父母教育权没有宪法的依据。在父母在家教权由国内法规定的情况下，我国的在家教育权并未得到法律确认。

（2）父母教育权的性质与内容研究

关于父母教育权性质。管华认为，家长教育权是一种自然权利和伦理权利；是国家教育权和社会教育权的起点和基础，没有家长教育权，后两者都无法存在；家长教育权不但不可能完全消失，而且正在兴起，如在家教育逐渐被认可，自主择校权的诉求等。① 当前，日本和欧美学术界普遍认为，学校教育本质上具有"父母教育权的委托契约"的性质，学校教育权（包括教师的教育权）是受父母的委托而产生的。② 父母教育权作为亲权的重要内容，而亲权又是一种利他的权利，在儿童受教育的过程中，父母教育权的行使必须充分考虑儿童的最大利益，当父母的选择自由与儿童的最大利益产生冲突之时，应当以儿童利益为先。③ 这也为在家教育实施中发生权利冲突时，指明了其应该遵循的原则，确保儿童的最大利益的人是儿童本人，而不是父母。

关于父母教育权的内容。理论界一般认为，父母教育权包括两方面的内容，一方面是父母委托给学校及教师的教育权利，另一方面则是父母所享有的教育子女的权利，主要包括对学校教育享有一定的选择权、参与权以及拒绝权。④

关于父母的教育选择自由，根据 1948 年《世界人权宣言》第 26 条第

---

① 管华：《儿童权利研究——义务教育阶段儿童的权利与保障》，法律出版社 2011 年版，第 107 页。
② 何西宁：《试论我国家庭教育权》，《当代经理人》2006 年第 6 期。
③ Tomasevski K., *Manual on Rights – Based Education*, Asia and Pacific Regional Bureau for Education, 2004.
④ ［日］阿部照哉、池田政章、初宿正典、户松秀典：《宪法——基本人权篇》，周宗宪译，中国政法大学出版社 2006 年版，第 256 页。

3项的规定,父母有优先权利选择子女的教育方式。至于父母是否有权选择在家教育以替代正规学校教育的问题,国际人权法没有确认,因此,这项权利是否被认可主要由国内法决定。从目前研究来看,主要集中在对学校教育参与权与选择权的研究上,如尹力认为父母在学校教育中的权利和地位不是很明确,提出应以法律制度的形式建立父母组织,使父母合法行使对学校教育的参与、决策、管理权利。① 而几乎没有关于在家教育选择权的研究。

3. 关于父母教育权与国家教育权的关系

有研究者认为,现代公共教育制度的产生,使家庭出让了一部分教育权利,主要是家庭不能享受的那部分,为父母在家教育权利提供了理论空间。通过"孟母堂事件",很多学者对家庭(父母)教育权与国家教育权之间的关系进行了探讨。郑素一认为,"孟母堂事件"是一场发生在国家与公民之间关于教育权的争执,基于自然权利,父母有权主张自己对子女的教育权,也有权监督让渡给国家和社会的教育权,家庭教育应有其合法的地位。同时,家庭教育必须接受来自国家与社会的监督与指导,国家也有义务保障家庭教育的实现。这样,通过父母的教育权利与国家的教育权力之间的相互制约,保障受教育权的完美实现。② 辛占强和许国动从需求—责任关系的两种运行方式分析了二者关系紧张的原因,认为是我国政府权威类型转变的相对落后,使家庭对教育的需求难以上升为权利,而导致矛盾的出现。③ 鲁维明还从教育的公权与私权关系角度进行了研究,认为教育私权的公权化虽具有巨大的社会进步意义,但是在政府职能错位的情况下却有可能产生具有强烈冲击力的社会问题。因此如何准确地界定教育公权的最大边界和将教育私权尽可能多地还给个人,将对中国未来一个时期内的可持续发展产生重要影响。④ 这些有关家庭(父母)教育权与国家教育权关系的研究,也同样是在家教育研究中可以参考的依据,为在家

---

① 尹力:《试述父母教育权的内容——从比较教育法制史的视角》,《比较教育研究》2001年第11期。

② 郑素一:《教育权之争——"孟母堂事件"的法理学思考》,《探索与争鸣》2006年第11期。

③ 辛占强、许国动:《国家教育权与家庭教育权紧张的原因探析——以需求与责任的关系为分析维度》,《沈阳教育学院学报》2007年第8期。

④ 鲁维明:《论教育的公权形成和私权回归》,《浙江师范大学学报》2004年第3期。

教育权利的实现提供了很好的理论基础。但是，上述理论大都散见于教育基础理论建设的探讨中，只有少量论文把相关理论运用到了对"孟母堂"等私塾教育形式现实问题的阐释和论证。但是，"孟母堂"等私塾教育毕竟不同于在家教育，而真正针对父母在家教育权利的相关理论阐释还是一个全新的研究内容。

**（二）受教育权的相关研究**

1. 受教育权的相关研究

第一，关于受教育权的性质。国际对受教育权的研究较早。温辉认为，世界上有成文宪法的国家中，多数国家对受教育权都进行了不同程度的规定，在各国宪法中的具体表述方式可以分为：其一，受教育权是公民的一项基本权利；其二，受教育是公民的一项自由；其三，公民有平等的受教育权；其四，受教育既是公民的权利又是公民的义务。[1] 日本学者大须贺明在其《生存权论》中，阐明了作为生存权侧面的教育基本权性质，明确提出包括受教育权在内的生存权性质属于"具体权利论"，认为宪法上的受教育权在司法过程中具有直接的法律效力，突破了传统上作为社会权性质的受教育权只是宣示性权利的理论束缚。但有些国家比如美国，对受教育权作为基本权利的研究很缺乏。美国主流理论认为，受教育权不是一项基本人权，即便罗尔斯也认为，教育只是阻碍了自由价值的实现，本身并非人权。但这并不是说美国就不重视对受教育权的保护，宪法修正案第14条的"平等保护"原则适用于对于受教育权的保护。

我国对于受教育权的理论展开了较为充分系统深入的研究。近年来，受教育权及相关权利的法律救济问题研究成为我国教育学和法学领域的热点问题之一。我国教育法学已经基本确立了尊重、促进和保障公民受教育权的研究范式，对受教育权的研究主要集中在教育哲学层面。受教育的适龄儿童和少年的父母既拥有对他们施与教育的自由，亦负有使他们接受教育的义务；另外，国家和社会又负有提供合理教育制度及适当教育设施和条件等义务。[2] 据此，展开了对受教育权的权利义务关系的一系列研究。

---

[1] 温辉：《受教育权入宪研究》，北京大学出版社2003年版，第7—13页。
[2] 许崇德：《宪法》，中国人民大学出版社1999年版，第181页。

# 导 论

劳凯声认为,受教育权作为一项宪法性质的权利,在静态地、单纯作为法定权利存在时,具有接受权的意味,但在动态的由法定权利向现实权利转化过程中,从强调个体积极主动的学习、要求的意义上看,受教育权利自然是一种行动权。① 申素平认为,受教育权兼具社会权与自由权双重属性。公民在受教育的过程中具有基本的自由,这些自由构成对国家干预与否及其限度都应有所要求,还构成国家保障私人兴学的自由及提供多样性教育的义务要求。因此,受教育权有其自由权的特征,受教育者对教育内容和教育形式都应享有一定的自由选择权。② 这些观点为儿童受教育权自由性提供了理论基础。

第二,关于受教育权的内容。申素平指出,"接受教育的权利"在我国构成了受教育权的核心内容,而在许多欧洲国家,"教育自由"——包括选择教育的自由和建立教育机构的自由,则构成了受教育权的实质内容。③ 王柱国认为,受教育权的本质包括第一层次的学习权和第二层次的自由权。受教育的自由权,是指公民可以根据自己的爱好和方式自由发展其才智和能力。归根结底,受教育权的本质是一项学习自由,以"自主"为核心,国家无论是履行尊重的教育义务还是履行帮助、保护的教育义务,都是为了保障公民受教育权顺利实现、保障公民在教育学习上的自主选择。④ 说明我国受教育权的实现还处于低层次的机会平等实现的阶段,而学习自由权是未来致力于追求的目标。

第三,关于受教育权的研究范式。孙霄兵从历史哲学的角度将受教育权范式分为特权化、宗教化、国家化、社会化、个性化五种类型。指出受教育的个性化范式是指受教育者个性自由地、全面地发展的范式,把受教育者教育成为全面发展的人的价值追求当作唯一目的、自主地发展个性的范式。其权利主体和权力主体逐渐合二为一,特点之一是学习自由权,又称教育自由,个人在选择时,更多的是从个人的需要和个人的发展出发的,从而形成了新的权利即受教育权的个性化权利,这也将成为立法新的

---

① 劳凯声:《变革社会中的教育权与受教育权——教育法学基本问题研究》,教育科学出版社2003年版,第186—187页。
② 申素平:《教育法学——原理、规范与应用》,教育科学出版社2009年版,第28页。
③ 申素平:《教育法学——原理、规范与应用》,教育科学出版社2009年版,第16页。
④ 王柱国:《学习自由与参与平等:受教育权的理论和实践》,中国民主法制出版社2009年版,第68页。

发展趋势。近来,家庭教育这种古老的形式似乎成了新的受教育权个性化教育的途径。①

以上学者对受教育权性质、内容与范式的广泛深入研究,尤其是对受教育权的自由属性的论述,为在家接受教育的自由提供了理论支撑,有利于在家教育相关理论研究的进一步深入。

2. 义务教育的"义务"性研究

义务教育,英文"Compulsory Education",由于义务的含义是指非自愿的、被强迫的,被法律程序或法律的强制性所要求的,因此义务教育也被称为强迫教育。学界主要存在的争议是,义务教育的强制性是对谁而言的,即义务教育是谁的义务?对此问题的研究与回答,将关系到义务教育阶段在家教育权利是否具有可行性的问题。

王柱国从父母对义务教育的优先选择角度进行研究。认为,父母对其未成年子女承担的教育责任,不是来自国家的强制,而是在国家形成之前,来源于父母和子女之间的自然联系,从而自然生成了受教育的权利与义务关系,使父母享有对未成年子女受教育问题的最终决定权。义务教育的无可选择性,即儿童最低限度受教育权是无可选择的权利,与受教育的自由并不矛盾,义务教育法律制度只是保障儿童受教育权的有效手段之一,并不排除其他方式来保障儿童受教育权利。② 也就是说,父母拥有优先选择教育的自由权利。

3. 儿童学习权研究

关于学习权研究。学习权是受教育权相关研究中不可缺少的内容,相关学者对此展开了较为深入的研究。关于受教育权本质,代表性的有生存权说、社会权说、公民权说、发展权说和学习权说。③ 学者们多数倾向于认定受教育权属于学习权。陈恩伦在博士论文《论学习权》中对于学习权展开了深入研究,认为学习权是人在学习化社会的基本权利,是由学习自由、以受教育权为核心的学习条件保障权、个体的发展权构成的统一体。其特征表现为,学习权作为一项综合性权利,既是一项"积极"的权利,

---

① 孙霄兵:《受教育权法理学——一种历史哲学的范式》,教育科学出版社2003年版,第455页。

② 王柱国:《学习自由与参与平等:受教育权的理论和实践》,中国民主法制出版社2009年版,第79、109页。

③ 龚向和:《受教育权论》,中国人民公安大学出版社2004年版,第18—25页。

也是一项"消极"的权利。学习自由界定了学习者享有不受干预的私人空间，明确了教育权力等与学习者权利之间的边界。而受教育权是学习权的表现形式之一，是作为学习自由权的补充物而出现的，离开学习权将无法正确理解受教育权的来源和性质。因此，与教育权相对应的应该是学习权而不是受教育权。① 随后，学习权的内涵研究、学习权与受教育权的关系研究以及学习权的法律保障问题研究等一系列相关研究逐渐展开。从这一研究现状可以发现，未来的教育发展趋势应该是，倡导自主学习与非正式学习的方式，建构正规教育与非正规教育的双轨体系，以实现"学习型社会"的目标。②

关于儿童学习权研究。儿童受教育权正经历向学习权的演变。学习权作为儿童的一项基本权利，不仅需要公正地分配学习资源，还要求获得自由的学习过程。儿童学习权的实现依赖于免于干涉的消极自由与自我实现的积极自由两者的结合。③ 众多的学者还从"孟母堂"等义务教育阶段非学校教育形态进行研究，主要运用学习权理论对相关教育现象进行合理性解读。倪洪涛认为，义务教育的"义务"是国家和父母等监护人的义务，是他们的"教育义务"而非"就学义务"。义务教育阶段学生的学习权有着学习自由权和学习社会权的二元构造，父母等监护人亦享有一定程度的"学习自由分享权"。义务教育作为学习权的"制度性保障"，暗含着"在家教育"的合理性和正当性。④

如果说儿童受教育权利理论是研究社会弱势群体儿童的重要理论依据，那么儿童的学习权理论则是研究在家教育儿童权利的重要理论根据。儿童的受教育权内涵经历了从"要我上学"向"我要上学"的逻辑演变，儿童的学习自由权成了家庭和儿童的权利诉求，包括对在家教育的自由选择。

---

① 陈恩伦：《论学习权》，博士学位论文，西南大学，2003年。
② 李洁：《从学习权研究看教育发展趋势》，《河北师范大学学报（教育科学版）》2011年第7期。
③ 胡金木：《公正：捍卫儿童的学习权》，《教育学术月刊》2009年第2期。
④ 倪洪涛：《论义务教育阶段学生的学习权——从"孟母堂"事件谈起》，《法学评论》2008年第4期。

### (三) 在家教育的相关研究

1. 国外在家教育的相关研究

兴起于美国的在家教育作为一种教育自由选择形式，在多个国家都取得了合法地位，国外对在家教育的研究已经开展了相当长的时期，尤其是美国，积累了大批的研究资料和数据，形成了稳定的研究者群体。除了美国以外，在英国、加拿大和澳大利亚等英语国家和北欧的一些国家，也已经开展了相当系统的在家教育研究，这也是这些国家在家教育运动得以迅速发展的原因之一。过去三十年的学术研究主要集中在：在家教育的发展历史、产生原因、分类、家庭特征等基本情况，在家教育实施过程，学业成绩评价和社会化程度，公立学校对家庭学校的支持以及政策分析等。

（1）关于在家教育的发展历史、产生原因、分类与家庭特征等基本情况的研究

在家教育最早起源于19世纪60年代的美国，最初是一种旨在传播宗教信仰的行为。20世纪中后期，作为一场社会运动得以发展，莫尔和约翰·霍尔特是最初的倡导者，他们致力于推动在家教育作为公立教育之外的选择。霍尔特解释了学校改革失灵的原因，鼓励广大父母大胆地从制度性学校教育跳跃到在家和社区的有机学习，主张由真实世界构筑理想教室，依照儿童的兴趣和需求自主学习。[①] 20世纪80年代莫尔夫妇出版了《在家中长大的儿童和以家庭为中心的学校》，认为"真正的教育"在强迫、高压、竞争的学校环境中根本不可能存在，最文明和有用的方式就是让儿童完全脱离学校，在家中接受教育。约翰·霍尔特发起的反文化左翼思潮和莫尔夫妇发起的宗教右翼思想是在家教育产生的理论源泉，伊里奇的"非学校化"思想和古德曼的"自由学校教育"思想也是在家教育产生的理论基础。

对在家教育产生原因的相关研究很丰富。主要集中在以下方面：家长对学校教育质量和环境等方面的不满意；家长对更好教育的期待；家长不同于学校的教育理念和价值观，包括宗教信仰；孩子的特殊个性化需求等。一些选择在家教育的父母还具有多重的原因。

---

① Holt J. R., *Teach Your Own: A Hopeful Path for Education*, Delta, 1981.

## 导 论

关于在家教育类型的研究，有研究认为可以分为三类：一是 school at home，也叫 traditional homeschooling，因为它像在家里经营一个小学校。你可能有一个像在学校一样有组织的时间表。二是 unschooling，它是与传统在家教育相反的一种类型，大部分非学校受教育者没有一个有规律的日常课程安排。它主要出于孩子自己的兴趣成长。三是 eclectic homeschooling，这是折中的在家教育，一种宽广的，开放的汇合家庭学校教育和非学校化教育的方法。①

（2）关于在家教育的具体实践研究

第一，对于在家教育的教学实践过程研究。在美国，很多教育学科的学者把在家教育当作研究对象进行了深入的实证研究。有研究者从自我决定理论的角度分析了在家教育优势，研究从自治、能力和关系三个维度分析了在家教育实现了儿童的心理需要的满足，激发了儿童求知的兴趣，从而取得了良好的教育教学效果。② 有学者对城市、农村和近郊地区的 250 个在家教育家庭从在家教育的方法、材料和课程等方面进行了全面综合的纵向研究，研究跨越了从 1998 到 2008 年的 10 年时间。③ 近年，另类的教育者和在家教育家庭考虑到传统学校课堂的日常活动和结构的问题，形成了更加开放式的，基于社区的终身学习合作计划。④

许多学者进入对在家教育活动中各个层面的深入研究。比如，有学者就在家教育中母亲对教师角色的适应力，从角色偏差、情绪管理和倦怠等方面进行了长达三年的实地调查。⑤ 在家教育母亲的经历，话题包括：在家教育母亲是如何选择在家教育的，在家教育的风格，她们是如何处理日常教学的，她们是否经历了孤立，支持她们作为个体、教师和母亲的网络

---

① Pearl F. M., "Living Room School: The Real Deal on Homeschooling", *New Moon Girls*, Vol. 17, No. 1, 2009, pp. 16–18.

② Apostoleris N. H., "Children's Love of Learning: Home Schooling and Intrinsic Motivation for Learning", Ph. D. Dissertation, Clark University, 2000.

③ Hanna L. G., "Homeschooling Education: Longitudinal Study of Methods, Materials, and Curricula", *Education and Urban Society*, Vol. 44, No. 5, 2012, pp. 609–631.

④ Miller R., "Creating Learning Communities: Models, Resources & New Ways of Thinking About Teaching & Learning", *Natural Life*, Vol. 76, 2000, p. 25.

⑤ Lois J., "Role Strain, Emotion Management, and Burnout: Homeschooling Mothers' Adjustment to the Teacher Role", *Symbolic Interaction*, Vol. 29, No. 4, 2006, pp. 507–529.

应用,① 在家教育父母的压力研究,② 还包括在家教育的文化意义等各个方面的研究。

第二,在家教育学生的社会化研究是重点研究课题。迄今为止,对在家教育主要的批评仍是社会化问题,也是在家教育反对者质疑的主要理由。最新的在家教育社会化研究表明,与传统学校的学生相比,在家教育学生有更高质量的友谊,与父母和其他成年人有更好的关系。他们是快乐的,乐观的,对他们的生活是满意的。作为青少年,他们有强烈的社会责任感,展示出比同伴更少的情绪混乱和问题行为。在家教育危言耸听的观点不被实证研究所支持。建议将来的研究聚焦不在社会化的结果而应该在过程本身。③ 在家教育的父母利用以下几种方法和技术满足孩子的社会化需求:包括组织玩伴群体,参与业余课程活动,阅读社交书籍,参与在家教育合作社,以提升在家受教育儿童的社会幸福感。④ 目前的研究数据有助于表明在家教育可以作为一种可行的教育选择。

第三,在家教育学生的学业成绩是大众所普遍关心的课题,也是研究者的重点研究内容。许多研究者通过长期跟踪调查和对比研究,结果发现,在家教育学生的学业成绩高于公立学校学生的平均成绩。美国全国家庭教育研究所(NHERI)所长布莱·恩(Brian Ray)博士的一项研究结果指出,在家教育的学生在全国范围的标准化学术成就测试中优于公立学校的学生,各个科目分数都高出30到37个百分点,比如家庭学校学生的阅读能力比公立学校学生高37个百分点,数学能力则高32个百分点。⑤ 另一对在家受教育孩子的学业成就与传统公立学校的学生的对比研究也发现,当把在家受教育的群体划分到有组织的课程计划的群体中和没有组织的群体中时,数据显示,有组织的在家受教育孩子比公立学校的孩子获得

---

① Finch D. D., "The Experiences of Homeschool Mothers", Ph. D. Dissertation, University of Massachusetts Lowell, 2012.
② Rathmell J. L., "A Heuristic Inquiry into the Stress that Home Educators Experience", Ph. D. Dissertation, Liberty University, 2012.
③ Medlin R. G., "Homeschooling and the Question of Socialization Revisited", *Peabody Journal of Education*, Vol. 88, No. 3, 2013, p. 284.
④ Hammad M. T., "Promoting the Social Well-Being of Homeschooled Children: Parental Perspectives and Curricular Suggestions", Ph. D. Dissertation, Webster University, 2012.
⑤ Ray B. D., *Strengths of Their Own*, Salem, OR: National Home Education Research Institute, 1997.

更高的标准化成绩。探究性分析也显示，无组织的在家受教育者在这3个群体中获得最低的标准化成绩。[1] 研究者还发现，在家教育学生进入大学的比例高于国家平均大学入学率。奥罗尔罗伯茨大学就有来自35个州及不同教区的202名家庭学校的学生正在这里接受教育，其中女生占59%，他们的学术性测验（SAT）的平均成绩高于全国平均成绩。[2] 总之，美国许多在家教育研究机构和大量的相关研究结果都一致证明，在家接受教育的学生学业成绩和其他方面的表现都高于国家平均水平或公立学校学生的测试结果。

（3）在家教育相关法律政策支持研究

在家教育经历了从不合法到合法的发展历程，20世纪70年代以前，在家教育在美国大多数州被认为是违法的。1893年，马萨诸塞州最高法院在审理"联邦诉罗伯特案"（Commonwealth v. Robert）中，由于没有现成法律，马萨诸塞州最高法院法官根据美国宪法和案件本身作出的判例解释认为：所有儿童都应该受教育，但并不是都必须按照一种方式受教育。受教育的方式可以多样化，从而在一定程度上默认了在家教育的合法。1904年，印第安纳州法院在"州诉彼得森案"（State v. Peterson）的裁定认为，所有儿童都应该接受教育，但不是指定他们必须用某种特定的方式接受教育。只要能达到同样的教育目的和教育质量标准，采用何种教育方式与教育形式都是可以的。由此，各州拉开了在家上学合法性的序幕，至1993年，美国的50个州都承认了儿童在家受教育的合法地位。

在取得合法地位之后，不同的国家以及不同州都有不同的法律政策规定。关于政府是否有权监管在家教育以及有多大的权力来监管在家教育，这在本质上涉及教育权归属问题。根据不同的立场和态度，大体可分为"严格监管"论、"放松监管"论、"适度监管"论三类观点。[3] 在美国，在家教育不再是一个边缘的现象。有研究认为，毫无疑问，在家教育有许多好处。然而，不是每一个在家受教育的孩子都能在一个培养学者的环境

---

[1] Martin-chang S., Gould O. N., Meuse R. E., "The Impact of Schooling on Academic Achievement – Evidence from Homeschooled and Traditionally Schooled Students", *Canadian Journal of Behavioural Science*, Vol. 43, No. 3, Jul. 2011, pp. 195–202.

[2] Murphy J., Gilmer S. W., et al. *Path Ways to Privatization*, Greenwich: Ablex Publishing Coporation, 1998, pp. 166–172.

[3] 王佳佳：《当代西方国家家庭学校"监管之争"》，《外国教育研究》2011年第9期。

中学习。事实上，一些孩子可能根本没有得到教育。社会有法律的原因是为了约束人们要有责任。如果没有严格的要求，一个州对这些在家教育孩子的父母执行义务教育法几乎是不可能的。越严格的在家教育要求越能保证这些在家教育孩子的父母真正地教育孩子，而且，它将保护孩子接受适当教育的权利，防止部分孩子掉队。① 依赖联邦州行为原则和州宪法教育条款，各州必须管理在家教育以确保父母提供给孩子最低限度的教育。②

其他如英国、丹麦以及澳大利亚等国家的在家教育也经历了类似的发展过程。日本 2006 年颁布的新《教育基本法》中明确规定国家、地方政府应尊重家庭教育的自主权，并且"日本学界一般认为，满足以下条件，孩子家长即可拒绝将孩子送到公立或私立学校去接受义务教育：以思想、信教自由等宪法上的权利遭受侵害为理由；家庭教育的内容，能使孩子习得将来进入社会的最低限度的生活能力；国家定期检查家庭教育的实施状况"。③ 目前在法国有超过 1 万名学生，在家长的指导之下，选择在家自行求学或到世界各国旅游求学。俄罗斯把家庭教育形式与校外考生制并列规定为接受正规教育的合法形式。

(4) 对于在家教育的未来发展研究

研究认为，通过公立学校系统的在家教育是一种相对较新的教育发展趋势。公立学校系统正鼓励在家教育的父母注册、接受一种必须的监督，努力清楚地理解公立学校和在家受教育者之间的友善关系的建立。④ 要重新想象教育，公立学校教育者和非学校教育者也许有很多共同点。⑤ 要欣赏处于公立学校系统的一个家庭学校计划中父母、学习者、教师和行政工作人员之间的关系。为合作的将来愿景创造基础。⑥ 比如，为回应在家教

---

① Richardson E., "Homeschooling Laws (or Lack Thereof) in New Jersey—Are Children Slipping Through the Cracks?", *Journal of Law and Education*, Vol. 42, No. 1, Winter 2013, pp. 173 – 181.

② Yuracko K. A., "Education off the Grid: Constitutional Constraints on Homeschooling", *California Law Review*, Vol. 96, No. 1, Feb. 2008, pp. 123 – 184.

③ [日] 阿部照哉、池田政章、初宿正典、户松秀典：《宪法——基本人权篇（下册）》，周宗宪译，中国政法大学出版社 2006 年版，第 257 页。

④ Horsburgh F., "Home Schooling Within the Public School System", Ph. D. Dissertation, Simon Fraser University, 2005.

⑤ Swidler E., "Re – Imagining School: Public Educators & Unschoolers May Have Much in Common", *Natural Life Magazine. com*, 2010, pp. 32 – 35.

⑥ Heap A. J., "Appreciating Relationships: Creating a Foundation for Collective Future Visioning in a Home Learners Program", Ph. D. Dissertation, Royal Roads University, 2007.

育家庭的增长，美国马里科帕县的两个学区分别于1996年和2000年准许了"双重入学"的在家教育者，通过公立学校与在家教育者的合作整合教育，可以更好地服务于在家教育者。① 不再把在家学习视为高中学生不得已的选择权，学校官员移去了在家学习和传统学校的边界，允许在家学习的学生去上课，参加音乐和运动项目。②

也有研究对在家教育持有并不乐观的态度，认为在家教育是存在公民风险的。在家教育可以满足父母为孩子定制教育的希望，因为在家教育的学生接受通常设计来适应父母偏好的高度定制化教育，这些孩子原则上最不可能接触事先没有选择过的材质、想法和人们；他们最不可能与其他孩子分享共同的教育经历；他们最可能有狭隘的经历视野，这将缩减他们的自由。③

2. 我国台湾地区在家教育相关研究

台湾自所谓"《强迫入学条例》"公布实施以来，除第12条规定的重度智能不足者外，其余六至十五岁的公民，都必须进入公立或私立中小学就读。因此，早期，在强迫教育入学条例的规定下，父母并没有实施在家教育的余地。后来，为因应教育改革的潮流，所谓"《国民教育法》"亦陆续做了几次修正，除了鼓励私人兴办国民教育外，还允许实施"非学校形态之实验教育"，似乎也为在家教育的实施，找到了一个合法空间，但是同时要求，非学校形态实验教育的实施办法，由"直辖市或县（市）政府"规定。如此一来，在家教育实施与否，则由地方政府决定，部分县市迄今尚未出台相关实施办法。

台湾的在家教育逐渐规范，但并未全面实现法制化。陈瑞桂围绕在家教育的法源基础、法律定位，在家教育在教育法律及制度上的意义，对在家教育的实施状况以及制度建议等方面进行了探讨。④ 李明昌认为，在家教育涉及的法律议题相当广泛，尤其是在家教育的法制化有其必要性。从

---

① Eley M. G., "Homeschool – Public School Collaboration", Ph. D. Dissertation, Arizona State University, 2006.
② Nichols D. M., "Calaveras Changing Face of Homeschooling", *McClatchy – Tribune Business News*, Vol. 05, Aug. 2011.
③ Reich R., "The Civic Perils of Homeschooling", *Educational Leadership*, Vol. 59, No. 7, Apr. 2002, pp. 56 – 59.
④ 陈瑞桂：《我国在家教育制度之法律地位与实施现况之探讨——以台北县市国中生在家教育为例》，硕士学位论文，台湾师范大学，2004年。

比较法学的角度，可观察美国在家教育法制的历史发展及实施概况，以其为借鉴。① 陈淑英认为，在家教育权的取得，是教育行政的松绑与再规范的过程。台湾近年来的教育改革，将教育权下放到地方，使体制外实验学校得以依地方政府的规定办学而合法化，为家长的教育选择与参与权建立了法源依据。同时，探讨在家教育的规范化及配套措施，进行教育行政的再规范。②

更多的是对在家教育实施过程中的实证研究。有研究采用质性研究方法，采取个案研究法，发现家庭选择在家教育的因素主要为：基于信仰或读经教育的理念；对品格教育的看重；对学校环境的担忧；对多元学习的期待。在家教育也面临着多方面的挑战：追赶学校课程进度带来的教学压力；面对学校纸面评估而生的挑战与冲突；面对审议委员谨慎把关申请及评鉴而来的心理负担；作为孩子榜样上的自我要求与警醒等。③ 有学者对在家教育课程实施进行历程式深入研究，包括教学计划理念、课程架构、教材选择、课程实施内容、教学方法以及学习评估等方面，并提出父母需要行政机关的协助，包括精神支持、提供教材与资源的讯息、公共资源的协助利用等。④ 有研究在家教育家庭的资讯行为的，认为在家教育家庭需要大量而多元的教育资源与资讯管道，希望获得教育相关单位协助，可成立提供给在家教育者的学科专家咨询等。⑤ 还有对在家教育家长的亲职压力及社会支持的相关调查研究，发现以生活调适压力为最大，人际互动压力为最小；在社会支持类型方面，以获得情绪性支持为最多，获得工具性支持为最少；在社会支持来源方面，以获得正式来源的支持为最多。⑥ 还有对在家教育课程与教学、家长对服务现况与家庭需求、家庭教师教学现况、教学成效评估等各个方面的深入研究。

---

① 李明昌：《在家教育法制化之研究》，硕士学位论文，台湾辅仁大学法律研究所，2004年。
② 陈淑英：《论父母在家教育权——教育行政的松绑与再规范》，《学校行政双月刊》2006年第3期。
③ 李思敏：《不一样的教育选择：三个在家教育家庭的个案研究》，硕士学位论文，台湾屏东教育大学，2007年。
④ 丁莉杰：《国民教育阶段在家教育课程实施之个案研究——以新竹市为例》，硕士学位论文，台北师范学院，2002年。
⑤ 阮纤茹：《在家教育者之资讯行为研究》，硕士学位论文，台湾淡江大学，2011年。
⑥ 江佳芳：《中部地区在家教育学生家长亲职压力与社会支持之研究》，硕士学位论文，台中教育大学，2013年。

导　论

3. 我国大陆在家教育的相关研究

目前国内的在家教育问题在学界引发了广泛关注和争议，而相关研究正处于肇始阶段。以"中国学术文献网络出版总库"的"高级检索"为搜索平台，以"在家上学""在家教育"作为篇名关键词，起始时间不限，截止时间为2020年7月30日，共搜索到文献195篇，其中硕士论文共28篇，博士论文0篇。

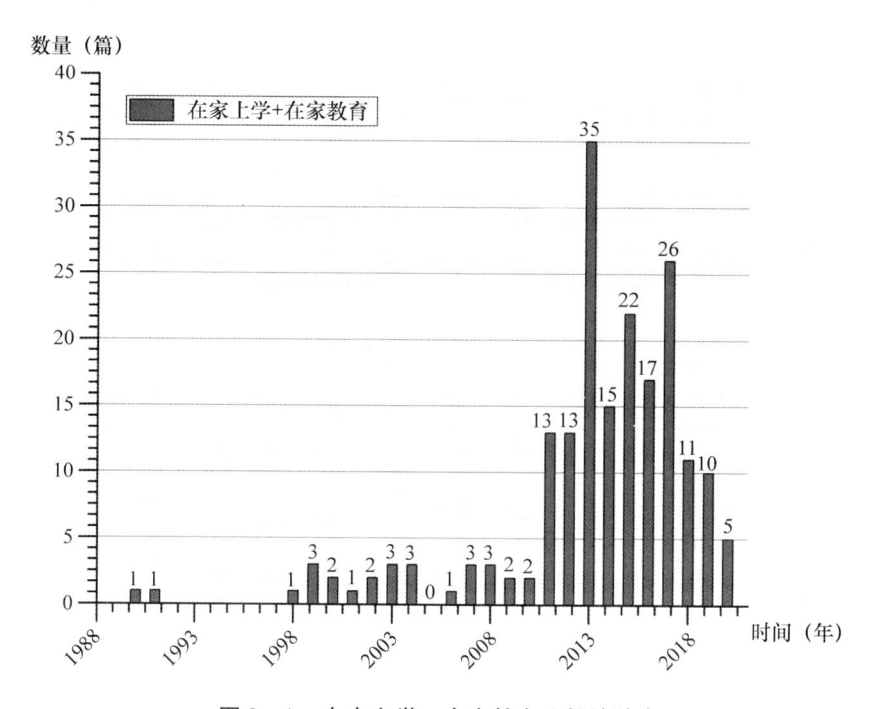

图0-1　在家上学+在家教育总数统计表

注：竖轴表示中国期刊网收录文献数量，横轴表示收录年份。

从学术论文所关注的内容来看，主要还集中在对国际尤其是美国的在家教育运动的历史演变、发展现状、成效与问题以及未来发展趋势等方面的研究。对美国的在家教育多数采用"家庭学校教育"这一通行译法。对家庭学校教育的研究主要分为三个阶段：第一个阶段：了解介绍阶段（1990—1998）。在这9年期间，我国学者对家庭学校教育的研究基本处于一个空白阶段，寥寥五篇期刊文章基本上是对美国家庭学校教育的一个简单的介绍，1990年陈燕平的《再次兴起的美国家庭学校》首次将美国的

· 21 ·

家庭学校教育情况介绍到了中国。① 饶从满进一步介绍了美国家庭学校教育的演变、主要问题和未来趋势，并指出美国家庭学校的成功与否还需要继续观察。② 胡淑芸提到了家庭学校在教育质量、教育监管及学术社会化等方面的争议。③ 第二个阶段：研究起步阶段（1999—2010）。在此阶段，我国学者对在家教育的研究开始进入起步阶段，不再局限于对国外家庭学校教育的简单介绍，而是逐步转向对相关理论的深入细致研究或对国外在家教育现状进行大纲式的全景式分析研究。也有学者就中国在家教育的可行性进行了探讨。第三个阶段：研究展开阶段（2011年至今）。部分学者对我国的在家教育进行了深入的实证研究，还有部分学者从法律与政策等视角对在家教育问题展开了论述。从表面上看，在家教育的合法化是父母向国家争取教育权，但实际上是国家向父母还权的过程，是国家对原本就存在的父母教育权的一种法律上的再确认。④ 国家实施义务教育的权力不应否定父母对义务教育方式的选择，而父母实施在家上学的权利也不能排斥国家对在家上学的监管。教育立法应适时确认在家上学的合法性，并将立法重心放在对在家上学行为的具体规制。⑤ 在家上学至少须首先提升科学性、弥补社会性并强化可行性，建构"学校—家庭—社区"相衔接的在家上学支持系统，以及一套具有可操作性的准入、服务、评价、监督与退出机制，方能进一步促成自身的合法化。⑥

**（四）已有研究简评**

综观关于在家教育的研究成果，已有从教育学、法学、社会学、经济学等不同视角的系统深入的持续研究，取得了丰富的研究成果，为我国大陆在家教育的研究工作提供了很好的借鉴与参考。

而我国的在家教育问题研究，尚处于逐步展开阶段，在理论和实践方面都尚未展开深入系统的研究。当前学术界主要从两个方面进行研究：第

---

① 陈燕平：《再次兴起的美国家庭学校》，《国际展望》1990年第6期。
② 饶从满：《美国家庭学校教育运动简介》，《外国教育研究》1991年第4期。
③ 胡淑芸：《美国"家庭学校"引发争议》，《社会》1998年第9期。
④ 尹力：《儿童受教育权：性质、内容与路径》，教育科学出版社2011年版，第141页。
⑤ 申素平、段斌斌：《在家上学的法律关系分析——以霍菲尔德的法律关系理论为分析视角》，《教育发展研究》2017年第12期。
⑥ 段斌斌：《论在家上学的合法化前提》，《华中师范大学学报（人文社会科学版）》2018年第3期。

一，大部分研究集中在对国外的在家教育经验介绍，包括在家教育现象的历史演变、存在的主要问题、未来发展趋势以及对我国学校教育与家庭教育的借鉴启示等方面。对于国外情况的研究是一个基础部分，具有借鉴意义，但是如何深入调研我国当前实际情况与需要，通过对国内外的比较研究，为我国的在家教育服务，研究还相当匮乏。第二，针对我国的在家教育问题研究，一方面集中在对在家教育某一个案情况的简单概括性介绍，缺乏深入系统的实证考察研究；另一方面零星出现了对在家教育的合法性争议的单一视角的基础性法理探讨，但视角单一导致论证不够系统深入。因此，相关研究虽然对我国在家教育法律问题有所关注和触及，但是对于全国在家教育真实的存在现状与困境、背后的根源等都缺乏系统性实证考察，对于在家教育法律问题也没有多维度全方位的系统性论证。在家教育要取得合法性，不可避免地需要进行法律规范问题研究，实现在家教育的形式合法性，达到实质合理性与形式合法性的统一。有鉴于此，引发了本书的动机。

基于此，本书将从义务教育法律制度下在家教育法律现象入手，从教育学、社会学、法学等多学科立场综合认识，从法律现实、价值与规制等维度对在家教育进行充分的法理证成，再进一步通过对国际上在家教育法律规范的实践借鉴，最后提出解决在家教育法律规范问题的思考与建议，真正达到理论与现实的紧密结合及相互印证。

## 五　研究设计

### （一）研究思路

本书拟从义务教育法律制度下在家教育法律现象入手，运用综合法学的研究范式，从法律现实、价值与规则视角进行整体的宏观性法理探讨。其论证顺序沿着现象—合理性—合法性—制度规范几个部分层层推进，最后落脚于我国在家教育法律规范问题的理论思考与制度建议上。基于以上逻辑思路，本书以在家教育法律现象为切入点，首先通过文献分析，把握在家教育的历史发展脉络，为本书找到研究基础和生长点；运用田野调查法，对在家教育的现状进行深入考察。其次，从实践与理论层面论证在家教育存在的合理性基础。再次，运用田野考察法、文本分析法等，呈现在家教育的法律规范冲突，并对其实践表征及其问题根源进行分析。复次，基于在家教育法律问题，从法律本体之维对在家教育的法律属性、法律关系和法律责任进行合法律性机理分析，从法律价值之维进一步进行法理论证。然后，运用比较研究法，选择美国和我国台湾地区的在家教育相关规定的发展历程与现状进行比较，以资借鉴。最后，遵循在家教育法律规范问题的应对逻辑，尝试对在家教育法律规范问题的解决提出理论思考与制度建议。

**（二）研究方法**

1. 研究方法论

本书运用了包括自然法学、实证法学、社会学法学的一种综合法学的研究范式。

首先，运用社会学法学倡导的社会分析方法。社会分析方法，是从事实和具体问题出发，具体考察法在现实生活中的运行状况、法在实践中的实际效力和效果等现实而具体的问题，以解决问题为目标。社会分析方法将法律看作一种社会现象，强调法律与现实社会的联系，重点研究实体性规则在实际法律实践过程中的法律实效，能否解决当下的社会问题。[1] 因此，本书首先运用社会分析方法，通过考察在家教育法律现象，分析义务教育法律规则在当下社会中运行的实效性，以发现其存在的问题，为进一步的问题分析奠定基础。

其次，运用实证法学的实证分析方法，从逻辑分析的视角，在实然层面对国家制定的法律规范结构本身进行认识和分析，探究"法律是什么"。研究法律规范的形式合法性、结构完整性和体系上的一致性等，而不考虑法律规范的具体内容、内在品质和价值因素。对在家教育法律规范问题研究离不开实证分析方法，对义务教育法律规则形式与结构的实然研究是进行在家教育法律规范问题研究的前提和基础，也是最终归宿和落脚点。

再次，充分运用自然法学的价值分析方法，主要采用形而上学的思辨方式，从应然的层面对法律进行认识、分析、评价和判断。所研究的基本问题主要是"法律应当怎么样，法的价值和目的是什么？"价值分析方法

---

[1] 褚宏启：《教育法学的转折与重构》，《北京师范大学学报（社会科学版）》2013年第5期。

主要从道德的维度、正义的视角对法律本身内在品质进行探究，超越了实然法的法律规则。源于自然法学派的价值分析方法预设了法律背后所具有的价值和终极意义，具有强烈的批判功能，可以对国家所制定的实在法进行审视和评价，① 弥补了实证分析法的不足。通过对在家教育法律价值分析，一方面可以对现行义务教育法存在的问题进行审视和评价，另一方面也可以导引立法者，基于成熟的法理依据去修改或制定相关的法律规范。

综合法学力图超越以上法学在研究方法上的局限性，采取一种综合的方式分析法律。综合法学的代表人物博登海默（E. Bodenheimer）认为，综合法学之所以必要，是因为法律是一个复杂的网，很多的社会因素和价值判断都影响或者制约着法律的制定和执行。无论用唯一的社会因素，还是用唯一的法律理想来一般地分析和解释法律都是不可能的。② 因此，对于在家教育法律问题，需要采取综合的法学研究方式。首先，从事实之维，运用社会分析方法从现实的角度进行分析，对在家教育形态与义务教育法律制度的冲突进行探究。然后，从价值之维，从应然的层面，运用价值分析方法对在家教育法律行为蕴涵的价值理想进行探究，进行合理合道德性论证。最后，从技术之维，运用实证分析方法从逻辑的视角分析和建构在家教育的相关法律规范。

2. 具体研究方法

（1）田野考察法

本书涉及多方权利义务主体的行为实践研究，必须与现实生活相结合。主要选择广州、重庆、大理三地为考察点，具体采用访谈法、问卷法与参与式观察法等对在家教育进行深入实地的田野考察。

第一，访谈法。对不同地区、不同家庭结构的父母、儿童以及教师、教育行政主管部门工作人员等进行结构式与半结构式访谈，获取可靠的一手资料，使研究能源于具体问题，增强论证的说服力。

第二，问卷法。为了对在家教育家庭的共性特征有一个整体把握，以了解是怎样的一个群体在实施在家教育，本书也需要采用问卷调查法。由于在家教育群体分散于全国各地，分散的群体和个案调查并不能实现对整

---

① 谢敏婷：《浅论法学研究方法——以西方三大法学流派思想为引线》，《法制与经济》2011年第10期。

② 沈宗灵：《现代西方法理学》，北京大学出版社1997年版，第27页。

个群体共性特征的全面把握，本书主要以全国性的"在家上学"交流会为契机，以及网络QQ群发送邮件等方式，进行现场与网络问卷调查相结合的方式，获取真实的一手资料。

第三，参与观察法。研究者主要是以一名对在家教育有着强烈兴趣的研究者兼儿童家长的身份，抱着学习的态度参与多个在家教育家庭的学习与生活场景，理解在家教育者的生活与学习活动。这种参与式观察的好处是家长们乐意把你当作群体中的一员，能让你了解到真实的在家教育情况和他们的真实想法，而不是只呈现虚假和好的一面给你。

（2）文本分析法

对于涉及教育政策法规的相关研究，需要对相关政策法规等各项文件进行分析，本书也不例外，主要包括：我国不同历史时期各级政府制定与在家教育相关的政策和法律法规文件；有关在家教育相关权利的国际公约；美国和我国台湾等在家教育的案例、政策和法律法规文件等。

（3）比较研究法

比较研究方法可以分为横向和纵向比较研究，二者的共同点是遵循一定的比较标准，不同点在于横向比较是同时空、横截面的，研究采用这一方法主要是展开对美、台两地的在家教育法律规范进行比较，以获取不同文化、不同地域之间发展的差别和共性，寻找经验和不足，为我所用；而纵向比较是一种历时性的比较，研究采用这一方法主要是对我国在家教育法律规范历史进行梳理和比较，以史为鉴，获得发展的经验。

（4）法律解释法

法律解释是一种弥补法律漏洞、完善法律规定内容的技术或方法，其作用是在学理上直接帮助人们应用法律。法律解释对象是现实的并正在生效的一个国家的正式法律，法律解释的基本目的是为了使人们更好地理解、运用或者健全现行法律，其最终目的是维护现行的法律秩序。[①] 以文义解释、体系解释、历史解释、目的解释、合宪性解释、社会学解释等具体的研究方法，阐释《宪法》《教育法》《义务教育法》等相关法律规范的内涵，以探究与证明在家教育在我国现行法制下的容许性及其法理依据，逐步展开本书的重心所在。

---

① 谢晖：《解释法律与法律解释》，《法学研究》2000年第5期。

（5）案例研究法

在论文研究过程中，结合来自调查访谈中的真实案例和典型的教育法律案例进行分析，从中剖析相关的法学理论问题，增强论证的说服力。

**（三）研究意义**

1. 理论意义

本书把在家教育置于国际化的背景下，从国家、家庭、儿童等多方考察在家教育现状及相关因素，结合教育学、社会学、法学相关理论分析探讨在家教育法律问题及其归因，从法律的多重视角论证合理性与正当性依据，提出了具有针对性的制度规范建议。对现有的教育观念和做法形成冲击力和影响力，以期营造更加多元和平等的教育文化，为在家教育的健康有序发展提供法理依据，为儿童的受教育权理论与实践的不断发展和我国教育形态多元发展提供理论思考。

2. 实践意义

本书的研究对象明确，因而针对性强。对于这一新生教育现象，及时予以关注与理性引导，才能使其在自由与秩序中健康发展。本书致力于对在家教育这一现实法律问题的实地考察，通过从法律现实、价值与规则等多维视角的法理论证，力图寻求解决的途径。有助于教育行政部门探索出更加适合儿童发展的教育政策法规，对在家教育现象进行合理合法规约与支持；有助于家长更加理性合理地行使自己的教育选择权；有助于实现对儿童受教育权利的保护，促进儿童全面、自由、个性化发展。对整个社会的和谐稳定也具有积极作用和重要意义。本书对我国的政策法规制定具有现实的指导意义，将在一定程度上丰富教育政策法律的研究。

第一章

# 我国在家教育的历史与现状

　　中国悠久灿烂的历史文化，孕育锻造了辉煌的教育文化。文明社会以来，家庭的教育职能经历了向社会、国家的两次转移。自古以来，教育本属私领域，儿童在家接受教育是其主要形式，由父母自行负责教育子女，国家极少介入教育事务，虽有"官学"设置，也不具有强制性质。公共教育的兴起，国家公权力全面介入甚至垄断教育事务，使家庭教育逐渐被世俗化的公立学校教育取代，家庭的部分教育权利让渡给国家。随着义务教育制度的建立，国家教育主导地位得以确立，父母教育权逐渐式微，不再拥有自行在家教育子女的权限。近年来，我国义务教育的全面普及取得了丰硕成果，但同时西方工业文明带来的学校教育的异化，以及父母与儿童个性化教育诉求的增强等原因，使部分家长在传统学校之外寻找一种新的教育模式——把孩子留在家里自行教育，家庭再次成为孩子学习的主要场域。回溯在家教育的历史，同时深入考察在家教育的发展现状，才能找到在家教育亟待解决的真实问题，探寻其存在的合理性，为进一步用法律规范在家教育行为奠定基础。

## 一　在家教育的发展历程

　　中国自古以来就具有源远流长的家庭教育历史，一般意义上的家庭教育古时到现在兼有。在古代，教育子女是每个家庭普遍的基本职责和权利，不仅教给子女普通生活中的知识技能以及道德品质的养成，还包括传授高深的专业知识和技能，在家庭中进行一种正式的教与学的活动，一般由父母或聘请的家庭教师对孩子进行教学。而当今义务教育制度下出现的在家教育，就是以家庭为主要场域，由父母或其聘请的家庭教师对孩子实施的教育活动，代替学校教育的功能，也是对古代传统家庭教育中蕴含的正式教学活动的一种回归。因此，对在家教育的溯源，必然从家庭教育的发展历史中去探寻与挖掘，找到研究的基础和生长点。

### （一）古代传统家学为主的在家教育发展

自古以来，教育本属私领域，父母自行负责教育子女，国家极少介入教育事务，儿童在家接受教育是其学习的主要形式。中国古代的学制主要分为"官学"和"私学"两类，"家学"是私学中的一种重要教育形式。"家学"是以家庭和家族作为基本范围，在家庭（族）内部对子弟进行的有计划的教育活动，是父祖、子孙世代相承的学问，其最高层次的家学是以家庭（族）世代传承某种知识或技艺为特征的。从内容上看，是指家庭或家族内部世代相传的包括经史子集内容的文化方面的学问；从形式上看，包括家庭教育和家族教育，包括正规系统的家庭蒙养教育，家庭讲学与家族办学，比如家塾，还有与家庭讲学、家族办学密切关联的"学术家传"等。①

作为一种特殊的教育形式，古代家学教育兼具品德教化与知识技能传授的功能，文化知识的教育体现了在家庭场域完成学校教育之功能。其充分发挥家庭教育与学校教育的功能，并把两种教育糅为一体，形成自身的独有特色。在家教育是在家庭场域由父母或其聘请的家庭教师对孩子实施的教育活动，以家庭为主要教育场所，实现学校教育的功能。可以窥见，与当今在家教育相似的中国古代教育，主要追溯到家庭教育中的以兼具知识文化传承功能的家学教育为主的在家教育形态。在此主要通过分析中国古代的家学教育来呈现在家教育形态发展历程。古代家学教育中蕴含的在家教育发展经历了四个时期。

第一，先秦时期的在家教育。《墨子·尚贤》中说："伊尹为有莘氏女师仆。"女师仆即奴隶主贵族子弟的家庭教师，伊尹是我国教育史上古代第一个见于甲骨文记载的教师，开创了我国古代最高统治者贵族在家教育之先河。西周时的周公作为周王室的家庭教师，对贵族子弟的家教内容，除了礼、乐、射、御、书、数等"六艺"外，还强调对王室子弟的道德修

---

① 姚红艳：《浅谈中国古代家庭教育——家学》，《中国成人教育》2007 年第 6 期。

养的培养，并亲手制定了《世子法》，被视作我国古代皇家家教的经典。在西周时期，虽已经形成特权阶级的完整的学校制度，贵族子弟在进入学校之前都要进行在家教育，家教由师、傅、保专门负责，使贵族子弟在德、智、体三方面得到较为全面的发展。春秋战国时期，社会分工出现了统治阶层以下的士、农、工、商四大类型，按照他们家业世传的需要施行自己的教育和职业训练。士阶层的家教注重传授文化知识，主要是礼、乐、诗、书等书本知识和"修己治人"之道，旨在为其子弟入仕做准备。各诸侯国都非常重视家教，在古籍《国语》《左传》《毛诗》《战国策》《吕氏春秋》等书中，有大量记载。孔子论家教，敬姜教子、孟母家教、田母诫子等是典型事例。

第二，汉魏六朝的在家教育。汉王朝长期推行"独尊儒术"的文教政策，采取科举取士和以经术取士，在家教育得以迅速发展。汉魏六朝形成了以皇家宗室为主体的贵族在家教育，在职文官为代表的官宦在家教育和广大生活在社会底层的平民在家教育。皇家家教教学内容主要是为官之道，强调儒家经典的学习，造就子孙的德才学识。汉代官宦之家崇尚经学，其子弟主要学习《礼》《乐》《诗》《书》《春秋》《论语》等。而平民家庭多以传授社会生活知识和生产技能为主要内容。中国封建社会的仕宦之家大都有世代家传的家学教育，包括武官技艺超群的武艺，文官精通的某一经术或者在文学、史学、天文、历算、医学等某一方面的绝艺，世代相传。比如，翟酺四代传《诗》，杨震从父学习《欧阳尚书》，桓氏三代世传《尚书》的家学绝艺，司马谈、司马迁的史学，班彪、班固、班昭的史学。魏晋南北朝时期的家教不只注重儒家经典，还广涉老庄、玄学、史学、天文、算术等。如，东晋的王羲之、王献之的书法，北朝颜之推的《颜氏家训》成为家教典范。

第三，唐宋时期的在家教育。唐宋推行科举考试取士的选士制度，注重文化与教育，使在家教育与科举考试紧密结合。在"万般皆下品，唯有读书高"的时代，既得利益的仕宦之家，从家教中受益颇多，家教的目的与内容也日益呈现科举化的倾向，延师教子的风气长盛不衰。一些富家大户，兴办"家塾"，或者联合数家或一族，延聘名师任教。唐代诗人韩愈、白居易，宋代的名臣范仲淹，文学家苏洵、苏轼、苏辙、欧阳修，思想家朱熹等都是成功家教的典范，还有很多家庭和家族推行家规家法的教育。在蒙学教材的编写方面也颇有建树，流传于世的有《急就篇》《千字文》

《开蒙要训》《百家姓》《三字经》《文字蒙求》等。

第四，元明清时期的在家教育。这是我国封建社会走向衰落的时期，把以"修身"为手段的"齐家"家教与国家政治秩序及社会伦理道德秩序的巩固紧密联系在一起。元代开始建立社学，也就是以社会基层组织为单位，由一定血缘关系的家或家族结合组成的政教合一的组织，在教育上推行封建纲常伦理教化。明代推行里甲制度，在家教育也有社会化和政治化的特征。清代继承元明时期的家教传统，把在家教育作为加强封建统治的重要措施。鸦片战争以后，我国封建社会制度和家庭制度开始解体，古代在家教育开始向近代转化。明太祖朱元璋延师教子，注重家教。王阳明家教、吕氏父子家教都是成功典范，《朱子家训》《五种遗规》成为家教的重要教材，曾懿的《女学篇》、曾国藩的《曾文正公家训》都是家教的杰作。

### （二）近代在家教育发展

公共教育的兴起，国家公权力全面介入甚至垄断教育事务，使在家庭场域进行教育逐渐被世俗化的公立学校教育取代，家庭的部分教育权利让渡给国家。

鸦片战争以后，我国封建社会制度和家庭制度开始解体，古代在家教育开始向近代转化。在清朝以前，我国没有义务教育的概念。中国普及教育事业始于清末，1903年科举制的废除和新式学堂的建立，使更多家庭的孩子进入学堂读书，家庭教育的功能逐渐被学校所取代。公共教育权导致了法律对教育的保证和规范，从"义务教育""强迫教育"等概念在官方文件的出现到南京政府覆亡的40多年期间，由于政治纷争、经济落后、外敌入侵等各种原因，义务教育制度推行时断时续、时兴时沉。辛亥革命结束了两千多年的封建教育制度，"五四"新文化运动创造了多元而开放的文化环境，"西学东渐"与中西文化交流的加强，极大促进了在家教育思想的变革。同时，近代在家教育承继和发展了古代的勉学传统，并仍作为父母的一项基本职责。在学习内容上，逐渐摒弃传统的经史之学，注入了西方现代自然科学和社会科学知识，智育逐渐摆脱了作为道德载体的功能，具有了相对独立的形态和内在特质，成为家长教育子女的重要内容。在学习方法上，传统的勤苦甚至体罚和棍棒式教育方法转向更加强调对孩子的爱与鼓励，注重父母与子女之间的亲情关系。

## （三）新中国成立后义务教育制度下的在家教育发展

随着义务教育制度的建立，国家教育主导地位的确立，父母教育权逐渐式微，不再拥有自行在家教育子女的权限。中华人民共和国成立伊始，面对中国小学教育普及率尚不达20%的现状，党和政府十分重视教育的普及。新中国义务教育发展经历了忽视国情、急于求成，调整巩固、缓慢发展，脱离实际、遭受重创，拨乱反正、恢复发展四个发展阶段。① 直到1986年《义务教育法》正式颁布实施，全国普及九年义务教育才实现了历史性跨越，取得了举世瞩目的成就。我国《义务教育法》是新中国成立以来第一次通过人大立法的形式确定的义务教育制度，开启了义务教育事业"依法治教"的时代。根据我国1986年颁布、2006年修订的《义务教育法》第5条规定适龄儿童父母"应当送其入学接受并完成义务教育"，表明国家通过强制力督促家长送子女上学接受义务教育，却并未明确赋予父母在家教育的权利。即便如此，随着家长和学生的个性化教育权利诉求的增强，部分家长仍然通过把孩子留在家里自行教育以替代正规的学校教育，我国《义务教育法》颁行后处于不断发展中的在家教育，可以分为以下几个阶段。

1. 蛰伏与萌芽阶段（1986—2005）

在我国，在家教育也并非最近几年才出现的新事物，自《义务教育法》颁行后，虽然父母依法送孩子入学接受义务教育是无可选择的强制性规定，但仍有少部分家庭由于各种原因，并未让孩子入学接受传统的学校教育，而是特立独行地把孩子留在家里，自行教育孩子。由于一方面数量少且极其分散而呈零星散布状；另一方面信息传播不及今日迅速和及时，影响范围有限，因此最初并未受到社会各界的关注。较早的在家教育实践者，应该首推创新性女博士陆宏志②，到后来的成都的蓉榕③、广州的韦小溪④、浙江海

---

① 汪海燕：《新中国义务教育历史研究》，硕士学位论文，西北师范大学，2003年，第17—21页。
② 李新玲：《在家上学——叛离学校教育》，中央广播电视大学出版社2012年版，第92页。
③ 胥茜：《我的孩子在家上学》，《中国教育报》2002年1月20日。
④ 傅汉荣：《一对父母挑战学校教育模式让女儿回家上学，私塾现代版广州上演》，《羊城晚报》2001年9月18日。

盐的袁小逸①、哈尔滨的辛蕴甜②、童话大王郑渊洁的儿子郑亚旗③、上海的於杨④、北京的洋洋⑤、四川泸州女孩李婧磁⑥等。

这些在家教育孩子的成长方式各不相同，如今几乎都已从在家教育"毕业"，教育的结果也初见端倪。有的孩子已经成年，走向社会，著名儿童作家、童话大王郑渊洁的儿子郑亚旗当属知名度最高的一个，如今，他成功创办了"皮皮鲁"总动员文化科技有限公司。有的孩子已经进入大学，继续学习深造，14岁的哈尔滨女孩辛蕴甜是在父母的教授下学完小学到高中的全部课程的，2011年参加高考取得560分的成绩，收到了黑龙江大学生物工程专业的录取通知书。⑦ 成都女孩蓉榕，用3年时间在家自学完小学课程，之后进入成都国际学校，2011年被美国多所一流大学录取，最终选择了南加州大学，并以优异的成绩回应了当初的诸多质疑。⑧ 回望这批最早开始在家教育的实践者，是随着在家教育群体规模的不断扩大，而逐步受到社会各界关注的，他们的在家教育时期，却是在无人关注的独自探索中前进的。这是在家教育的垫伏与萌芽的时期。

2. 紧张对立阶段（2006—2009）

我国2006年新修订的《义务教育法》第5条以及《未成年人保护法》第13条只是规定适龄儿童的父母"应当送其入学接受并完成义务教育"，并未明确规定父母有选择在家教育或其他体制外另类教育形态的权利，这种在家教育的模式对我国义务教育法律制度造成了一定冲击和挑战。随着在家教育群体的逐渐增加，2006年发生的"在家教育第一案"⑨，以及

---

① 汪晓东、袁鸿林：《我就是那个私塾老师》，《人民日报·华东新闻》2005年11月11日。
② 赵琳琳：《揭秘"私塾女孩"辛蕴甜的读书经》，《广州日报》2006年8月8日。
③ 郑渊洁、郑亚旗：《郑渊洁教子秘诀》，二十一世纪出版社2006年版，第8页。
④ 金柯：《另类教育：家庭学校打造"天才少年"》，《解放日报》2004年2月15日。
⑤ 《关注北京首例"私塾"教育抚养权案》，《中央电视台新闻频道·法治在线》2006年9月22日。
⑥ 杨元禄：《初中男子在家教女儿，称将其培养为科学家》，《四川在线—华西都市报》2007年2月27日。
⑦ 《辛蕴甜的另类教育》[EB/OL]，http://www.gmw.cn/02sz/2008-12/01/content_892115.htm。
⑧ 张欧：《女孩在家上学十年引质疑，读美名牌大学成绩优异》，《成都晚报》2011年12月19日。
⑨ 申素平：《在家教育的法理分析——从我国在家教育第一案说起》，《中国教育学刊》2008年第7期。

2006、2009年上海"孟母堂"私塾两次被取缔事件①,使在家教育群体进入了社会各界的视野,在家教育者对教育自由的诉求与义务教育制度的强制入学构成了冲突,引发了学界对在家教育现象的合法合理性争议。

从依法治教的理念来看,我们的国家和政府必须对在家上学做出明确表态,要么承认其合法,加强家庭学校的立法;要么认定其违法,采取措施迫使父母送适龄儿童入学。②对于这种状况,有研究者指出,有两种解决办法的途径,一种是根据宪法来修改普通法律,使在家教育具有合法性;另一种则是努力在现行法律条文中寻找解释的空间,保持法的安定性。而解释的空间则在于,现行义务教育法虽未明确将在家教育列为例外,但也未明确排除。因此,如果在家教育达到了相当于学校义务教育的标准,就应具有合法性。③在这个阶段,两例典型案例的法院审判结果无一例外否定了在家教育法律行为的合法性,而判决儿童必须入学接受义务教育。可见,在家教育形态与义务教育制度处于一种矛盾对立的紧张关系。

3. 蓬勃发展阶段(2010—2016)

随着在家教育现象在全国各地的不断发展,在家教育也由最初更多的是家长逃离应试教育的选择,到如今逐渐演变为探寻更适合儿童多元个性发展需求的教育选择,引起了相关学者及学术团体的广泛关注。李新玲在《在家上学——叛离学校教育》中介绍,目前在北京、上海、广东、浙江、江苏、湖北、云南等地存在大量在家上学的个案,其存在形式多种多样。④在家上学群体还自发创建了"在家上学联盟网",各地自发形成了数百个在家教育有效QQ群。到目前为止,"在家上学联盟网"已经在全国各地自发成功组织和举办了六期在家上学工作坊,加强在家教育家庭之间的互动交流。据粗略估算,活跃在中国大陆的在家上学群体规模约为1.8万

---

① 张步峰、蒋卫君:《现代私塾"孟母堂"能否见容于法治》,《法学》2006年第9期。
② 尹力:《儿童受教育权:性质、内容与路径》,教育科学出版社2011年版,第142—144页。
③ 王锴:《在家教育的合宪性与合法性:兼谈我国宪法上受教育权与受教育义务之内涵》,《孟母堂相关法律问题学术研讨会论文集》,中国人民大学宪政与行政法治研究中心2006年版。
④ 李新玲:《在家上学——叛离学校教育》,中央广播电视大学出版社2012年版,第5—6页。

人，其他参加非学校化教育形态的也有数万人。① 根据网络问卷调查，在家上学家庭分布区域数量排名前三位的省市依次是广东、浙江和北京。这可能与这些地区的经济文化水平更高，社会公众教育观念更开放有关。② 截至 2016 年 2 月，中国约有 6000 人正在实践"在家上学"，约 5 万名家长有意尝试这一教育模式。在 2017 年 2 月 23 日举行的"第二届 LIFE 教育创新峰会新闻发布会"上，据王佳佳计算，自 2013 年初至 2017 年初，中国实践"在家上学"的人群规模年均增长约 30%。

在实践中，由于我国在家教育尚处于法律的灰色地带，基于各种因素，有的地方政府和学校也会默许在家教育行为。为争取更多的合法权益，在家教育群体还积极提出合法化申请。2010 年 9 月，一名在家教育的家长向当地教育行政部门提出了在家教育申请，但并未获得批准。③ 但是，2014 年 9 月全国中小学生统一学籍管理，这一信息增加了在家教育家庭违规挂靠学籍的难度，在家教育的进一步发展也走到了一个十字路口，在家教育只有通过与学校互动合作，才可能取得学籍，部分家庭只能通过请假休学或者委托熟人等为孩子在传统学校保留学籍。

在家教育现象还推动了相关学术研究机构对此的关注与研究。我国民间教育研究机构 21 世纪教育研究院于 2010—2012 年在云南大理发起举办了全国前三届"在家上学"会议，全国各地在家教育家庭浮出水面，分享经验和陈述困难，并把合法化诉求列为自己亟待解决的问题之一；2011 年夏启动了"在家上学"研究项目；2013 年 8 月在北京组织召开"学在民间：在家上学 & 多元教育"国际研讨会，会议期间发布《中国在家上学研究报告（2013）》，明确指出合法化问题是在家上学未来发展面临的首要问题。同时，提出"北京共识"："教育作为基本人权，家长对孩子的教育具有优先选择权。1948 年 12 月联合国大会通过的《世界人权宣言》第 26 条第 3 款规定'父母对其子女所应受的教育的种类，有优先选择的权利。'

---

① 其中，根据华鼎书院友情提供给 21 世纪教育研究院的调研报告显示，微型学校中的私塾和书院部分，大约 591 家，华德福学校是 119 家，教会学校近 200 家，估算整个大陆的非学校化人数在 10 万人以内。来源于 2013 年 21 世纪教育研究院在"在家上学 & 多元教育国际会议"中的报告内容（内部资料）。

② 21 世纪教育研究院：《中国在家上学研究报告》[R/OL]，2013 年 8 月 24 日，教育思想网，http://www.eduthought.net/index.php?a=news_x&m=News&id=176.，2013 年 10 月 1 日。

③ 姚泳光：《"在家上学"风波——申请书及〈广州日报〉报道》[EB/OL]，2014 年 6 月 26 日，http://blog.sina.com.cn/s/blog_7815911f0101h08b.html，2019 年 10 月 1 日。

因此，在家上学的权利，应该得到社会的尊重和法律的保护。"① 学者对在家教育的支持，成为推动在家教育进一步发展的因素与动力之一。

4. 理性发展阶段（2017年至今）

任何新生事物都要经历曲折发展过程。《中国"在家上学"调查研究报告（2017年）》结果显示，"在家上学"的群体规模大幅度扩大，密切关注并有意尝试者从2013年的约18000人增长至2017年的约50000人，而真正的实践者也由约2000人增长至约6000人，年均增长速度30%。② 随着时间的推移，在家教育群体也经历了由盲目跟从到理性选择的认识过程。在家教育群体在数年的教育实践摸索过程中，也在不断地学习、沉淀和反思，一些对在家教育理念认识不清、执行力不强、遭遇各种现实阻力的父母，也逐渐回归传统学校教育。尤其是2017年教育部印发《关于做好2017年义务教育招生入学工作的通知》要求："不得擅自以在家学习替代国家统一实施的义务教育"，并且"高度关注接受'私塾''读经班'等社会培训机构教育的学生"。这是国家首次明确表态叫停在家上学，也促使一些犹豫之中的在家教育家长三思而后行。因为相关通知中并没有明确说明要介入制止或采取法律手段来规范家长的在家教育行为，部分自认为适应在家教育模式的群体仍在坚持与坚守。整个在家教育群体逐渐回归理性发展。

## 二　在家教育的现状考察

需求决定事物的产生与发展，在不同的历史时期和社会发展阶段，教育需求存在差异，因而客观存在大众教育需求变化及选择受教育行为的变化。在家教育的出现是个体的多元教育需求变化的结果与表现。在家教育者是一个有着不同的和重叠动机的异源群体，公立学校已不能满足成员的需求，父母力图寻求重建教育之路，在可供选择的教育中，在家教育似乎成为首要选择。因此，本书同时需要通过问卷调查、个案访谈与参与式观

---

① 21世纪教育研究院：《北京共识（内部资料）》。
② 王佳佳：《中国"在家上学"调查研究报告（2017年）》[EB/OL]，2017年6月23日，https：//mp.weixin.qq.com/s/KQdd2dMeEHLCVE－yj6_Qlg，2020年7月17日。

察等田野考察法，通过进入在家教育的真实学习生活场域，对实际情形进行参与式观察，来了解在家教育学童的真实情况，对存在已久的争议和问题，有一个清晰全面的把握。通过对典型性代表性个案进行深入考察，来深入了解在家教育的原因与动机、教育模式、课程与教学方式、优劣势和群体需求等，以及对非在家教育者的看法进行访谈，以理解和反思我国在家教育现象存在的合理性与问题，促进我国教育的更合理发展。

**（一）考察方案设计**

1. 考察时间与地点的选定

笔者选取了分别代表我国东、中、西部地区在家教育发展情况的广州、重庆和大理三地作为研究的主要考察点。主要基于以下考虑：广州作为经济发达、思想开放的东部沿海城市，其在家上学群体规模应远在其他城市之上，而后《中国在家上学研究报告（2013）》《中国"在家上学"调查研究报告（2017年）》的调查报告数据也印证了这一结果。重庆作为一个中等发达的直辖市，代表着大多数分散各地城市在家上学的现状。云南大理被誉为在家上学的"圣地"，不仅因为它是风景如画、包容多元的旅游古城，还因为很多来自全国各地的家长们都喜欢带着孩子或长期居住或短暂停留生活学习于此，这为研究者提供了一个很好的相对集中的考察地点。据大理蔬菜教育社区菜妈介绍，她已接待交流过在家教育家庭千人次以上。前三次的全国在家上学会议也都在大理召开，具有一定典型性和代表性。

笔者首先是借助2013年6月由"在家上学联盟网"发起的广州全国"在家上学"自助交流会，与参会的100多个来自北京、山东、安徽、青海、新疆、江西、广东等全国十多个省市的正在实施和计划实施在家教育的家庭，分享经验与困惑，在会议中和会议间隙对每个家庭进行访谈与问卷调查，对来自全国的在家教育群体有了一个比较全面、真实、深入的了解和认识。之后再对广州当地的部分在家教育家庭进行了考察，后续研究主要通过邮件、电话等方式进行沟通。然后，笔者又参加了2013年9月大理自发组织的"在家上学"经验交流会，进行了问卷调查与访谈考察。2012—2014年期间，就近选择重庆城区的几个家庭，与在家教育父母和孩子进行不定期的沟通交流。2013年9—10月和2014年4—5月，对大理的多个在家教育群体进行了走访、考察。云南大理有在家教育的互助团体，每一个团体中的几个家庭定期或不定期地一起学习互动：包括蔬菜生活劳动教育社区（位于大理古城洱海门大木屋）、腾龙灵性教育社区（位于大理银桥镇上银村）、人子社区（位于大理银桥镇中银村）、自然力学园（位于大理湾桥镇云峰村）、水学苑（位于大理古城三文笔村苍山桃溪谷）、内明学堂（位于大理学院旁）、高竹互助教育（位于大理下阳坡村）等。随着时间推移，某些社区也发生了变化迁徙或者消失了，一些社区则持续稳定发展，新的社区或者模式不断形成，但总的发展情况是在家上学群体规模处于上升的趋势。截至 2020 年，研究者主要通过 QQ 群、微信、电子邮件等方式对前期研究对象进行了持续跟踪调查。

2. 考察对象与方法的选择

本书的田野考察法包括：考察前期运用问卷调查法，以把握在家教育群体的整体情况；然后再主要采用个案访谈法与参与式观察，以深入考察和了解在家教育群体的真实教育情况。

（1）问卷调查法

第一，问卷调查的对象。在调查地点的选择上，由于在家教育群体分散于全国各地，笔者通过实地与网络两种方式的结合进行调查。第一次，主要以广州和大理全国性的"在家上学"交流会为契机，通过问卷调查的方式，获取真实的一手资料。问卷调查共发放 80 份问卷，回收 77 份，有效问卷 74 份，有效回收率为 92.5%。但是，参加"在家上学"交流会的家长也许具有某些方面更强的共性特征，比如，经济条件更好和所处地理位置更近等，还不能有效代表全国的在家教育情况。

第二次，在样本选择问题上，主要考虑地域的分布范围，要求尽可能涵盖全国东、中、西部发达与不发达城市。笔者借助网络，分别加入多个省市的在家上学网络群，按照我国对城市的划分标准，采用分层抽样的方法，选取了东、中、西部的一、二、三、四线各级城市共 25 个，一线城市：北京、天津、上海、广州、深圳；二线城市：哈尔滨、青岛、厦门、郑州、杭州、合肥、成都、南宁、兰州、贵阳；三、四线城市：漳州、海口、珠海、大同、淮南、宝鸡、邯郸、西宁、银川、包头。一线城市只有 5 个，每个城市发放 10 份问卷，二线和三、四线城市每个城市发放 5 份问卷，达成各线城市总数的平衡。共计发放 150 份问卷，回收 138 份，有效问卷 135 份，有效回收率为 90%。最后，把两次问卷调查所得结果进行合并统计分析，共发放 230 份问卷，回收 215 份，有效问卷 209 份，有效回收率为90.9%。做出概括性统计分析。并对样本数据结果采用SPSS 20.0统计软件进行了信度和效度检验。

第二，问卷调查的主要内容。调查问卷的内容包括家庭情况、父母职业与受教育情况、孩子的受教育基本情况、孩子在家上学的实施情况等，具体包括以下几方面：一是，家庭的特征，包括家庭的年收入、宗教信仰、选择在家教育的原因。二是，父母的情况，包括父母的职业和受教育程度。三是，孩子的特点，包括年龄和在家受教育年限。四是，在家上学的实施情况，包括在家上学的伙伴人数、施教者、与学校的关系、利弊得失、未来规划和期望。

（2）个案访谈与参与式观察法

首先，自2012年起往返于广州、重庆、大理三地对不同地区、不同家庭结构的父母、儿童进行深入访谈与参与式观察，还包括电话访谈、电子邮件和QQ聊天等多种方式，获取可靠的一手资料，使研究能够源于具体问题，增加论证的说服力。学生家长和孩子共30人次左右作为访谈与观察主要对象，访谈的内容主要包括选择在家上学的原因、在家上学的利弊得失、在家上学的规划与期望等。其次，对学校与教育行政部门的工作人员、教育法学研究者、立法人员等进行了访谈，主要听取他们对在家上学现象的看法与态度。

3. 研究者的角色

本书采取质性研究为主，量化研究为辅的研究方法。质性研究最重要的研究工具就是研究者本身，研究者需要具备极佳的观察、省思与诠释能力。作为研究者本人而言，没有特别宗教信仰，在进入研究场域时不存在任何预设立场，能以更为客观、理性的视野来观察现场情境。主要以一名对在家教育有着强烈兴趣的研究者兼儿童家长的身份，参与和理解在家教育者的生活与学习。这种参与式观察的好处是家长们会把你当作群体中的一员，研究对象对于他们的角色感到放松，不会因为与调查者分享他们的私人生活而有压力感和威胁感，能让你了解到真实的在家教育情况和他们的真实想法，而不是只呈现虚假和好的一面给你，会更开放地分享他们的成功和失败。

（二）在家教育群体的共性特征

在家教育群体作为一个新出现的特殊教育群体，必然在某些方面存在共性特征。本书主要采用以上陈述的问卷调查的方法,从家庭和孩子两个方面对其特征进行统计分析,以便对在家教育群体的情况有一个总体的了解与把握。

1. 家庭的特征

对家庭共性特征的调查研究,是为了对在家教育的家庭背景有一个整体把握,以了解是怎样的一个群体在实施在家教育。一些研究直接证明了来自不同阶层的子女在教育获得方面的差异,指出了各自阶层背景的家庭文化资本、经济资本、社会资本,或者父母亲的文化程度、职业地位等一方面或多方面的差异影响着人们的教育获得。① 来自家庭背景,或者说阶层背景的差异对人们的教育获得的影响是不可忽视的。

第一,在家教育家庭的年收入方面。结果显示,家庭的年收入主要集中在5万—50万元这个区域,占86%。其中5万—10万元家庭占28.2%,10万—20万元家庭占41.1%,20万—50万元家庭占16.7%。可见,在家教育家庭主要为社会中的中等收入家庭,从经济角度能提供各种物质保障,不会对在家教育的实施造成负面影响。

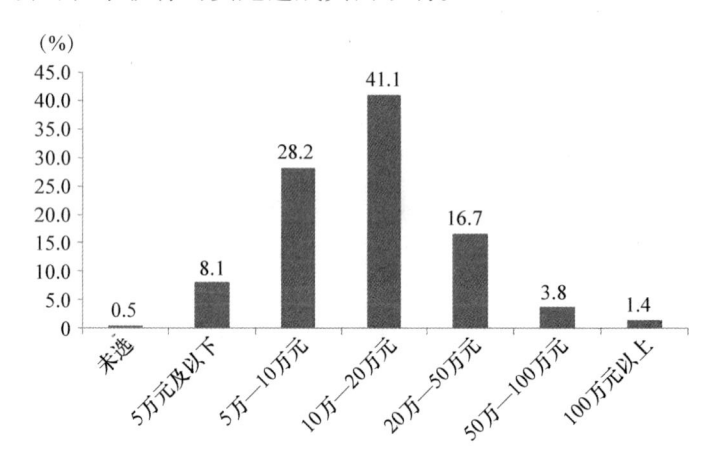

图1-1 在家教育家庭的年收入统计

第二,按照受教育程度,将家长的学历分为研究生、本科、大专、高中及以下。结果显示,拥有本科学历的家长最多,占51.7%;研究生学

---

① 方长春:《家庭背景如何影响教育获得:基于居住空间分异的视角》,《教育学报》2011年第12期。

历占18.2%，整体而言，家长的整体素质还是偏高的。布尔迪厄的文化资本论认为，家庭中的文化资本，通过阶层间的不平等分配，对不同阶层学生的教育成就产生重大影响。在家教育家庭多数家长拥有较高学历，在文化资本方面为在家教育的质量提供了一定的保障。

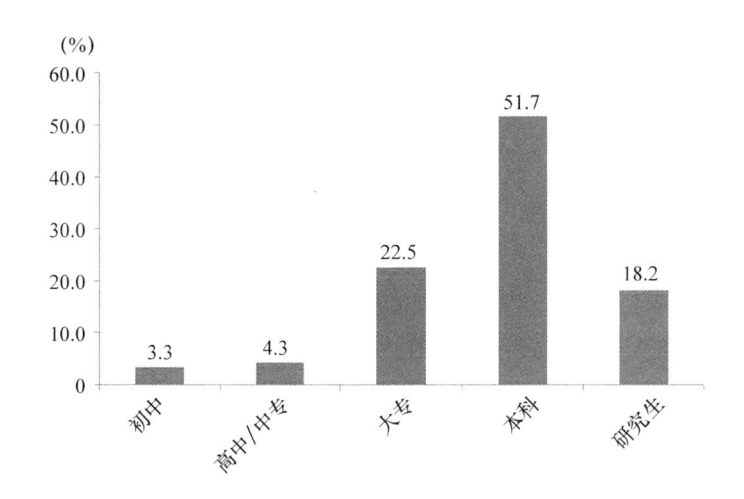

图1-2 在家教育家庭的家长学历统计

第三，关于家长职业。因为问卷针对父母双方职业都进行了提问，结果发现，每项父亲与母亲的职业数据相差无几，因此，结果采取的是被访问者统计。统计结果显示，全职在家教育孩子、经商、自由职业占到样本数据的67.5%。许多家庭中的一位家长会全职在家教育孩子，或者做一份可以自由安排时间的工作，以保证对孩子的陪伴与教育成效。

布尔迪厄认为，不同阶层、不同文化背景的家庭（亦即拥有不同文化资本的家庭）与学生的成长有很大的相关性。分析在家教育家庭的状况可以看出，我国实施在家教育的主体是中等收入家庭，父母的经济收入与受教育程度皆属中上水平。虽拥有较好的经济与文化资本，但尚不能享受最优质的教育资源，同时又力图改变孩子的教育现状，给予孩子更好的成长条件。在家教育家庭较好的经济资本、文化资本和社会资本对在家教育者的教育获得是有优势的。

2. 孩子的特点

在年龄方面可以看出，在家教育的孩子多数处于幼儿园及小学低年级

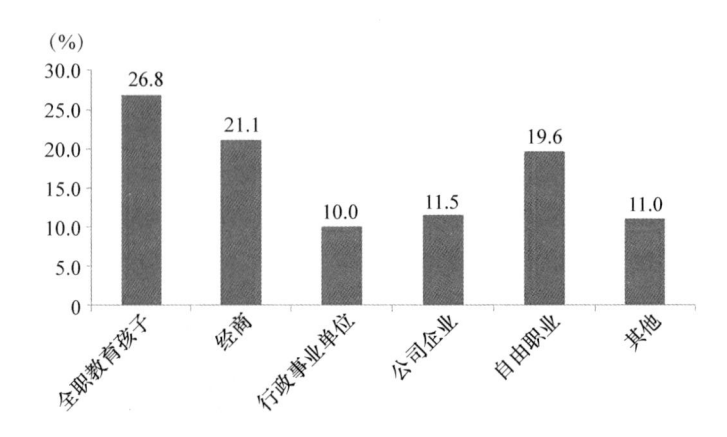

图 1-3　在家教育家庭的家长职业统计

阶段，两者占 67.9%；在家接受教育的年限是时间越短人数越多，一年以内的占 42.1%，1—3 年的占 34.9%。从这两组数据可以做适当的相关因素分析，主要原因在于我国在家教育群体是近几年才得以迅速发展的，因此在家教育儿童普遍还处于低龄阶段；也有部分在家教育儿童在初、高中阶段回到体制内学校接受教育，包括进入国际学校，为出国留学做准备等；同时不断有新的在家教育群体加入，在家教育接受教育年限较短的家庭会较多；部分家庭经过尝试后，也会量力而行，如果发现在家教育并不理想也会回归传统学校教育。由此看来，由于我国在家教育兴起时间较

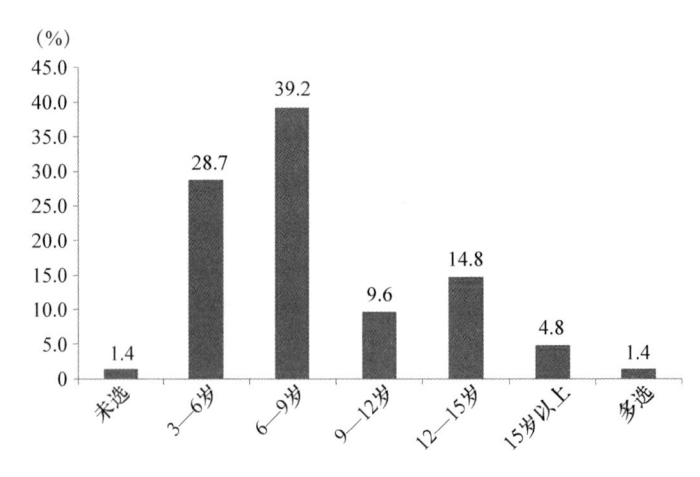

图 1-4　在家教育孩子的年龄统计

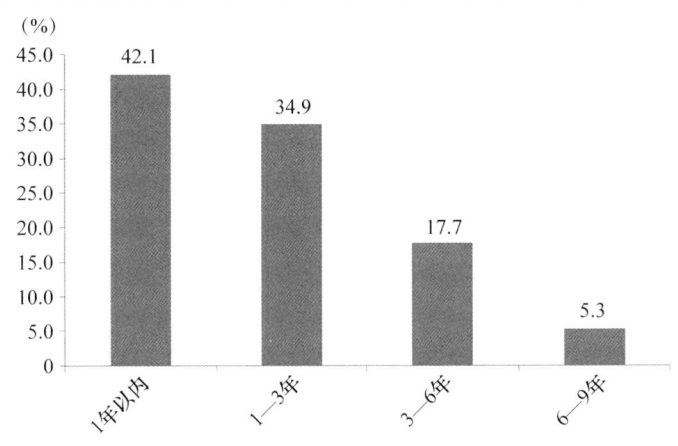

晚，如果在家教育健康有序发展，未来几年也许会呈现持续增长的态势。

图1-5 在家教育孩子在家受教育年限统计

3. 在家教育群体样本数据的信效度分析

（1）家庭特征样本数据的信度分析

样本数据采用SPSS 20.0统计软件进行了信度分析。信度分析的目的是进行样本数据的可靠性验证，信度多以相关系数进行表示。本书采用Cronbach α信度系数法。其公式为：

$$a = \left(\frac{k}{k-1}\right) \times \left(1 - \frac{\sum S_i^2}{S_x^2}\right)$$

其中，$k$为量表中题项的总数，$S_i^2$为第i题得分的题内方差，$S_x^2$为全部题项总得分的方差。从公式中可以看出，α系数评价的是量表中各题项得分间的一致性，属于内在一致性系数。总量表的信度系数最好在0.8以上，0.7—0.8之间可以接受，分量表的信度系数最好在0.7以上，0.6—0.7还可以接受。Cronbach's alpha系数如果在0.6以下就要考虑重新编问卷。本书中的家庭特征信度分析结果如表1-1和表1-2所示。

表1-1　　　　　　　　家庭特征样本数据的可靠性统计

| Cronbach 系数 | 项数 |
| --- | --- |
| 0.700 | 2 |

表1-2　　　　　　　　　家庭特征的项目统计

| | 平均值 | 标准偏差 | 数字 |
|---|---|---|---|
| 您的文化程度 | 4.77 | 0.912 | 209 |
| 您家庭年收入状况 | 2.83 | 1.037 | 209 |

从上述的信度分析结果可知：家庭共性特征中的变量"您的文化程度"与"您的家庭收入状况"信度可以接受，而变量"您的职业"与上述两个变量之间的可靠性较低，因此被剔除。

（2）孩子特征样本数据的信度分析

本书在家上学的孩子样本数据信度分析结果如表1-3和表1-4所示。

表1-3　　　　　　孩子特征样本数据的可靠性统计

| Cronbach 系数 | 项数 |
|---|---|
| 0.851 | 2 |

表1-4　　　　　　　　孩子特征的项目统计

| | 平均值 | 标准偏差 | 数字 |
|---|---|---|---|
| 您家孩子年龄 | 2.28 | 1.275 | 209 |
| 您家孩子在家上学几年了 | 1.86 | 0.891 | 209 |

从上述的信度分析结果可知：孩子特征中的变量"您家孩子年龄"与"您家孩子在家上学几年了"信度可以接受。

（3）在家上学群体样本数据的效度分析

效度分析的目的是检验数据的有效性。效度表明所测量到的结果反映所要考察内容的程度，测量结果与要考察的内容越吻合，则效度越高；反之，则效度越低。由于效度的类型很多，这里采用了结构效度来反映测量上的特质和结构。利用因子分析方法来验证有效性，其中巴特利特球度检验、KMO检验是最常用的检验方法。

KMO的值介于0—1，越接近1，表明所有变量之间的简单相关系数平方和远大于偏相关系数平方和，越适合因子分析。其中Kaiser给出一个KMO的检验标准：KMO>0.9，非常适合；0.8<KMO<0.9，适合；0.7<KMO<0.8，一般；0.6<KMO<0.7，不太适合；KMO<0.5，不适合。

巴特利特球度检验用于检验相关阵是否是单位阵,即各变量是否独立。它是以变量的相关系数矩阵为出发点的,零假设:相关系数矩阵是一个单位阵。如果巴特利特球形检验的统计计量数值较大,且对应的相伴概率值低于用户给定的显著性水平,则应该拒绝零假设;反之,则不能拒绝零假设,认为相关系数矩阵可能是一个单位阵,不适合做因子分析。若假设不能被否定,则说明这些变量间可能各自独立提供一些信息,缺少公因子。

本文样本数据的效度检验结果如表1-5和表1-6所示。

表1-5　　　　　样本数据的KMO和巴特利特球度的效度检验

| KMO取样适当性量数 | | 0.796 |
|---|---|---|
| Bartlett 球形度检验 | 近似卡方 | 534.275 |
| | 自由度 | 10 |
| | 显著性 | 0.000 |

表1-6　　　　　　　样本数据的公因子方差检验

| | 初始值 | 提取 |
|---|---|---|
| 您的文化程度 | 1.000 | 0.680 |
| 您的职业 | 1.000 | 0.276 |
| 您家庭年收入状况 | 1.000 | 0.660 |
| 您家孩子年龄 | 1.000 | 0.762 |
| 您家孩子在家上学几年了 | 1.000 | 0.792 |

从上述数据分析结果可知:KMO = 0.796 > 0.7,一般。巴特利特球度检验结果显著性0.000 < 0.001,即表明上述所选取的变量可以作因子分析。

结论:对问卷调查的样本数据信度与效度的分析,表明上述五个变量的选取样本可以说明当前在家上学的家庭特征和孩子特点。

(三)选择在家教育的原因与动机

长期以来,学校教育代表着主流教育模式,也是义务教育阶段学生的唯一受教育形式,但是,在家教育的家长却并未跟随主流教育的步伐,反其道而行之将孩子留在家里接受教育，走上一条充满质疑和挑战的教育之路，选择的背后可能有来自不同于他者所观察到的各种因素，也许是主流教育的弊端，也许是对教育的另一种期盼。人们为什么选择在家教育？是什么促使父母远离公立学校系统的所有优势而选择在家教育孩子？他们是主动选择更个性化的成长之路，还是不适应主流教育方式的无奈之举？是因材施教的教育试验，还是少数家长的冲动选择？在家教育群体都是为了孩子的更好发展而选择在家教育，但是其原因和动机却不尽相同。通过深入访谈考察，发现在家教育包括父母的主动抉择和孩子的被动选择两种情况，这也是父母在家教育权和儿童受教育自由权的具体表现形式。以下是对在家教育家庭的全面考察之后的一个质性分析。

1. 父母的主动抉择

作为儿童教育权利的代为行使者，父母对在家教育行为选择占有主导权。一方面是出于父母本身相异于传统学校的独特的教育理念与价值观，以及对个性化教育的追求；另一方面父母出于对传统教育体制的反思与不满意，以及对公立学校教育品质的疑虑。他们认为，学校教育不能满足孩子发展的需求，孩子在学校不能学到他们想要的东西，也无法达成他们对孩子期望的目标，学校会对孩子的健康成长、创造力、想象力和自我意识等造成折中甚至损害。相较于在家教育群体中的其他家庭，这类父母自身一般都具有更高的经济文化水平、更好的教育理念和更强的教育行动能力。

第一，父母独特的教育理念。比如：毕业于北京大学的高才生陈女士，定居于广州，共有三个孩子。2001年，陈女士替三个孩子做出了一个大胆的决定——在家上学，她既当"虎妈"又当老师。除了语文外，几乎所有课程都采用从美国订购来的英文教材，使用英文教学。陈女士说："现在普遍存在的一个现象是，很多人有知识没文化，有知识没能力，有知识没信仰。我不想我的孩子们成为那样的人，所以，我必须自己行动起来，担负起父母应有的责任，选择坚守，选择理想，选择倾听我内心的呼唤，享受与儿女相处的快乐时光，把孩子培养成为具有独立思考能力，独立个性的个体。我们希望孩子是有教养的和仁慈的，希望他们每天充满了好奇和对世界的爱。我们认为我们能比公立学校做得更好，帮助他们获得知识、理解力和智慧。"三个孩子温文有礼、性格独立，大儿子已经在美国素有"南哈佛"美誉的埃默里大学学习。18岁的二儿子与16岁的小女儿没有在传统学校上过一天学，但都讲着一口流利的英文，对中国的经典文化、历史地理了如指掌，他们也正处于大学备考阶段。

陈女士独特的教育理念和价值观塑造了孩子的独特人格，决定了孩子未来不同的发展走向。拥有独特教育理念和价值观的在家教育积极行动者，认为在家教育通过对课程材料、学习方式和内容的自由选择，更能满足自己对子女的成长期待，能更好地体现自我的教育观，更能达成预想的学习成效。认为品格教育、自主学习和正向的人生态度比智力教育更为重要，而孩子在较好的学习体验及较无压迫的环境中，能更好地提升学习效果与发挥潜能。在家教育能提供比学校更佳的学习环境，学习内容多样化并有弹性，对多元学习的期待也会带来更高的教育成就机会。这些独特的教育理念无疑都有利于孩子建立正确的价值观、培养主动学习的精神和健全的人格。

在国外，宗教信仰是父母选择在家教育的主要原因之一，他们希望借由在家教育方式，传授子女在信仰上的特定价值观、信念与技能。而中国具有宗教信仰的在家教育家庭较少，他们也认为在家教育是上帝赋予父母的天职、是圣经上的教义，这不仅是教育上的选择，也是尊奉上帝旨意、履行一个基督徒父母的责任。但并没有成为父母选择在家教育的一个重要原因。

第二，对现行学校教育品质的不满。比如：畅畅是一个非常漂亮、聪明与优秀的重庆女孩，11岁，在家上学5年，父母是高校教师。在女儿上小学半年后，爸爸对学校和老师越来越不满意。如孩子每天回家有写不完的作业和读不完的拼音，有的个别老师以势利的眼光对待孩子。在征得家人及孩子的同意之后，断然把孩子接回家，直到目前，夫妻在并没有耽误工作的前提下，让孩子在家也实现了快乐学习与成长。同时，他们为孩子在学校保留了学籍，并参加每期的期末考试，按目前孩子的发展状况，父亲认为到时参加全国的统一高考学业成绩没有问题。

畅畅父母对在家教育的不满是众多主动选择在家教育家庭的一个缩影。在家教育父母认为，从消极面而言，学校教育主要存在以下弊端：学校充斥着威权或控制的气氛，不鼓励独立思考，违反学生天性需求；班级授课现场，受限于大班教学，而无法提供充分的个性化教育；学习环境贫乏，无法刺激学生有效学习等。种种现象都真实存在于学校教育，让家长选择脱离学校教育，在家提供子女个性化、多样化的学习机会，协助孩子培养自我认同感,以实现全人化的教育理想。

总之,在家教育父母对于子女的教育都各有其秉持的教育理念,但其中有几项是共同的:对学校教育的不信任、个性化的个别教育、重视品格的培育及实验全人教育的理想,上述教育理念成为他们选择在家教育的重要因素。由于孩子身心发展规律的不可逆性,在现行学校制度无法立即得以改善的情况下,父母希望通过在家教育的方式,另行寻找教育出路,得以更接近自己心中的教育蓝图。父母教育选择的主动性是父母充分行使在家教育权利的现实表现。

2. 孩子的被动选择

不同于父母主动承担在家教育责任的群体,另一种典型情况就是孩子自身无法适应传统学校教育模式,中途无奈选择退出,走上个性化的成长道路。有些孩子由于自身无法适应传统学校教育模式和教师的教育方式,而感到挫败、失望甚至恐惧与叛逆等,影响到孩子的正常健康成长,部分较为关注与重视孩子身心健康发展的家长则让孩子退出学校教育,被迫选择在家学习。在家教育的社区中有大量的这类孩子存在。比如:

四川绵阳男孩小杰,11岁,在家上学两年。小杰在一所公立小学上到小学三年级。但是,男孩好动贪玩的个性,加上学习成绩不太好,科任老师不太喜欢他,刚上小学时,因为说话咬字不清楚,老师居然还嘲笑小杰。终于在又一次和老师课堂顶撞之后,在中国的教师威权主义压力下,妈妈意识到孩子再也不能去学校了。妈妈说,再多的钱财买不来一个身心健康的孩子,商量决定,由爸爸一个人承担开旅店挣钱养家的责任,妈妈带着孩子辗转到重庆、成都、大理各地的各种类型的体制外教育中去寻找一条出路,终于在大理的蔬菜教育社区安定下来。与其他几位家长共同租住在一栋三层民居里,让孩子们共同学习与生活。在这里,不爱"学习"的孩子不但学习了自然科学课、文史课、应用英语课,还有流动课、个性化专业选修课。小杰还找到了自己钟爱的陶艺课,并被老师称赞为学得最棒、最有潜质的学员。小杰说,之所以喜欢大理的一切是因为这里的大人与孩子、老师与学生都是平等的,尊重我,也没有给我压力,我觉得很快乐。对于未来,妈妈没有明确的计划,但是,看到孩子活泼开朗的性格,心平气和的交流,她认为至少目前的选择是对的,传统的体制内学校,他们是不会回去了。

还有一个例子是河南男孩小宇,14岁,在家上学一年,妈妈陪同在大理生活学习。小宇初中是通过择校到了本市最好的中学之一。孩子进校后，一方面，孩子的慢性子非常不能适应学校的快节奏生活，语文等需要背诵的内容也让他大伤脑筋，每周五被留下来背诵他就经常一个人悄悄跑掉。第一次月考，就让孩子自信全无，产生强烈的厌学情绪。另一方面，学校的严格管理也让他非常反感，比如中午睡不着午觉的他，坐在宿舍吃个苹果也要被扣操行分等。为了孩子能顺利地度过叛逆期，妈妈承受着来自亲戚朋友的压力，义无反顾办理了退学手续，来到了大理。现在孩子已经在家学习一年时间了，文化课、陶艺、音乐和美术都学得不错，老师评价都很高。对于未来，妈妈却比较忧虑，在这个在家上学之路上，没有一个较为成熟完善的模式可以借鉴，也没有相关的社会支持体系，学籍及中、高考衔接是主要问题，一切都缺乏相关政策法规支持，她希望一切都能向更好的方向发展。

以上两个案例表明，虽然孩子不适应学校教育的表现形式各不相同，但反映出的事实都是对学校教育的抵触与不适应而选择放弃，家长们希望通过在家教育，一方面使孩子在传统学校的障碍或情感问题，能得以缓解并避免传统学校教育对孩子的进一步伤害；另一方面希望寻求到更加适应孩子个性化成长的道路。小宇母亲的担忧也代表了在家教育群体的普遍的忧虑与困境。那么，对于这类被动放弃学校教育的孩子，选择在家接受教育更有利于其自身的全面、自由、个性化发展，是否应该赋予他们在家接受教育的自由权利呢？

**（四）在家教育的多元个性化教育结构**

基于不同的在家教育动机、理念观点及家庭条件，每个家庭从教育模式、方法、内容到课程选择都不尽相同，呈现出多元化与个性化的局面，以更好地满足在家教育儿童的多元个性化发展。

1. 多元的实施模式

在家教育最大的表现特征就是教育模式的多元，主要可以分为以下几类：第一，父母自任教师的自助式在家教育。这种家庭散布于全国各地，由父母亲自进行教学，比如上文中提到的畅畅家。但这种家庭最大的问题就是孩子缺少同伴，许多家庭往往会让孩子上一些课外补习班和兴趣班，和附近的在学校上学的孩子玩，以及参加同城市在家教育家庭的定期或非定期的团体活动，尽可能避免社会化问题。

第二，几个家庭的互助式教育模式。几个在家教育的家庭组建成互助小组，由父母们根据自己的专长担任教师，或者根据需要再聘请一些家庭教师教授一些自己不能胜任的课程。在云南大理的各种形式的教育社区中，比如蔬菜教育共生社区、腾龙灵性教育社区、自然力学园、高竹互助教育等几乎都是采用的这种模式。自然力学园的一位家长说："我们很简单，就是一些家长带着孩子住在附近，大家在需要时互助。教育观点上也不是完全一致，大家求同存异，孩子们经常在一起学习活动。"一方面基于中国多数家庭是独生子女的国情，更好地解决了孩子的社会化问题；另一方面也能弥补家长自身的知识能力缺陷，让孩子接受更为全面的教育。家长们都更乐于接受和采用这种模式。

第三，部分父母在家教育自己孩子的同时，也接收其他孩子，并逐步走向微型学校的教育模式。从"互助家庭"升级为"互助学堂"，更有的转型为"现代私塾式的微型学校"。比如广州的在家书院、重庆的纳溪园、云南大理的苍山学堂等。广州的在家书院早期就是陈女士带着三个孩子的自行在家教育，但是后来，由于孩子不断地增多，已经发展成为一个从幼儿园到高中阶段的完全学校，共有在校学生近80人。那么，像这种转型后的所谓"在家教育"，是否与前两者在家教育模式有所区别？不同的教育模式因为涉及不同的教育主体，从而产生不同的教育法律关系，因此，通过教育模式的不同可以对在家教育的外延进行更明确的界定。

2. 弹性的课程设置和内容选择

学校教育的课程决定者是教育主管机关、校长及教务处等，学校教育的课程设计者为教师，父母和学生几乎没有参与的空间和权利。而在家教育的课程决定者与设计者则是以父母为主，子女亦可参与其中，由此安排的课程大多能同时兼顾父母的教育期待与子女的兴趣。在家教育的课程设置和内容选择因家长和学生的理念及需求的差异而不同，有以学校课程为主者，有重专才教育者，更有以孩子兴趣多元发展为主而以学校课程为辅者。

第一，以学校课程为主的在家教育。像学校一样，这样的在家教育有选定的教材与内容，规划好的时间表，实施固定的课程计划。每天按照课程计划，阅读、写作、做科学实验等，当然会有一定的机动灵活性，不会像学校那样呆板，孩子也会有足够的休息和活动时间。比如，广州的陈女士致力于对孩子更高标准的发展要求，除了语文外，几乎所有课程都采用从美国订购来的符合美国国家教育大纲的英文 BJU 教材，使用英文教学，有固定的课程安排。这类家庭较为注重孩子的智育发展，未来目标都是进入国内外知名大学进行深造。

第二，以孩子兴趣多元发展为主而以学校课程为辅的折中的在家教育。这种方式大量存在，致力于孩子多元智能的发展，以生活所需脉络来开展课程，当然也会参考一些教科书籍，选择适合学生能力的部分，重新调整编排。由于实施的空间和弹性比较大，学生也有较充裕的时间空间参与各种学习活动。比如大理蔬菜教育社区的课程表就是每半个月根据孩子的发展所需进行调整。从以下的课程表可以看到，其课程安排丰富多元而富有弹性，同时又具有相对稳定性。

表1-7　　　　　　　　大理蔬菜教育社区某月课程表

|  | 周一 | 周二 | 周三 | 周四 | 周五 | 周六 | 周日 |
|---|---|---|---|---|---|---|---|
| 7：30—8：30 | 早锻炼 ||||||||
| 上午9：30—12：00 | 自然科学课 | 历史课/英文课 | 自然科学课 | 国学课堂（经典/传统功夫/中医） | 自然科学课 | 文学课/公益活动 | 户外课堂（植物、动物、矿物等）/不定期举行趣味运动会 |
| 下午2：30—4：30 | 美学理论课/军事理论课 | 青少年社会时事课/英文课 | 国画课 | 书法课 | 木工/陶艺 | 摄影课 | |
| 下午4：30—6：00 | 青少年体育竞技/户外极限运动训练/农耕课 |||| 读书分享时间 |||
| 晚上7:30以后 |  | 露营/天文观测 | 青少年电影赏析 | 音乐赏析课 | 美食厨艺 |  | 儿童电影 |

注：1）自然科学课是综合性的理科课程，包含了数理化、生物、天文、地理等内容，以"主题"形式出现。

2）另外有青少年瑜珈、手工制作、有机食品生活用品自制、外来交流者们的随机课程，临时会通知。

第三，随机安排课程的在家教育。部分在家教育者没有一个有规律的日常课程安排,这是一种放松的、随意的、孩童式的教育,主要依据孩子的兴趣,适时而教,因此,并无固定的课程和教材,会随着孩子的兴趣变化而不断变化,课程进行场所也不局限于家庭。他们采用通过父母、指导者、做志愿者、图书俱乐部、旅游、在线课程和朋友交流等各种非组织化的方式学习。比如自然力学园是四个家庭组成的一个互助教育团体,他们没有较为固定的课程计划,课程安排是上午四个互助家庭初中阶段的孩子或分散或集中一起地学习语文、数学、外语、物理、化学等学科知识,下午则完全是自由活动时间,选择做自己想做的任何事情,在家学习、上山采蘑菇或去洱海划船都行。一位孩子说:"我真的很享受这种在家教育,因为我可以选择我学习的一些部分。比如当我想学习英语时,我们买回英语书,我每天阅读,我妈妈做一些必要的指导。我们家的课程安排时间是每天上午9—12点,具体内容待定,我们的计划表比一个规律的学校一天要灵活好玩得多。"

整体而言,在家教育的课程具有各科整合、弹性、重视孩子的兴趣与多元发展的特色。不同于传统的学校教育偏向智育为主导的课程取向,家长们更致力于让孩子能有更多元的学习与智力发展,呼应了加德纳(Gardner)的多元智能教育理念,有助于孩子多元智能的发展。但是,一个普遍现象是在家教育家庭很少使用学校的教材,也不会参照学校的课程标准进行教学,对于大部分不参与学校的学业考核的在家教育儿童,其课程设置、教材选择的科学性与有效性还不明确。

3. 个性化的教学方式

教学方式是教与学的方法和形式,包括观念性的方式和观念性与物质性结合的方式,是教学方法、形式、手段等的综合。[1] 教学方式具有很强的自在性,师生可以自由地发挥其创造性。不同的教学过程和方式的有效性则有明显差异。相对于学校教育班级授课制教学统一呆板的教学方式,在家教育个性化的教学方式是其突出的特征之一。

比如在互助社区的一堂书法课上,老师和学生都在一起书写篆体字,一位随访的老师则在一旁以古琴伴奏,构成书法古琴雅韵和鸣的美丽画卷,在传统的课堂这种场景是不可能出现的。

---

[1] 郝文武:《教学方式对能力发展作用的价值取向和实践整合》,《北京师范大学学报(社会科学版)》2007年第3期。

再如蔬菜教育社区的某个周五上午的自然科学课，由于菜地里的柿子熟了，孩子们的课程就自然改为了社会实践课，两人自由组合为一组上街卖柿子，结果是有的孩子卖光了空着背篓回来，有的孩子却不懂销售策略一个也没卖出去，4元一个的柿子奖励性提成1元，并且让孩子们计算出自己的奖金。经过我的观察，这堂课所学习到的东西至少有三个方面：第一，锻炼了孩子的胆量与日常生活交际能力。有一个8岁的孩子才来到社区不久，独立能力较差，听说要独自上街卖东西，立马感到紧张和害羞，不敢去，然后在妈妈的鼓励引导下，上街卖出了10个柿子，锻炼了胆量。而有的孩子还会跑到饭店等需求量较大的场所去直接向老板推销，卖出去了两篮子柿子，让人不得不佩服他们的销售沟通能力。第二，培养了孩子的团结协作能力，孩子们非常随意地两人一组自由组合，卖柿子过程中肯定存在一个配合问题，而且奖金也是以组为单位发放，让他们意识到团队协作的重要性。第三，数学计算知识在生活中的运用能力。在买卖过程和奖金计算中，所有孩子都运用各自的方法，计算出来正确的结果。因此，他们在这个临时安排的社会实践课中不但过得开心，所学到的东西也是书本所不能给予的。

教学方式是带有价值判断的一种文化映射，需要通过教学观念，教学方法、手段和形式的转变，来实现教学方式的转变。教学方式对教育结果会产生较为直接的影响，在家教育家长在关注儿童身心和谐发展、注重品格塑造及生活能力培养等理念指导下，采取了更加多元的适应儿童实际需求的教学组织形式、方法和手段，实现了教学方式的个性化转变。

**（五）"他者"眼中的在家教育**

我国在家教育的持续出现，仅是近几年的事，多数人对在家教育仍是陌生的，对其意涵、理念以及行动都是一知半解和存在疑虑的。或许对在家教育的家长和学生而言，只是为了自身面临的特殊状况而在个人生活和教育领域内实践在家教育。但是就教育权的发展和教育理念的多元进程而言，在家教育的出现，标志着教育权的主体权益日益受到重视，教育的多元理念及实践形态也在不断进步。本书通过对学校与教育行政部门工作人员、专家学者、非在家教育者等的访谈，了解"他者"对在家教育现象的认同度。我们需要倾听多方的声音，才会对在家教育现象作出更加理性和客观的价值判断。

1. 政府与学校的态度

在家教育者与学校、教育主管机构的关系是比较复杂的。在家教育虽然是非学校形态的教育方式,但是仍然需要学校、老师、教育行政部门的支持,然而由于其非学校形态的鲜明立场,却未必能得到理解和支持。以下是发生在云南大理古城一位孩子在学校上学三个月后走上在家上学之路的案例:宵宵在大理上小学一年级,妈妈对孩子的教育成长关注较多,因为孩子接受能力强,而学校重复性作业过多,就对老师提出少做一些重复性作业的要求。孩子成绩较好,科任老师也就同意了家长的请求。但一次校长代课时,发现孩子老不完成作业,认为触动了他的权威,盛怒之下要求孩子要么转学,要么按要求完成作业。家长多方恳请无果,只好把孩子领回家来,不上学了。校方还鼓动其他小朋友不要和这个孩子玩。但到了要检查义务教育巩固率前期,校方以及教育局却派人三番五次到家软硬兼施要求家长把孩子送回学校。但家长认为在这种情况下,送孩子回到原学校已不利于孩子成长,目前仍然坚持在家学习。

多数学校校长和教师都对在家教育行为表示怀疑和不支持,一位校长如此说:"这是一个很新鲜的事物,一个孩子被一个没有获得专业资质的父母或家里的朋友在家教育,我认为大多数家庭都无法胜任这项工作,如果每位家长都能轻松成为教师,教育好孩子,那我们学校和教师还有何用?"

笔者以一位试图在家上学的家长身份分别向两省的主管教育委员会询问相关事宜,工作人员的回复几乎一致认为:"这种做法应该是违背义务教育的相关规定的,我省没有先例,这要看上一级的意见和建议。"同时,访谈中,教育部门的相关工作人员认为:"对于这个问题,我们已经在做相关调查和研究,近年来由于各种原因,确实已经有部分家长正在或打算实施在家教育,对新的教育现象,我们要给予持续关注和深入分析,弄清其存在的合理性与合法性。"

可见,在家教育行为并未得到学校与政府的支持与理解,对在家教育的进一步发展形成了障碍。最高教育行政部门站在一个更具前瞻性、客观性的立场,对在家教育的未来发展,有更加理性的认识和行动。如能建构起顺畅而理念一致的沟通及互动渠道,势必对在家教育的实施有极大的助益。

2. 专家学者的多重声音

不同的专家学者基于不同的立场和角度,提出了不同见解,主要持有两种观点。一种主流的观点认为,在家教育是一种多元化的教育选择,值得关注。笔者采访了两位教育法学专家。一位专家认为："对于在家上学现象，官方以前的态度是认为在家教育违反了义务教育的相关刚性规定。我认为应该慎言违法，义务教育初期的辍学和现在的在家上学是不一样的，以前是因为文盲家庭不重视教育，而辍学外出打工；现在是具有大学以上学历、有能力实施教育的家庭，在学校教育不能满足孩子发展需求的情况下所作的选择。背后的法理涉及家庭教育权利、学习者权利和国家教育权力。学校与家庭、国家与个人之间的矛盾如何解决？如何在民意和法律政策之间构成良性互动，代表老百姓的想法，是我们要解决的问题。"另一位专家则认为："从我个人角度而言，我并不鼓励在家上学，在家上学对家长的综合素质要求是很高的。但是从法理而言，应该给予在家上学者以权利。现在关于教育的规定是讲的学校教育，对在家教育法律上没有明确界定和规定，理论上讲，应该有这个规定。"21世纪教育研究院院长杨东平是在家上学研究的推动者，他认为："在最初它通常都是一些家长因为不满大一统的公立学校的教育质量，无奈地逃离应试教育的选择。今天越来越多的家长在寻找这种新的教育，是为了探讨更加符合儿童成长需要的，更加有价值、有意义的教育。所以教育创新的价值越来越彰显，而不仅仅是逃避。这种在体制外的自下而上的教育创新和教育生长，最终会成为改变体制内教育的重要实践。"[1]北京大学教育学院教授康健表示，"在家上学"作为现代教育的探索，给了学校制度之外的选择。任何一种单一的教育形式都无法满足一个孩子成长的全面需要。没有人能够知道一个孩子到底需要多少的东西，也无法提供给他所有教育的类型。教育必须是多样化的，就像吃东西，吃多元复杂的会好一点。[2]

另一种观点则对在家教育持质疑态度。对在家教育的反对主要集中在教育质量和学生的社会化方面。教育学学者、上海师范大学教授岳龙虽然对学校教育的滞后提出批评，但他并不赞同在家上学。学校教育是家庭教育无法替代的，比如社会交往的机会，哪怕家庭刻意制造机会，也无法与学校中学生之间、师生之间的交往相比。[3]中国青少年研究中心研究员、

---

[1] 资料来源于2013年8月21世纪教育研究院在"在家上学&多元教育国际会议"中的报告内容（内部资料）。

[2] 唐毓商、靳晓燕：《"在家上学"，叛离还是回归？》，《光明日报》2012年6月27日。

[3] 孙志毅、郭晓霞：《"在家上学"——另类的教育选择》，《内蒙古教育（综合版）》2013年第12期。

著名儿童专家孙云晓认为，我们必须看到，孩子进学校读书并非仅仅是学习知识，如何与同伴相处是其社会化极为重要的途径，如果让孩子"在家上学"远离伙伴可能会造成重大缺失。父母在决定孩子是否"在家上学"时需要慎重行事，特别要客观评估自己的能力和精力。①

从各位专家的或支持或反对的理由可以看出，在家教育有其合理存在的理由，孩子是脚，教育是鞋，适合孩子的教育才是最好的教育。家长们摸索一条能够保护孩子们天性、适应孩子个性化需求的教育之路，确实触及了教育的本质问题，是一项有意义的教育实验和探索。但同时，在家上学不是简单的逃避教育体系，而应该避免和解决其存在的诸多问题，才能实现在家教育的初衷，达到与学校教育殊途同归的教育目的。

3. 非在家教育家庭的支持与疑惑

而其他家庭对在家教育的看法也将代表着未来的一个发展趋势。在全国各地的诸多"在家上学"QQ群中，不时有家长入群，不时有家长会告诉群友，我已经让孩子开始在家上学，或者我准备什么时候在家上学。更有家长为了在家上学，准备举家搬迁到云南大理等这些环境优美，在家教育群体组织发育良好的地方去。一位无法进行在家教育的初二孩子的母亲表示："我完全理解并赞成这种做法，甚至是羡慕和佩服，如果自己要有时间和条件，肯定也愿意这样做。回首近几年孩子的上学路，虽然孩子学习成绩还不错，但是当前教育围绕升学开展，让孩子学无乐趣，而在人格、品行、心理、社会责任感等方面却是无教无育的。也许在家上学能给予弥补和改善吧。"同时，持观望或否定态度的家长表示了不同程度的担忧："家长自己有能力胜任教师的角色吗？如何保证教育的质量？怎么进行考核？""让孩子在家上学就意味着将孩子提前从社会剥离，接受在家教育的孩子能很好地适应社会吗？""如果社会的大环境不改变，不能继续升学怎么办？没有正规学历，以后就业怎么办？"非在家教育者对在家教育行为普遍有较为理性的看法和认识，既支持其存在的合理性，同时也能理性看待其中存在的诸多问题，避免了盲从行为。

综合本章所述内容可知，从在家教育历史考察可以看出，在学校教育并不普及的情况下，各个阶层主要通过在家教育实现对子女的德智体诸方

---

① 孙云晓：《武汉七家庭自办学校再次引发对"在家上学"的探讨》，《人民政协报》2013年1月9日。

面的培养，教育活动融合于血缘家族与家庭的生存、生产和社会活动中，儿童的受教育权在家庭场域得到了充分实现。义务教育制度下国家对教育权力的控制，使家庭教育权与国家教育权处于一种紧张关系。我国义务教育初期为防止儿童辍学，普及儿童的受教育程度，保护儿童的受教育权利，1986年颁布《义务教育法》给予保障规制，使义务教育得以迅速普及。家长由于自身素养和经济实力等原因所限，无法自行承担对孩子的教育责任，考虑更多的是自己的子女能否获得在学校中接受教育的机会。但同时，随着父母教育能力的提高和权利意识的增强，部分家长以在家自行教育来满足自己多元个性化的教育诉求。通过笔者田野考察，对在家教育群体的共性特征、原因与动机以及教育结构等方面的整体把握，从实践中进一步证实了在家教育的真实现状及发展趋势。同时，从非在家教育者对待在家教育的态度中可知，多数人对在家教育持有理性的客观态度。从历史与现实来看，在家教育具有一定的存在合理性，也发现了亟待解决的问题，在后续研究中予以展开与解决。

第二章

# 我国在家教育的合理性基础

历史与现实中的在家教育，是否具有其存在的合理性呢？黑格尔有句名言："凡是合乎理性的东西都是现实的；凡是现实的东西都是合乎理性的。"这是因为"现实性在其展开过程中表现为必然性。"① 恩格斯进一步指出，黑格尔区分了现存和现实，认为现实不等于现存，现实的事物是包含有历史必然性的事物，具有现实的存在价值。"合理性"（"Rationality"）是一个基于"理性"而派生的概念。从字面上讲，"合理性"一词似乎是"合乎"和"理性"的组合，即合乎理性的要求。合理性首先是指合必然性、合规律性，能反映客观的规律，是从对象是否合乎目的性，或是否合乎秩序角度而言，是被考察对象的特征，是从人的目的与价值需求出发对人的行为及结果的一种理性的评价和规范，是对事件理由与标准之间关系的一种判断和评价。合理性重点在于追问什么是合理的，是对事物的存在或人的活动和结果是否"可取""正当""应当"的认识和评判，是对对象的应然性、可接受性、应当性的认识和评价，由此产生主体对客体的取舍态度。

因此，合理性是对在家教育所具有的客观性、正当性、可接受性与可理解性等的概括与要求，是合目标性与合规律性的统一。合理性根据不同的划分标准可以分为实质合理性和形式合理性、价值合理性和工具合理性、规范合理性和物质合理性、实践合理性和理论合理性等。人是理性的存在物，由于人的理性表现在认识和实践两个方面，可以分为认识理性（又称为纯粹理性、理论理性）和实践理性。据此，以人的理性作为前提和出发点，在家教育的合理性也可从实践合理性和理论合理性两方面得以

---

① ［德］黑格尔：《法哲学原理》，范扬等译，商务印书馆1979年版，第11页。

证成。首先,通过对在家教育行为的历史与现实等实践研究,论证现实的、具体的、经验性的问题的客观必然性,使其具有实践合理性。其次,在家教育还需要从权利来源角度,证明其正当性来源与合法依据,符合自身发展规律,使其具有理论合理性。

# 一 在家教育存在的实践合理性

## (一) 教育学视角的在家教育的合目的性

真正的目的,不在法律之内,而在法律之外,教育法律作为实现教育的保障手段,首先要实现教育的目的。在家教育要作为一项独立的权利,必须要能更好地达成教育目的。

### 1. 现有教育目的的偏失与修正

我国现阶段仅关注教育结果中的儿童发展的教育目的是存在偏失的。在我国现在的教育框架下,教育目的被定义为:"通过教育过程要把受教育者培养成什么样质量和规格的人"。[①] 暗含的一个关键前提即把培养人的最终理性结果作为教育唯一目的,这看似合理的目的却存在一定的偏失。如果把培养人,并仅把培养人的最终质量和规格标准作为教育的唯一目的,无疑窄化了教育的作用与功能,这将直接导致教育过程中,对知识传授和技能训练的偏重,缺失对儿童的主体性和人文关怀,使教育的过程、儿童的成长价值等皆成为手段和工具而被贬低和忽略,致使教育中应该充满幸福体验的学习成长过程异化为被动的工具化、单一化的受教育过程,教育过程只是作为工具和手段而存在,受教育仅是一种手段和对将来生活的准备,失去了其本身的意义和价值。受传统文化影响和现实条件的约束,中国的教育并没有把教育过程中的儿童幸福列为优先考虑的目标,中国基础教育最大的问题就是,忽略教育过程,忽略教育过程中儿童主体性的存在,忽略儿童的幸福体验。

我国的教育目的应该是既关注教育过程中的儿童幸福,同时又着眼于教育结果中的儿童发展。"幸福就是人由生存需要得到适度满足、发展需要得到一定程度满足并不断追求进一步满足所产生的对人生总体上感到满

---

① 南京师范大学《教育学》编写组:《教育学》,人民教育出版社1984年版,第151页。

意的愉悦状态。"① "生活和幸福原来就是一个东西。一切的追求，至少一切健全的追求都是对于幸福的追求。"② 无论是对于人类抑或个人，幸福是最高的和最本源的追求目的。幸福是人的终极价值追求，而教育关涉着人及其人生，也必然关涉人的幸福。从苏霍姆林斯基提出"儿童幸福原则"到"活教育"创始人陈鹤琴提出的"以儿童为本"，都明确指出了儿童幸福对儿童成长的重要价值和意义。马卡连柯曾说过："我确信，我们的教育目的不仅仅在于培养能最有效地参加国家建设的那种具有创造性的公民，我们还要把所有受教育的人一定变成幸福的人。"③ 苏霍姆林斯基也认为："要使孩子成为有教养的人，第一要有欢乐、幸福及对世界的乐观感受。教育学方面的真正的人道主义精神就在于珍惜孩子有权享受欢乐和幸福。"④ 人类的一切活动，一切的组织和机构，包括教育，都是为了幸福这一目的。基础教育是以儿童为服务对象的活动，其最本源的目的就是追求儿童幸福。

因此，基础教育需要将追求儿童幸福的教育过程也列为教育目的。使教育目的由儿童幸福（Well-Being）与全面发展（Well-Becoming）构成，前者描述过程，后者规定结果，两者都具有独立的价值，不分主次，却又相互补充，相互渗透，相互促进。⑤ 既关注教育过程中的儿童幸福，又着眼于教育结果中的儿童发展，是对教育过程与结果目的的融合与超越。教育目的应该是从过程与结果两个方面对教育要达到的理想境界进行总体设想与规定。中小学教育目的应包括培养全面发展的人与追求儿童幸福两方面的内容。培养全面发展的人是对教育活动最终结果的规定和要求，而追求儿童幸福是对教育活动过程直接提出的规定和要求，这样的教育目的才能使教育活动达到理想的境界，使儿童在快乐自由的幸福体验中达成全面发展的教育结果。⑥

---

① 江畅：《优雅生存与人类幸福》，《伦理学研究》2002年第11期。
② ［德］费尔巴哈：《费尔巴哈哲学著作选》，荣震华等译，商务印书馆1984年版，第543页。
③ 刘伟：《关于情感教育目标的几点认识和思考》，《教育理论与实践》1998年第6期。
④ ［苏］苏霍姆林斯基：《怎样培养真正的人》，蔡汀译，教育科学出版社1992年版，第5—6页。
⑤ 熊华生：《为了儿童的幸福与发展》，博士学位论文，华中师范大学，2006年，第89页。
⑥ 熊华生：《追求儿童幸福是教育的神圣使命》，《教育研究与实验》1996年第2期。

## 2. 在家教育充分体现了儿童幸福与发展的两维目的

哈贝马斯认为，合理性不是表达的合理性，而是行为的合理性。而行为的合理性在于目的的可行性以及行动的有效性，要通过行动以达到既定的预期目的。在家教育行为的合理性达成了目的的合理性。

第一，教育的目的和本真意义在于个人的全面、自由、个性化发展。马克思认为人类社会发展所追求的最高价值目标是"以现实个体的人作为出发点，从而实现每个人自由而全面的发展"，指出"每个人的全面而自由的发展是一切人的自由发展的条件。"① 密尔强调个人自由，强调个性发展，并且认为完全的个人自由和充分的个性发展不仅是个人幸福所系，而且是社会进步的主要因素之一。把个性的自由发展作为福祉的首要要素之一，调整个人自由与社会控制二者之间的界限也就不会特别的困难。② 同时，新的儿童观也认为教育的目的还必须是"最充分地发展儿童的个性、才智和身心能力"，培养儿童对人权和基本自由的尊重。1948年联合国通过并宣布的《世界人权宣言》第26条对教育目的进行了规定："教育的目的在于充分发展人的个性并加强对人权和基本自由的尊重"。最好的教育应该是让每个儿童特有的潜能和个性得到最大限度的发挥和彰显，从个人的需要和发展出发，自主地发展个性。因此，实现人的全面、自由、个性化发展，是人类社会发展的终极目标，教育是促进人的全面、自由、个性化发展的极为重要的途径。而就义务教育阶段而言，其终极价值就在于促进儿童的全面、自由、个性化发展，这既是人的发展的内在需要，也是社会发展的客观要求。

第二，在家教育是符合儿童全面、自由、个性化发展需求的教育。在家教育必须符合儿童全面、自由、个性化发展需求的教育目的才能体现其价值和现实合理性。首先，在家教育中儿童自由发展主要体现在两个方面：一方面，在消极意义上，儿童的学习过程中有免于他者干涉的自由空间，自由就是一种外在障碍不在场的状态，对儿童的行动给予最大限度的许可。在家教育中父母正是从儿童的"视野"出发，尊重儿童天性，并立足于儿童的自由诉求，还给儿童学习自由主动权。另一方面，在积极意义

---

① 马克思、恩格斯：《马克思恩格斯全集》第46卷（上），人民出版社1979年版，第104页。
② ［英］密尔：《论自由》，许宝骙译，商务印书馆2013年版，第67页。

上，儿童在学习过程中获得一种自我实现、自由发展的机会和权利。在家教育的自由不仅体现在表层的自由支配时间的明显增多，体现在儿童对学习内容和方式上的自由安排和选择，更体现在儿童的兴趣爱好、天赋潜能、个性差异都能获得自由发展。

其次，在家教育中儿童全面发展也有更真实的体现。我们应该明白，人的全面发展不是人的平均发展，而是个性化的全面发展，是多样化的全面发展。德智体美劳的全面发展，是在尊重个体差异，因材施教的前提下关注个体各个方面的适当发展。在家教育中的家长一般更关注孩子动手能力、生活实践能力、培养孩子正确的人生观和价值观，而摒弃了学校教育中关注学生分数的应试教育倾向，更关注儿童的个性化发展，但是并不偏废其他方面的发展。在家教育中的儿童一般知识广博，爱好广泛，通过郊游、野营、当义工等方式弥补在家教育中的社会化问题。而在家教育中如读经教育或关在家里学教材等只关注孩子智力发展，缺乏社会人际交往，仅是在家教育的个案而非普遍状态。因此，要做出在家上学的决定，并不是靠父母的一时冲动，而是需要经过反复的思考才做出的理性选择，这也是要对在家教育进行规制的因素之一。

再次，在家教育中儿童个性化发展是其最鲜明的特征。儿童的发展是在全面发展的基础和前提下，以儿童的个性化自由发展为鹄的。全面发展的教育需要培养独立个性化的人，是德智体等诸方面素质在受教育者个体身上的特殊组合，最后呈现出不同的个人特质。在家教育中儿童的异质性和个体差异得到充分尊重，并以此为教育的出发点和归宿点。比如在班上成绩优异的女孩畅畅的父亲把孩子带离学校，就是觉得孩子看似各方面表现良好的表象背后，缺少了自己对生活的看法和自我的追求，正如其父亲所说："我希望孩子不仅仅是学习成绩好，一个大家眼里的乖乖女，而是希望她要有自己喜欢和执着追求的东西，希望形成'人无我有，人有我优，人优我特'的气质。"而对于不适应学校教育的所谓"差生"和"问题学生"，虽然孩子在校的学业表现并不突出甚至是较差，但是，就如美国哈佛大学霍华德·加德纳教授研究发现的多元智能理论一样，家长们坚信自己的孩子都会有自己独特的闪光点，会更具耐心地去探索和挖掘孩子的个性，比如喜欢音乐、陶艺、美术、书法、木工、缝纫，甚至喜欢解剖小动物，每一件足够引起孩子持续关注力和学习热情的兴趣爱好，都能引发孩子的学习热情和探索热情，让孩子发现自己的兴趣和价值，并由此迁移到对学习与生活态度的改善。

一言以蔽之,人的全面、自由、个性化发展是人类最终的奋斗目标和崇高的价值追求,也是受教育权的价值所在。处于义务教育阶段的教育,虽然家庭、国家和社会等在施教过程中有必要进行一定程度的规制,但在家教育中以儿童为中心,以促进儿童全面、自由、个性化发展为目的和限度的做法,使赋予在家教育权利具有了现实合理性,并成为赋予在家教育权利的根本标准。

第三,在家教育是以"儿童幸福"为本的教育。在过去,受教育是少数人独享的特权,能背上书包,与小伙伴一起上学堂受教育就是一件美好的事情,是儿童幸福的组成部分,因此,没必要再提出儿童幸福的教育目的论。20世纪80年代以来,随着《义务教育法》的颁布实施,入学受教育不仅是儿童的权利,更是一种义务,也就是说,无论儿童是否愿意,都必须进入国家批准设立的公私立全日制学校接受教育。同时,由于应试教育体制的固有弊病,儿童的学习时间不断增加、学习负担不断加重,在一次次的重复记忆和题海战术中,儿童失去的不仅是独立的思考和创新能力,还有儿童在学习过程中应享有的探索和发现的乐趣和体验,处于被组织、被支配状态的儿童在成人威权中丧失了自己的自主性和存在感。在这样的现实背景下,提出追求儿童幸福是当代教育的现实课题。

根据幸福的内涵来分析,儿童幸福应该是对儿童美好教育生活的一种规定和要求,是指儿童对自身生存与发展需要的满足、生活状态的圆满以及生活自由的实现等人生状况的一种总体上的体验和评价。具体可以从两个方面来把握儿童的幸福:一是儿童需要(物质需要和精神需要)得到适当的满足;二是儿童的学习生活是自由的。[①] 在家教育中的家庭至少都是中等收入及以上家庭,物质幸福不应成为儿童幸福的障碍,精神幸福才是儿童幸福中被忽视和需要重点研究的问题。因此,在家教育中的儿童幸福,主要从精神幸福着手,分析儿童的精神幸福影响因素的实现程度,证明在家教育是不是以"儿童幸福"为本的教育。儿童的幸福感是检验教育方法和途径是否可行的重要依据之一。儿童的精神幸福主要取决于以下因素:是否得到尊重与理解,学业负担的轻重,学习是否成功,人际关系的好坏,多方面的兴趣与才能是否得到发挥,自由支配时间的多少,家庭是

---

① 熊华生:《为了儿童的幸福与发展》,博士学位论文,华中师范大学,2006年,第91页。

否和谐等。① 从对在家教育的考察中，笔者通过与儿童的访谈，从学业负担、学习态度和习惯、学习兴趣、学习情绪、活动爱好、自由支配时间、人际交往、家庭和谐等八个维度考察儿童的幸福感现状，收集儿童对在家教育的评价和体验（见附录三：访谈提纲）。

根据对访谈中几个方面内容的整理，归纳起来，就是"乐学""好学"和"善学"，这是在学习过程中儿童是否存在真实的内在幸福感的重要评价向度。整体而言，在家教育的儿童不仅对生活，而且对学习都充满了热情和兴趣，知道自己想做什么、该做什么、应该怎样去做。具体体现在以下几个方面。

一是乐学，也就是快乐学习，是乐在其中的一种学习境界。当问到曾经在学校学习过的孩子："你觉得学习好玩吗？你觉得现在和过去在学校学习，哪个更好玩？学到的东西更多？你感觉哪个更充实和快乐？具体体现在哪些方面呢？"时多数儿童的回答都是现在在家更好。一方面避免了外界对孩子的负面心理干扰和压力。尤其是那部分在学校中不适应千篇一律、纪律严明、缺乏自主的学校生活而选择退出的孩子，在学校贪玩好动，也许成绩还不够理想，得不到老师的尊重和关爱，在家学习避免了外界对自己施加心理压力，学习过程变得轻松。一名在学校贪玩好动的孩子回答道："当然是家里好呀，以前在学校，老师和身边的人总是给我带来压力，我老担心自己哪儿没做好，越担心越做不好。老师老是批评我，找我的毛病。回家来还要写那么多的作业，在家里就没有这些问题啦。而且在家还有许多的自由时间，做我想做的事，比如做陶泥，上山野营，找蘑菇。"另一方面，父母或老师也能从孩子的实际情况出发，量身定制学习计划，循序渐进，学习也不再是枯燥无味的工作，而变成生活中自然而然的一部分。一位孩子说："在学校里学没学懂，爱不爱学，都得学。在家里父母可以根据我的情况，我喜欢的东西就多学一点，学深入一点，不太喜欢的就以不同的方式来学习，在家里并没有严格按学校的课程、教学计划去学习，而是主要由我们自己订计划，所以我更愿意做自己想做的事。"

二是好学，就是喜欢学习。乐学是一种表现出来的情绪体验，而更深层的原因是因为好学。尤其是对于以前对学习具有抵触和抗拒情绪的孩

---

① 骆玲：《"一切为了儿童的幸福"——论儿童幸福感研究的价值、视角和归宿》，《教育探索》2009年第5期。

子，如果在家能够从根本改变孩子对学习的态度和情绪，这不能不说就是一种成功。比如蔬菜教育社区在家学习群体的 7 名儿童皆是如此。每天在固定的课程学习之外，孩子自由学习的时间很多，他们会根据自己的喜好，选择做陶艺、烘焙、木工等课外活动。最令人感叹的是，刚来时从来不愿动笔写字，一节课不能坚持坐 20 分钟的小杰，因为他喜欢做陶泥，在老师的鼓励下，他找到了自己的兴趣所在和对自己的认同，对陶艺乐在其中，进步很快，但这是一项需要耐心和坚持的工作，完成一件简单的作品就需要 1—2 个小时。正是在陶艺学习中孩子学会了耐心和坚持，并迁移到了其他学习活动中，现在孩子基本上能够坚持上完 40 分钟的课，并愿意做老师布置的书面作业了。

笔者在考察中还有一个惊喜的发现，在家上学的孩子几乎都很少看电视，也不会沉迷于电脑游戏。一位来到大理加入在家上学群体不久的家长说："我经常坐在大木屋对面，静静地欣赏儿子坐在窗口，表情轻松快乐地参与学习活动，有时还会在那里拍蚊子，这种感觉真是棒极了，没有了电视电脑，什么事都是有趣的。在家时一离开电脑电视就无趣的模样让人太揪心。"这与国外的相关研究成果也是一致的，根据 Ray 的调查结果："在家教育的孩子比同年龄段孩子花更少的时间看电视和玩电脑游戏。报告称 88% 的孩子一天玩电子游戏的时间不到一个小时，80% 的孩子每天看电视不超过两个小时。"[①] 因为他们的学习生活都相对放松，课堂内外界限不是那么分明，感觉到他们其实时时都在学习中。除了课堂学习外，他们几乎都在做自己想做的事，几乎都是静如处子、动如脱兔的状态，孩子们会一起拿着枪疯玩打仗游戏，也会把自己关在屋里弹吉他、画画、看书、写作。多数孩子在课外的时候，我都能看到他们拿着课外书籍在那儿津津有味地阅读。能时时处于一种主动学习状态的孩子，难道还不喜爱学习吗？

三是善学，就是善于学习，也就是养成了良好的学习习惯，并掌握了适当的学习方法。这可能是在家教育父母对孩子最终的要求，也是在家教育成功的标志。在家教育的父母因为自身知识能力的局限性，即使通过家长互助和外聘教师，也无法像学校那样对孩子的学习做到面面俱到。如果

---

① Ray B. D., *Strengths of Their Own*, Salem, OR: National Home Education Research Institute, 1997, p. 51.

孩子不能养成良好的学习习惯，没有形成自己的学习方法，不会主动规划自己的学习生活，那么，家长不但会身心疲惫，在家教育的情况也会越来越糟，并最终走向失败。而通过访谈与观察，发现孩子们几乎都走在良性发展的道路上，笔者考察中的一位9岁男孩的父亲也如是说："在家上学让孩子学会了学习，会学习的学什么都可以又快又好，不会学习的就像即便是打了一辈子麻将，也是低水平。会学习有点赢家通吃的感觉，这里所谓赢家是指会学习的人。我家孩子的英语老师觉得孩子比他们学校的小朋友更优秀，各方面发展更好，现在已经相当于高中学生水平了。她见的小朋友多，比我有发言权。我们家孩子自控能力很强，可以全神贯注看书3—4个小时。去学围棋，半年时间就超过了班上已经学过2—3年的同学。我无意于夸耀孩子，而是觉得在家上学可以养成良好的学习习惯和掌握良好的学习方法，带来更好的学习成效。"正如一位家长所说的："在家学习最大的收获是孩子更快乐，对学习生活都充满了热情，并且能够知道自己需要什么，该做什么，有很强的自主判断能力。"

在家教育中对儿童精神需要的满足，主要体现在：一是对求知需要的满足，充分激发和满足孩子的好奇心和求知欲，让孩子乐学、好学和善学。二是自我实现的需要满足。苏霍姆林斯基认为，世界上没有一无所能的人，人都各自具有不同的天赋才能，"最主要的是，要在每个孩子身上发现他最强的一面，找出他个人发展根源的'机灵点'，做到使孩子在他能够最充分地显示和发挥他天赋素质的事情上达到他的年龄可能达到的卓著成绩。"[1] 在家教育能够基于儿童的个性和禀赋差异因材施教，充分挖掘、认同和发挥儿童的不同天赋才能，以期儿童得到最充分的发展。在家教育关注儿童对当下幸福的充分体验和享受，并为儿童将来的发展和幸福、追求更高层次的幸福提供帮助，提升了儿童幸福的质量，培育了儿童追求和获得幸福的能力。关注儿童当下幸福和未来发展的共同实现是在家教育的目的所在，也是在家教育不同于学校教育的一个重要区别。

### （二）经济学视角的在家教育的合利益性

学校教育的立意是提供学童良好的受教环境，从学校硬件设施环境到学校师资、课程安排、同伴团体，都有着严谨的规划把关，以期提供给学

---

[1] ［苏］苏霍姆林斯基：《给教师的建议》，杜殿坤译，教育科学出版社1984年版，第3页。

童齐一的受教品质，不论受教育者的家庭背景如何，都可以在学校义务教育的保障下享有学习的权利。反观选择实施在家教育的家长，在教学硬件设施提供上、师资水准、课程规划、同伴环境营造等现实条件上，可能都不如学校教育那么严谨和系统，然而这些家长明知家庭教育环境在现实条件下可能不如学校教育有优势，但仍然愿意依个人选择，进而采取教育行动，那么，是什么促使父母远离公立学校系统的所有优势而选择在家教育孩子？马克思曾说："人们奋斗所争取的一切，都同他们的利益有关"。①一切都是利益使然。何谓利益，《辞海》把利益解释为好处。②《辞源》解释为"好处"或"功用"，与"弊""害"相对应。③《牛津大辞典》定义为"那些个人或团体寻求得到满足和保护的权利请求、要求、愿望或需求"。④ 人的需要构成了利益的自然基础，教育利益源于人的主体需要，是人的教育需求的驱动和反映。在家教育需求的存在与发展势必为某些人带来某些利益，才会有其存在的必要性。教育利益包括教育个人私益和社会公共利益，在家教育中的教育利益在关注个人利益的同时，并没有损害社会公共利益的实现，具体表现如下。

1. 在家教育中个人教育利益获得

按照理性经济人的理论，在家教育的父母也存在成本收入分析，也拥有某些教育利益的意识和理念，因为这些利益概念和标准才会使他们做出在家教育孩子，甚至在一段时间后又放弃在家教育的决定。正如奥地利经济学家米泽斯所界定的："利益，广义而言，是来自行动的获得。它是满意度的增长，它是与所获得的结果相联系的较高价值和与为此所作的牺牲的较低价值之间的差异。换句话说，就是收益减去成本。为了使利益总是任一行动寻求的目标。如果一项行动最后没有达成目标，那么收益没有超过成本或者滞后于成本。在后一种情况下，结果意味着损失和满意度的下降。"⑤ 米泽斯关于利益的定义适合于对在家教育利益的讨论，在家教育利益包括一系列的结果，有些是客观的，有些是更加主观但适合满意度增长或不安度下降等观念的描述。因此，笔者首先从在家教育父母与儿童的个

---

① 马克思、恩格斯：《马克思恩格斯选集》（第一集），人民出版社1972年版，第82页。
② 夏征农：《辞海》，上海辞书出版社2000年版，第2097页。
③ 商务印书馆编辑部：《辞源》，商务印书馆1988年版，第188页。
④ ［英］沃克：《牛津大辞典》，李双元等译，法律出版社2003年版，第454页。
⑤ Mises L. V., *Human Action*, Auburn, AL: Ludwig von Mises Institute, 1949.

人利益主体角度，分析其所获得的教育利益的回报。

（1）在家教育中的投资成本。在家教育在金钱、时间和精力等方面的投资，几乎是学校教育投入的数倍，包括三个方面的相关成本：一是收入的损失。有孩子在家接受教育的家庭一般都会有其中一位家长主要是母亲，全职在家陪伴孩子，这必然带来家庭收入的减少。但是由于女性在职场中的收入普遍远低于男性，同时不少家长会在这个过程中，通过各种灵活的方式获得一些经济来源，使家庭经济状况不致受到较大影响。比如，大理的父母们通过开亲子客栈、举办夏令营、出租房屋等各种方式获取一些经济收入。主要为中等收入家庭在家教育的父母都会衡量自身的经济承受能力才会做出此决定，因此，虽然对经济收入会有影响一般还不至于影响生活的质量。二是时间的机会成本。一个有孩子在家接受教育的家庭，意味着家长要放弃大量可以从事学习、娱乐、运动等的休闲时间，而把更多的时间和精力投注于孩子身上。三是额外的零星开支。包括购买教材等教学资料、参加各种团体活动的支出等等，但各个在家教育家庭在教育的相关支出上差距很大。有的一年仅需几千上万元，多数家庭的花销在2万—5万元不等。

（2）投资获得的利益回报，也就是家庭教育的优势。商业企业家都有一个最重要的目标——利益最大化，但并不意味着他们就不希望实现其他的目标。在从投资到盈利的过程中也会产生个人利益，比如，商业企业家在商务中也会获得雇员无法获得的自由和愉悦。在家教育也是如此。很明显，在家教育的主要目标就是一个更加优秀的孩子，但这是一个主观性术语。在家教育的大量存在并呈现逐步增长的态势，说明在家教育具有其他教育形态无法比拟的优越性，在家教育的优势也是在家教育能够坚持下去的理由。本书主要通过问卷调查的方式对在家教育的学习成效进行统计；同时，对开放式问题"您认为在家上学最大的好处是什么？"的结果进行分析。

第一，在家教育学童的学习成效良好。良好的学习成效才是政府把孩子教育委由父母接管的信心和理由。在家教育学童的学习成效并不局限于智育表现，21世纪教育研究院对在家教育学童多元智能进行了较为全面的调查统计，发现他们不但在学科进度上远远超前，在其他方面也都有许多优秀的表现。家长认为在家上学孩子的各方面能力都处于中上等水平（$M=4.10$），高于中间值3。按照各方面能力的平均分由高到低依次排序为，视野和知识面能力（M=4.30）＞口头表达能力（M=4.18）＞文字和写作能力（M=4.05）＞数学和计算能力（M=3.98）＞与人交往能力（M=3.96）。[1] 国外的一项相关研究将在家受教育孩子的学业成就与传统公立学校的学生进行对比，当把在家受教育的群体划分到有组织的课程计划的群体中和没有组织的群体中时，数据显示，有组织的在家受教育孩子比公立学校的孩子获得更高的标准化成绩。但探究性分析也显示，无组织的在家受教育者在这3个群体中获得最低的标准化成绩。[2] 在持续跟踪的在家教育群体中，也能看到孩子们正在根据自己的兴趣爱好健康成长，还会不时传来孩子升入国内外大学的捷报。比如，2020年的暑期，蔬菜教育社区菜妈分享：一个平时最爱鼓捣模型的孩子，最后大学专业选择了"视觉艺术—工业设计"；而之前那位痴迷化学的孩子，现在拿到高考成绩、明确指向警察学院"侦查"等相关专业方向；一个貌似理工科脑子缺根弦、成天玩音乐的孩子，现在大学专业选择心理学，拿到美国大学的offer之后现在天天攻读数学和科学；一个平时耍酷臭美向往演艺生涯曾经从体制学校翻墙而出的孩子，最后踏踏实实当上了培训中心的老师（刚听到朋友说在外地遇到他、超出意外地沉稳）；还有这位着迷实弹射击的女生，大学专业方向依然是12岁那年自己定下来的生物专业，立志要用科技改变世界……可以看到，尊重生命之独特，因材施教，给孩子更多成长可能，孩子就会成长为该有的模样，身心健康、目标坚定、志向高远。

第二，在家教育能更好地实现个别化的学习。在家教育能根据学生的个别需求设计教与学，真正做到因材施教，适时而教。以下是在家教育的父母们认可的好处："可以因材施教，提高效率。不再是填鸭式，大大增加互动，引发独立思考。""打破传统学校教育在方法和内容上的局限。""更合理地安排时间，更有效地完成学习。""孩子会主动利用互联网下载资料，比如他的英语学习就是自己下载软件，自己学习。还包括其他学科也是如此。"每个孩子的学习特质、学习速度有所不同，在家教育的父母鼓励儿童中心的学习，去除标签，培育个性，相信通过个别教学，可以清

---

[1] 21世纪教育研究院：《中国在家上学研究报告（2013）》，内部资料。

[2] Martin-chang S., Gould O. N., Meuse R. E., "The Impact of Schooling on Academic Achievement: Evidence from Homeschooled and Traditionally Schooled Students", *Canadian Journal of Behavioural Science*, Vol. 43, No. 3, 2011, pp. 195-202.

楚知道孩子的学习反应，采取最适合的教学方式，在适宜的教学引导下，必能有更佳的学习态度与成效。

第三，在家教育能更好地发展儿童主体性。在家教育的学生不希望靠一纸文凭来证明自己，他们需要从更多方面去证明自己的能力和实力。同时，让孩子认识到每个人的成长历程都是不同于他人的，让孩子能适应这种不同，有坚强的内心和力量感。在家教育能以学习者为导向，配合儿童身心发展，进行以儿童为中心教育理想的实践，并以建构儿童主体性为旨归，希望孩子最终能形成良好的学习方法和能力，具备对人生的自主抉择能力。像已考上成都某所国际学校的曾经在家上学的希希妈妈说的："我女儿的数学和英语语法，基本上是课余时间自学的。在有疑问的情况下，我才出马给予一些帮助。这次参加国际学校的考试，她都是在2个月前，自己确定了要考国际学校而自学准备的。我想说，在家上学给了她什么？给的主要是她自己对自己越来越清晰的认知、自主的选择、自主学习的动力。有了这些，技术层面的问题，其实确实不是难题。我们高兴的是，孩子可以'自主'选择自己的方向，可以有能力去选择。无论什么样的道路都是优秀的，关键是孩子清楚自己想走的路，并且知道如何去走。"更多在家教育的父母认为在家教育的好处还有："更加尊重孩子的生命，更易于他们开心地经历他们的人生。""按天性培养孩子，让孩子认识真理。""孩子的动手实践能力，思维能力更强。""让孩子有自由学习的健康环境。""把孩子培养成为独立思考的人。"

第四，在家教育能形成亲密的亲子关系，增进家庭和谐和凝聚力，形成学习型家庭，促进父母与子女的双向成长。在家教育的目标是通过提供一种温暖而充满爱的能培育亲密关系和父母参与的学习环境，为孩子提供一种成功的教育。在家教育的父母相信家庭是最重要的教育场所，而父母也是孩子最重要的教育者。因为在家教育，亲子共同生活与学习的时间就多于其他家庭，在彼此互动中，不但可增进亲子间爱与亲密的情感需求，培养扶持、体贴、包容、信任的家庭气氛，还可增进夫妻对家庭经营、教育子女的共识，使家庭气氛和谐、富有向心力。在家教育的家庭创造了代与代之间的桥梁而不是鸿沟，在家教育的孩子学会更加尊重和理解父母。有一位处于初一学龄段在家上学孩子的妈妈说："孩子小学在校学习期间一直不太喜欢学校繁重的课后作业，而每次父母又必须催促他完成，因此家庭关系一度非常紧张。我2012年初无意中接触到在家上学，在经过考察并全家商议之后，做出初中阶段在家上学的决定，目前来看，最大的收获和改善就是家庭关系融洽了，亲子关系不再紧张，大家都能以更放松的心理状态去面对一切。"

同时，在家教育促进了父母与子女的双向成长，父母认为在家教育中获益的不仅是孩子，还有父母和整个家庭。小震的父母都是大学老师，父亲说："小震是明确把自主学习作为自己的使命，我和他妈妈都有自己的工作要做，我们以及爷爷奶奶等都只是支持与配合他，是与他一起学习成长的伙伴而已，因此我们家的在家教育也称之为家庭成长伙伴计划。在这个在家教育的过程中，成长的不仅是孩子，而是整个家庭。"更多家长持有相同的看法："更多亲子时间。也利于父母成长，坚持学习，接受并认真对待'教育是父母的责任'。""我不希望女儿每天放学回家，还有写不完的作业，甚至没有交流和玩耍的时间。我希望有更多的时间陪伴女儿的成长。""与孩子在家上学的过程中，我们享受彼此的成长的喜悦，帮助建立亲子关系，修复我和孩子之间的关系，享受和孩子一起成长的过程。""建造合一家庭，恢复家庭成员间的关系，恢复家的功能。""有机会形成更为亲密和牢固的亲子关系。"因此，在家教育中，在孩子成长的同时，父母也通过自身的不断学习与反省，学会处理学习中的问题，调节亲子和夫妻之间的情感关系，协调好工作与家庭的关系，从而带来孩子、父母以及整个家庭的和谐度和向心力，使整个家庭在学习中受益。

第五，在家教育能尊重家长的教育选择，实践父母的教育理念。忠于教育信念的在家教育的父母，在自身学识与资源可胜任的基础上，相信孩子在适当引导与充满鼓励、自由的环境下，都能自我学习、正向发展、发挥潜能，以实现全人教育的理想。在家教育父母认为："可以完全按照自己所认可的理念去教育孩子，孩子的成长在自己可控的范围内，随时随地可以观察到孩子的状态并给以引导。""使孩子免受学校教育一些功利性甚至负面的价值观影响，引导孩子关注自己内心的成长，带给孩子更加正面的价值观。"

第六，在家教育能使孩子免受负面的学校教育的影响。学校教育虽肩负起国民教育的重责大任，但毋庸讳言，现行的学校教育也出现了许多令人担忧的现象。诸如，脱离真实生活的教材、过度的同伴竞争与课业压力、校园暴力事件等，尤其社会道德日益败坏，学校风气蒙受其害甚深，学生的品格教育更是遭受威胁。而家长认为，学龄儿童处于身心发展之初，判断能力还未成熟，实在无力抵抗负面教育影响，选择在家上学能让孩子在较正向的环境下健康成长。一位家长说："我儿子在幼儿园受过黑屋体罚，心理有创伤，一看到学校就发飙。我原来也没有意识问题的严重性，后来有个当老师的朋友说他们学校的学生跳楼，使我很震惊。我不想再去逼他了，后来用很多的时间来陪他，现在好了很多了，但还是很没有自信，很容易紧张。"还有更多的家长看法，比如："避免体制内的不良校风及硬性的教育，让孩子建立良好的品格和学识。""没有公立学校的纪律与规训，孩子的成长更为自由、健康和快乐。""摆脱体制内非人性化教育，让孩子有机会身心健康"等。

总之，教育利益不仅体现在物质利益，更体现在精神利益方面，对教育的最终测量是一个人生活得如何。因此，在家教育的投资和回报所形成的利益难以量化和估算。个性化学习模式的需求，安全舒适的学习环境的保证，有更多时间与家人相处或工作的灵活的课程，这些都提升了教育的质量，实现了更有效的时间利用。而不用担心打架斗殴、同伴压力和其他的负面影响。但是，由于中国在家教育方兴未艾，在将来，还可以通过大学录取情况、大学期间的表现、就业工作表现、在家教育毕业生的自我印象等方面测量在家教育成效，以期对在家教育的成效进行更为全面客观的考察与评估。

2. 在家教育在获得个人利益的同时，兼顾了教育的公益性

教育利益有不同于一般的利益的特质，最终是通过育人实现人的身心和谐发展，通过上文实证分析，在家教育具有较高的个人回报率，促进儿童自主发展、家庭和谐，给儿童和父母带来了全方位多层次的私人利益。正是基于儿童需要，关注和保护儿童的个人利益，在家教育引发了个人利益与社会公共利益之间的博弈和冲突。笔者确定了两类对在家教育的否定性理由：一是认为在家教育行为有害于儿童；二是认为在家教育有损于教育公益性。据以上研究显示，在家教育行为是针对个体儿童现状，是以儿童利益为本的教育行为，更有利于儿童发展。

教育强调其公益性属性。我国《教育法》第8条规定："教育活动必须符合国家和社会的公共利益。"我国的义务教育制度就是通过普及义务教育，提高全民族受教育水平，以实现国家和社会的利益。"国家即使由下级人民的教育，得不到何等利益，这教育仍值得国家注意，使下级人民不至陷于全无教育的状态。何况，这般人民有了教育，国家可受益不浅

呢。在无知的国民间，狂热和迷信，往往引起最可怕的扰乱。一般下级人民所受教育愈多，愈不会受狂热和迷信的迷惑。"① 因此，义务教育阶段对一切儿童实行公共的和免费的强迫学校教育，把各种教育资源掌握在国家尤其是政府之手，更多关注的是教育给国家和社会带来的利益。教育是公共产品、准公共产品、私人产品这三种不同形式的教育单位的总和。② 教育的正外部性赋予了教育的公益性内涵，同时，教育活动的社会性要求教育具有公益性，教育必须满足社会利益。教育公益性的受益者主要归结为公众、国家、社会、民族乃至于整个人类。公共利益、社会利益、国家整体利益的实质内含相同，可以统一为社会公共利益，是指全社会全体成员的共同的、整体的利益。

那么，在家教育是否损害了教育的公益性呢？教育的公益性是与教育的私益性、营利性和产业性相对应的概念，在家教育中的教育公益性问题是相对于在家教育的私益性提出来的。教育的私益性是指教育投资主体的私人性，以及受教育者个体通过教育提高个人在经济和非经济上的回报。而教育私益性的正向外溢就体现为教育公益性。教育公益性，并不意味着只有提供公共产品的教育单位才具有公益性，而是整个教育，无论采用何种形式，其本质和实际结果都能给全社会带来巨大的社会公共利益，包括在家教育也具有准公共物品性。原因有三：一是教育产品的公共性。教育产品兼具公共产品和私人产品的特征，教育的公共产品特征，表现为效用的不可分性、消费的非竞争性、受益的非排他性。③ 从在家教育的投资主体角度而言，在家教育具有了更多的私益性，但是教育具有私益性和实质性的积极外部效应，整个社会都能从通过在家途径受教育者那儿同样获得好处，因此，从在家教育产品特征而言，仍具有典型的公益性。二是教育受益的公共性。在家教育个体通过教育可以获得可观的经济和非经济的效益，实现个体价值。与此同时，对社会而言，在家教育使受教育者和家庭的教育正外部性体现得更为充分，国家和社会也由此受益更多。三是在家教育公益与私益特性的互补性。教育公益中的"公"是由无数的"私"组

---

① [英]斯密：《国民财富的性质和原因的研究（下卷）》，郭大力等译，商务印书馆1974年版，第344页。
② 张铁明：《教育产业论》，广东高等教育出版社2002年版，第1页。
③ 黄恒学：《公共经济学》，北京大学出版社2002年版，第51页。

成的,是以"私人性"为前提和基础的,两者是相辅相成的,并不必然存在矛盾性。社会公共利益应该反映一个社会所有人的利益,而不是以多数人的利益为准,如果以牺牲在家教育群体的个人利益而换取所谓的社会公共利益,并不是教育利益的应然结局。由此,教育是具有公益物品和私益物品性质的准公益物品,具有"准公益性"。它应该可以由政府提供,也可以由私人支付,可以进行"公""私"选择,在家教育也是可为途径。

那么,如何摆脱"囚徒困境",更好地协调和平衡在家教育中的利益关系,最终达到个人利益与社会公共利益的和谐统一呢?法律的功能就在于协调、平衡和保障各种利益关系。在家教育中的个人、国家和社会利益,需要通过法律规制以实现个人利益与社会公共利益之间的平衡和保障。在家教育只是凸显了教育的私益属性,但是仍然不能否认其准公共物品属性和社会利益属性,教育公益性是教育外围的制度保障。教育公益性原则可以确保在家教育权和儿童受教育权的顺利执行,防止教育实践中忽视和背离教育公益性的行为。教育的私益性与公益性在本质上是一致的,在家教育在追求自身素质提高的同时,也必然促进全社会教育质量的提高和全民教育素质的增强,推动社会进步和国家富强,使私益与公益相辅相成,相得益彰。总之,在家教育的行动是有意义的,这也是我们可以对学校教育和在家教育进行对比的一个方面,以此证明从经济学视角而言在家教育具有存在价值和现实合理性。

### (三)历史学视角的在家教育的回归与超越性

在家教育是在家庭场域由父母或其聘请的家庭教师对孩子实施的教育活动,以家庭为主要教育场所,实现学校教育的功能。从在家教育的历史溯源中可以窥见,与当今在家教育相似的中国古代教育,主要追溯到家庭教育中的以兼具学术文化传承功能的"家学"教育为主的在家教育形态。

中国古代的学制主要分为"官学"和"私学"两类。作为民间教育机构的私学,又包括蒙馆、私塾、书院、家学等,而"家学"是私学中的一种重要教育形式。"家学"是以家庭和家族作为基本范围,在家庭(族)内部对子弟进行的有计划的教育活动,是父祖、子孙世代相承的学问,其最高层次是以家庭(族)世代传承某种知识或技艺为特征的。从内容上看,是指家庭或家族内部世代相传的包括经史子集内容的文化现象的学问;从形式上看,包括家庭教育和家族教育,包括正规系统的家庭蒙养教育；家庭讲学与家族办学，比如家塾；与家庭讲学、家族办学密切关联的是"学术家传"。作为一种特殊的教育形式，"家学"兼有家庭教育与学校教育的功能，并把两种教育揉为一体，形成自身的独有特色，与当今的在家教育具有形神兼备之处，在此主要通过分析中国古代的家学教育，来厘清其与当今在家教育的关系。

1. 中国历史上"家学"教育的发展

正如前文所述，传统家学教育肇始于先秦，后经两汉时期得到进一步发展，魏晋南北朝到隋唐达到鼎盛，宋代以后才开始走向分化和衰落。[①] 明末清初以降，我国学术形成了遍治古经的格局，也再度兴起了古老的传授经学的"家学"教育形式。在中国古代，家学俨然就是一种普遍的教育现象，在不同时代彰显出独特的价值和作用。

首先，家学出现的原因方面。主要表现为：其一，学校教育的等级化促使家学的诞生。学校教育滥觞于夏朝，教师身份官员化，使学校教育对象存在等级类别，是少数人垄断性的独享特权。这激发了平民家庭对文化价值和精神品格的追求，有着"父兄之教"的家学文化，蔚然兴起。其二，家学是小农经济社会的产物。春秋战国以后，中国是以家庭为单位、农业和家庭手工业相结合的小农经济为主导的社会，具有分散经营、自给自足、封闭性强等特点。因此，家庭成为集生产、生活、娱乐为一体的社会最基本单位和细胞，家学成了子弟受教育的重要途径。其三，社会动荡不安使家学产生，并长盛不衰。王朝政权的频繁更迭，社会的动荡不安，使官学以及需要固定施教场所的其他形式私学都极易遭到毁坏，处于时兴时废的状态，不能满足当时社会各阶层对教育的需求。而家学则因其在家庭内部机动灵活的教育方式、内容和场所，以及授受双方的亲属关系较少受到政治、经济等各种外界因素的干扰，得以稳定长足发展。外界时局所造成的公立学校教育体制的匮乏，使家学成为孩子唯一的无可替代的教育方式。

其次，家学的教育特点方面。中国传统家学是以私家藏书、经典家授、家教训示、家风传承、家族谱牒为质素要域的家传之学。[②] 其一，在教授的范围方面，主要囿于家庭和家族。这里的"家"，包括家庭和家族，

---

[①] 巩本栋：《程千帆、沈祖棻学记》，贵州人民出版社1997年版，第316页。
[②] 陆建猷：《中国传统家学的现代参鉴价值》，《社会科学》2013年第5期。

家族是基于血统关系，包括同一血统几辈子人的社会组织形式。主要由受教育者的父母、兄弟或其他直系、旁系长辈亲自训导，或由家庭（族）延师设塾而教。其二，在教授的内容上，主要是对伦理道德教育、综合知识和学术艺能的培养。中国古代家庭非常重视子女的人格完善，伦理道德教育放在家学内容的首位，有许多关于家庭伦理准则和行为规范的教育文献，如家法、家规、家训、家诫等。而经两汉发展传播，儒学思想逐渐成为中国传统文化核心，在家学中处于主导地位。魏晋南北朝时期世家大族为保持门第，遵守儒术是世代相传的要业，同时兼顾史学、文学、艺术、谱学、科技和玄学等多领域学习；而唐宋时期，受科举考试影响，以经学和文学为主，史学和技艺居其次，兼顾法律、医学等多方面发展。家学逐渐由专经走向博通。其三，就教授目的而言，主要体现为家庭（族）对某种知识或技艺的世代传承。他们会通过"家学"教育形式，完成对本家庭（族）内在某一智识或技艺领域的优良学术、文化的传承。

再者，家学在历史上发挥的作用。其一，家学是中国古代学术传递的重要途径，培养了不计其数的杰出历史人物。丰裕、优雅的家庭环境，浓厚的家学文化传统，前辈优秀的思想文化积累，以及名师巨儒的言传身教，造就了不计其数出类拔萃的人才。比如，司马谈、司马迁，班彪、班固、班昭的史学；王羲之、王献之的书法；苏洵、苏轼、苏辙，黄注、黄序、黄庶、黄庭坚的文学；陆九韶、陆九皋、陆九龄、陆九渊、陆九思，汤千、汤中、汤汉的理学；赵孟頫、赵奕、赵雍、赵凤、赵麟，胡宗仁、胡耀昆、胡起昆的绘画艺术，无不得益于父子相传或家族办学的家学教育。[①] 家学的深入发展为更多的寒门庶族提供了就业机会和跻身官场提供了条件。其二，家学传承了中国数千年的历史文明和悠久文化。中国古代非常讲求家业传承，一门数代研习的知识或技艺，都借此延续和留存，古代许多的史学名著就是家学传承的产物。因此，家学是在社会成员幼年之时，使用经典名言、家风箴言，在家庭场域内对子弟的品行才智进行教化，造就后代适应社会、拥有支持家国的价值观念，成长为社会所需人才，家学充分发挥了自己的家庭优势，实现了学校教育的职能，达到了教育的最终目的。

---

① 胡青：《试论中国古代的家学》，《江西教育科研》1990年第1期。

2. 在家教育对传统"家学"的回归

家学教育形态虽然已经作古,但是,"周虽旧邦,其命唯新",家学教育所具有的优势与长处,在当今在家教育形态中,也同样得以彰显,显示出对传统家学的回归特性。

首先,家学和在家教育都重视家庭教育功能,承担传承传统文化和学术的重任。家学一般有着刻苦严谨的学风、严格的家教。家学作为对家族学术传承的重要途径,是家庭或家族进行学术选择和文化积淀的产物。中国家学正是在家庭日用空间,以家庭文化自觉与文脉传承的特有亲和渗透感染力,潜移默化地涵泳着家庭成员的人文品格提升,对现代社会的家庭呈示着深长的参鉴价值。① 家学使家庭生活空间的文化教养得以传承,支持和丰富了民族文化。而在家教育正是重视和发挥家庭教育的优势育人功能,不但完成传统文化的传承,也为了完成对孩子的学业培养,家学和在家教育两者的志业与任务有相同之处。

其次,家学和在家教育都是人才培养的有效途径,对人才培养作出了贡献,表明社会人才的培养途径是多渠道、多形式的。在家教育也是试图以多元的教育途径,实现人才的培养目标,目前来看,我国在家教育中升入大学和走上工作岗位的孩子,都取得了令人满意的成绩。

再者,家学和在家教育都充分发挥了因材施教的个性化教学优势。家学在各个朝代、各个阶层都不受外界和人为条件的干扰,机动灵活、因地制宜地进行个别化教学,教授的学生少则一至几名,教材、学习年限等都极为灵活,教育内容也远比官学广泛,其教学效率也远高于官学和其他私学。因不受朝廷、官府制约,可以自由地存在和发展。这既是家学最显著的优势,也是在家教育能得以快速发展的原因所在,两者都兼具学校教育与家庭教育的特点,是对学校教育不能满足教育需求的有益补充。

3. 在家教育对传统"家学"的超越

当然,中国传统家学具有难以克服的历史局限性,在家教育摒弃了传统家学的主要缺点而实现其超越性功能。

首先,在家教育超越了传统家学教育内容的单一性。家学主要是在家授教识读典籍文献,主要内容是经史子集。只重视读经等国学教育的教育

---

① 陆建猷:《中国传统家学的现代参鉴价值》,《社会科学》2013年第5期。

形式，是对传统家学教育形式的简单继承和误读。现代在家教育不局限于家学"家族世代相传"这一特质，不局限于对传统经典国学内容的研读，包含了广博的现代文化知识的学习，以此克服和超越家学教育的时代局限性。

其次，在家教育超越了传统家学教育形式的封闭性。由于时代发展的局限性，家学主要通过口传相授经书典籍，少有其他多样化的教学手段和设备，授业者之间也少有互动交流，对外界信息来源处于封闭状态。而在家教育却能通过网络媒介、家长联谊会等交流和分享教学经验和资源，增强与外界的互动与交流，儿童的教育场所也不局限于家里，图书馆、博物馆、大自然都是教学活动的场地，避免了传统家学单一封闭的教学手段和形式。

再次，在家教育超越了传统家学教育目的的单向性。家学教育之所以出现，主要是因为国家无法为所有孩子提供基础性教育，而不得不靠自己的力量让孩子接受各种形式的私学教育，包括家学教育。家学教育主要还是为了满足为寒门庶族提供就业机会和进入仕途的功利性教育目的。而在家教育是在国家能够为所有儿童提供免费的普及性教育前提下，为了满足儿童更好的发展需求所做的选择性教育，这对在家教育必然提出了更高的期望和要求。在家教育并不把参加应试考试，谋取职业作为志业，而是把儿童本身的全面、自由、个性化发展这一终极教育目的作为追求的目标，超越了工具价值理性。

因此，在家教育通过对传统家学教育优越性的继承，以及对家学教育局限性的超越，从历史发展的视角具有了存在的历史依据和合理性。

## 二 在家教育权利赋予的理论合理性

赋权（empowerment）理论是解决我国在家教育权利赋予问题的理论基础。Empowerment 中 power 起源于拉丁文 potere，意思是"有能力的""权力"，其前缀 em 表示"引起"或者"提供"（出处）。赋权是赋予权力或权威的过程，是把平等的权利通过法律、制度赋予对象并使之具有维护自身应有权利的能力的过程。透过这一过程，人们变得具有足够的能力去参与影响他们生活的事件与机构，并且努力地加以改变。赋权不仅仅是外在的给予，而且是内在能力的确认和自立自强的行动。在家教育家庭正在代替学校履行着教育的职责，行使着教育的权利，不仅预示着教育模式的转向，还明示了教育权利诉求的增强。

在家教育的法理基础是父母教育权理论。父母对子女的教育享有一定的权利，这是现代社会普遍承认的法律原则。根据1948年《世界人权宣言》第26条第3项的规定，父母有优先权利选择子女的教育方式。父母的教育选择自由在国际法上包含两个方面的内容，一是父母或监护人有为其子女或被监护人选择非公立学校的自由，但这些学校须符合政府或批准的最低教育标准；二是国家应尊重父母及其他监护人确保其子女或被监护人所受的宗教和道德教育与其自身的信仰一致的自由。① 至于父母是否有权选择在家教育以替代正规学校教育这一点是由本国国内法自行决定的。中国的在家教育并未取得合法地位，也就是说中国在家教育权利尚处于自我赋权的个体主动模式，这种自我赋权还缺乏外力推动，通过外力推动和保障，客体与主体互动的不断循环和构建才能达到持续赋权的目的。笔者首先通过对在家教育权利的法理论证与本体诠释，为在家教育权利的彰显提供理论证成。

### （一）在家教育是父母教育权优先性的体现

父母教育权是在家教育的重要法理基础。父母教育权的行使是一项复杂的权力（利）分配问题，涉及的层面涵盖国家、家庭、儿童及其价值之间的权力（利）运作关系。因此，需要探究父母教育权在教育权理论体系中的地位，在家教育才具有合法性来源，并进一步厘清相关权力（利）之间的关系。

1. 父母教育权的宪法依据

父母对未成年子女的保护及教养的权利义务即亲权。亲权是父母对子女与生俱来的自然权利，基于亲权，父母拥有对子女的教育权。晚近以来，各国纷纷把父母教育权利确认为宪法权利，许多国际公约也明文加以保障。1948年《世界人权宣言》第26条第3款规定："父母对其子女所受的教育，有优先选择的权利。"1950年《欧洲人权宣言》指出："不能剥夺任何人的教育权利。国家在行使任何它认为与教学有关的职能时，应

---
① 申素平：《教育法学》，教育科学出版社2009年版，第117页。

尊重家长确保此类教育和教学与他们自己的宗教与哲学相符的权利。"尊重父母教育权的原则成为西方国家通行的宪法原则。

德国的《魏玛宪法》第 120 条规定："教育子女成为身心健全，并能适应社会的成年人，为父母的自然权利及最高义务，国家组织并监督其实行。"① 最早明文规定了亲权的保障，也是最早对父母教育权的规定。不过，当时的亲权概念，仅为一种纲领性规定和制度性保障，是为了保障婚姻和家庭的正常生活秩序，父母并不具有独立自主行使教育的权利。直到二战之后，基本法制定时，父母教育权才获得充分保障。依据基本法第 6 条第 2 款规定："抚育与教育子女为父母的自然权利，也为其至高义务，其行使应受国家监督。"② 学者普遍认为，此条规定所保障的亲权，是先于国家而存在的权利，且为人权，父母教育权是亲权的重要内涵。

美国的宪法没有明文规定对亲权或父母教育权的保障，而是借由法院判决的宣示，逐步建构出父母教育权的宪法保障体系。1870 年伊利诺伊州最高法院在 People ex rel. O'Connell v. Turner 一案中首次宣示了亲权概念："父母有关心、监护和扶助其子女的权利与义务，而此种维护和保障的义务是自然法的原则。"③ 后来，在联邦最高法院 1923 年的 Meyer v. Nebraska 案及 1925 年的 Pierce v. Society of Sister 案中进一步援引宪法第 14 修正案的正当程序条款来保障父母教育权。在 Meyer 一案中，联邦最高法院指出："结婚、建立家庭与养育子女为秩序实行与幸福追求所不可或缺者，此等权利向来就为普通法所承认享有的个人权利。"④ 而在 Pierce 一案中，联邦最高法院则认为，俄勒冈州强迫八至十六岁儿童进入公立学校就读的规定，侵害了父母主导儿童成长和教育的自由，认为教育是一项给予那些"养育儿童并引导其命运之人"的个人权利，此案进一步确立了父母的教育权。

日本宪法也鲜有关于亲权或父母教育权的明文规定，其宪法依据主要

---

① Art. 120WRV, "die Erziehung des Nachwuchses zur leiblichen, seelischen und gesellschaftlichen Tuchtigkeit".

② 国民大会秘书处编：《德意志联邦共和国基本法》，《新编世界各国宪法大全（第二册）》，朱建民译，1996 年版，第 720 页。

③ Mccarthy F. B., "The Confused Constitutional Status and Meaning of Parental Rights", *Georgia Law Review*, Vol. 22, No. 4, 1998, p. 976.

④ 陈佩琪：《父母在学校教育上的权利》，硕士学位论文，台湾大学法律学研究所，1995 年，第 10—11 页。

是"宪法的自由说",认为父母的教育权为宪法第13条"包括的自由权"所保障。① 唯学界确认父母教育自由是受宪法保障的权利,认为宪法没有明文规定父母的教育权,是因为它是个人在日常生活中所应享有的自由与权利,为"一般自由"或"追求幸福权利"的一部分,第13条所保障的应该包括父母的教育权。

我国《宪法》第49条第3款规定:"父母有抚养、教育未成年子女的义务。"虽未明确将教育子女列举为父母的权利,但并不意味着父母教育权没有宪法的依据。"宪法之所以没有列举这些权利,可能是制宪者认为这些权利是理所当然、不证自明的,反之,如果认为宪法明确列举了才保护,那么是将宪法保护的基本权利转变为宪法赋予的基本权利,所以,对这些固有的自然权利,宪法不明确列举可能比明确列举更能体现这些权利的尊崇性。"② 因此,我国宪法虽然没有亲权或父母教育权的明文规定,但不能因此即否认亲权为父母的基本权利,因亲权作为自然权利先于国家而存在,也是跨越国界的基本人权,父母基于血缘关系自然对未成年子女拥有抚养与教育的权利和义务,国家也必须给予尊重和保护。

2. 在家教育是父母教育权的优先性及自由性的体现

第一,父母教育权的内容确定。父母教育权基于亲权,且为亲权的核心内容,作为宪法权利的父母教育权,不仅包括家庭内教育,也涉及公共教育,拥有涵盖家庭教育和学校教育领域的对子女的教育权。就是说,父母并非只能将对子女的教育权全权委托给教师或国家。就家庭教育而言,父母拥有完全的教育权利,可依其世界观、价值观,自行决定家庭教育实施的方式和内容;而在学校教育上,父母教育权包括两方面的内容:一方面是父母委托给学校及教师的教育权利,另一方面则是父母所享有的教育子女的权利,主要包括对学校教育享有一定的选择权、参与权以及拒绝权。③ 就父母选择权而论,主要是指父母的教育选择自由,包括父母具有

---

① 日本宪法第13条规定:"一切国民的人格均受尊重。对于生命、自由及追求幸福的国民权利,在不违反公共福利的范围内,在立法及其他政策上,必须予以最善的尊重。"
② 李震山:《宪法未列举权保障之多元面貌——以"宪法"第二十二条为中心》,台北:元照出版公司2005年版,第18—19页。
③ [日]阿部照哉、池田政章、初宿正典、户松秀典:《宪法——基本人权篇》,周宗宪译,中国政法大学出版社2006年版,第256页。

在学校和非学校机构间进行选择的自由和父母具有选择学校的自由。[1] 因此，父母具有为子女选择在家教育的权利。

第二，父母对义务教育有优先选择的权利。首先，父母教育权是基于亲权的自然权利。亲权是指父母对未成年子女有保护及教养的权利义务，它是一种自然权利。所谓自然权利，是指可以从人类的生理、精神、道德、社会和宗教的特性引导出来的权利，为了人类获得自尊和个性的发展，它们必须得到确认。[2] 父母教育权属于亲权的重要内容，是父母基于亲权，从子女的利益出发而根据自己的意志做出的作为或不作为，或要求他人作为或不作为的能力或资格。洛克认为，父母对子女的支配权利是自然赋予父母的"第一种权利"，当然，这种权利对父母也有着严格的限制。

其次，父母教育权从自然权利上升为法律上的私权利。父母教育权来自父母和子女之间的自然联系，从原始社会开始就以一种自发的适应生存和生活需要的道德意义上的权利和义务而普遍存在，教育子女是父母的私人权利。而近代以来，随着各国宪法对父母教育权的确认，从法学意义上讲，父母教育权既是一种自然权利，又是一种私权利（民事法律关系）。基于父母与子女的亲密的血缘关系，父母对子女的教育是超越法律的权利义务关系的一种自然现象，实在法对父母教育权的规定，是对此关系的确认。

再者，父母教育权向公共教育权的转移和让渡。从历史视角观之，对儿童的教育经历了由父母的私人教育权向公共教育权的转变。父母对子女的教育权是一种原生的天赋权利，但随着公共教育的兴起，儿童的教育不再局限于家庭，因为在现代社会，单靠父母的个人力量已经无法保证儿童受教育权的充分实现，为了儿童的福利，父母把一部分教育权委托给学校代为行使，父母不再独自拥有对子女的教育权。父母从来没有，也不可能出让自己对子女的全部的教育权。当前，日本和欧美学术界普遍认为，学校教育本质上具有"父母教育权的委托契约"的性质，学校教育权（包括教师的教育权）是受父母的委托而产生的。因此，国家在实施教育促进公平、实现社会发展进步的同时，也应尊重和承认教育的私人性，父母教育

---

[1] 尹力：《试论父母教育权的边界与内容》，《清华大学教育研究》2012年第5期。
[2] Hodgson D., *The Human Right to Education*, Aldershot: Dartmouth Publishing Company Ltd. & Ashgate Publishing Ltd., 1998, p. 20.

权的存在具有合法合理性。

基本法既然将父母的亲权视为一种与生俱来的自然权利，而非国家所赋予，那么父母拥有对于子女教育权的优先性，不是来自国家的强制，而是在国家形成之前，父母和子女之间自然生成的受教育的权利与义务关系。父母教育权是国家教育权和社会教育权的基础和起点，父母权利的让渡是为了儿童受教育权的最大化实现。学校在行使父母出让的那部分自主教育权时，也应是以保护学生的受教育权为终极目标的。在家教育是父母认为自己能更好地实现儿童受教育权的一种教育现象。综观世界多国的在家教育，均经历了对父母教育权的严格控制到父母优先选择权的合法化历程。表面看来，在家教育的合法化是父母在向国家争取教育权，而实际上是国家向父母还权的过程，是对父母教育权的一种法律确认，体现父母教育权的优先性。

第三，父母教育权的优先性决定了其自由性。从性质而言，亲权是一种"自由权"，保障父母能自由地形成并决定抚育和教育子女的方式，并具有"防御权"的功能，可免于国家权力的不当侵害。① 因此，父母对于国家违法侵害教育权的任何行为，都可以通过法律途径予以排除。虽然儿童的受教育权是无可选择的强制性权利，但作为代为行使权利的父母而言，国家教育权来源于父母的授权，父母教育权优先于国家教育权，那么，父母对于儿童接受教育的具体教学内容与方式，教育场所的选择都应具有优先的自由选择权。父母的教育权属于宪法上的权利，其权利遵循"法不禁止则自由"的原则。儿童和父母对教育的多样化需求是教育中的永恒命题，儿童有权接受他认为是"好的"教育，对"好的"教育的选择权由其父母代为行使。因此，尊重父母教育权，允许实施在家教育，是父母对于子女教育权的再确认，应给予相应的自由而不宜全权限制。

### （二）在家教育是儿童受教育权利的新转向

受教育权是历史的产物，在工业社会发轫之初是作为公民义务而提出的，而后才逐渐发展为权利。公民受教育权经历从无到有、内涵从少到多的发展历程，其保障形式经历了原始的平等规则——古代等级制度——现

---

① Maunz、Zippelius：《德国宪法学》，陈敏等译，民国大会宪政研讨委员会1985年版，第163页。

代法律（主要表现为宪法形式确定为公民的基本权利和义务）的主要演变过程。①

第一，儿童受教育权经历了从强调义务到强调权利的发展过程。首先，自进入20世纪，受教育权已从自然权利转为制度人权。洛克的自然权利理论认为，受教育权就是一项排除国际干预、父母教育子女的自然权利。受教育权是一种道德普遍性的要求，是人类生存和发展的需要，表现为人作为人应享受的一种权利，是所有其他人权的前提性保障。但是，随着社会分工日益复杂，父母在教育时间、精力、知识能力等方面的有限性，国家全方面介入教育事务，更有利于满足社会成员日益增长的教育和学习需要。施密特认为，立法者有义务建立一套完整制度，以保障公民受教育权的基本实现。因此，二战以后，受教育权作为一种新型的人权被提了出来。国际公约、各国宪法或者相关的教育法律制度对受教育权给予了相关规定，并通过正规的学校教育制度保障受教育权的实现。

受教育权是人的应有权利，国际社会普遍承认受教育权是一项人权。人权是人的应有权利，是权利的一般形式，受教育权是每一个儿童不可剥夺的基本人权。受教育权的保障在国际公约中多有规定。《世界人权宣言》第26条第1款规定："人人皆有受教育的权利"；《经济、社会、文化权利国际公约》（ICESCR）第13条明确规定："本公约缔约各国承认，人人有受教育的权利。"《儿童权利公约》第28条第1款规定："缔约国应承认儿童有受教育的权利"。这些国际人权文件都明确提出受教育是人人应享有的权利，使受教育权具有了国际重要依据和保障标准。

受教育权也是一项法定权利和义务。世界上绝大多数有成文宪法的国家对受教育权都有程度不同的规定，其在各国宪法中的表述方式可以分为以下四类模式：其一，受教育权是公民的一项基本权利；其二，受教育是公民的一项自由；其三，公民有平等的受教育权；其四，受教育既是公民的权利又是公民的义务。②我国《宪法》第46条规定："中华人民共和国公民有受教育的权利和义务。"《教育法》第9条规定："中华人民共和国公民有受教育的权利和义务。"因此，在法律上，受教育权既是人的应有权利，也是公民的基本义务。

---

① ［德］毛雷尔：《行政法学总论》，高家伟译，法律出版社2000年版，第109—110页。
② 温辉：《受教育权入宪研究》，北京大学出版社2003年版，第7—13页。

其次，儿童受教育权经历了从强调义务到权利的历史发展过程。受教育权的性质有一个发展变化的过程，经历了义务观、权利义务观、权利观三阶段。[①] 从历史视角而言，教育经历了从私人教育到公共教育的发展历程，受教育也从法定义务上升为一项基本的宪法权利，经历了从无所谓权利义务，到公民义务，再到公民权利的历史演变历程。受教育权的权利说成为世界的主流。事实上，教育应强调权利还是义务与教育的目的密切关联，如果教育目的是国家本位的，那么受教育是义务；反之教育是以人民为本位，以个人的无限发展为目的，则必须承认受教育属于权利。2006年新修订的我国《义务教育法》第1条提出："为了保障适龄儿童、少年接受义务教育的权利，保证义务教育的实施，提高全民族素质，根据宪法和教育法，制定本法。"明确了义务教育制度的宗旨在于保障适龄儿童、少年的受教育权利，由重视国家利益转变为强调公民权利，说明义务教育立法已由"社会本位"转向"人本位"，由"工具本位"上升为"权利本位"，更加注重保障公民接受义务教育的权利，以及国家、政府履行义务教育责任。这是宪法规定的公民受教育权利在义务教育领域的具体体现，更彰显了教育的人权特性。

在受教育属于义务的阶段，儿童只能履行服从国家安排进入公立学校就学的义务，不能享有在家上学的权利，因为强迫入学是他的义务。在受教育转变成权利的时代，儿童只要接受能够满足自身全面、自由、个性化发展的教育，同时达到法律对义务教育质量标准的水平和要求，即应视为履行了接受义务教育的义务。受教育权的意涵，除了拥有接受国家所提供的教育的权利外，还包括选择受教育方式与教育场所的权利。即依照自身的需求，公民可以自由地选择到公、私立学校或其他教育场所，接受不同形态的教育。儿童受教育是受教育基本权利的本义，而《义务教育法》规定的"就学义务"有悖于"保障儿童受教育权利"的宗旨和"接受法定年限的教育并达到一定文化水平"的本质，有违于《宪法》的"教育义务"。义务教育之"义务"是"教育义务"而非"就学义务"。因此，学校教育并非儿童受教育的唯一形式，"入学"并不局限于"入校"，而是指"进入义务教育内容的学习过程"，由此，使"在家上学"权利成为可能的法益。

---

① 许育典：《教育法》，台北：五南图书出版公司2007年版，第14—18页。

第二，儿童受教育权正经历向学习权的演变。关于受教育权的内涵，代表性的有生存权说、社会权说、公民权说、发展权说和学习权说。[①] 20世纪50年代以来，学者们多数倾向于认定受教育权属于学习权。人要成为"人"，必须要通过"学"。"为之，人也；舍之，禽兽也。"[②] 人人具有学习的权利，这种学习权利的享有不需要任何的理由与条件，只因为是人，源于人的尊严而享有。人只有通过学习，才能更像一个"人"，才能更有尊严和自由地生存与发展。教育权的目的在于促进人的自我实现，而人格的自由开展，有赖于学习。在学习型社会，学习和受教育是每个公民最基本的权利。

公民作为教育权的主体，其学习权的确保是教育基本权的核心。1985年联合国教科文组织（UNESCO）决议的《学习权宣言》认为："所谓学习权乃是：读与写的权利；质疑与分析的权利；想象与创造的权利；研究自己本身的世界而撰写历史的权利；获得教育资源的权利；发展个人及集体技能的权利。"包含了个人自主地学习及在他人协助下学习两个面向，即学习自由与受教育权利。从广义上讲，学习权是由学习自由权、以受教育权为核心的学习条件保障权、个体的发展权构成的统一体。[③] 受教育权是为了实现公民的学习权而存在的。学习权的概念凸显了公民的主体地位，"将每个人从任其自然发展的客体，转变成创造自己历史的主体"。[④] 学习作为个人的一项自然权利，不仅仅是作为受教育者被动接受教育的权利，还是个人与生俱有的选择教育进而完善和发展其人格的主动权利。

儿童学习权是教育基本权的核心内涵。强调以学习者为中心，教育是为了实现学生的学习权，促进其人格自由发展，教育制度、教育内容、教育方法，以及教育组织务须审慎规划，以提供个人最适当的学习环境，并充分发展其阅读、思考、生活的能力以及创造力。[⑤] 学习者作为教育的主权者，在享受教育、进行学习时具有主动性、自由性和可选择性，具有决定自己在何时、何地，选择何种内容，以何种方式接受教育的自主权利。因此，学习自由包括依个人的兴趣与需要，来选择学习的内容、方式与场

---

① 龚向和：《受教育权论》，中国人民公安大学出版社2004年版，第18—25页。
② 《荀子·劝学》。
③ 陈恩伦：《论学习权》，《中国教育学刊》2003年第2期。
④ 申素平：《教育法学——原理、规范与应用》，教育科学出版社2009年版，第18页。
⑤ 林天佑：《在家自行教育的理念与策略》，《国教新知》1999年第1期。

所的自由，当然也包括在家接受教育、进行学习的自由，在家教育是通过另一种教育形态，力求使义务教育阶段的学童能接受到更适合其个性、资质、兴趣、能力等个性化的教育，合乎"因材施教"，符合教育机会实质平等的理念，外界对学习活动的干预应有一个合理的限度。在家教育权利是公民实践受教育权利，发展公民理性，形成个性尊严的有效形式，也是实践终身学习的利益表达。[①]

第三，尊重和确保儿童学习自由权。义务教育阶段的学生学习权具有自由权和社会权双重属性。当要求国家积极作为满足自己的法定需求时，学生是在行使国家的给付请求权，显示学习权的社会权或福利权属性。而学习权作为儿童的一项基本权利，还包括获得自由的学习过程。学习自由权是指公民在通过接受教育或其他方式进行学习活动时，具有教育权力以及其他社会权力不予干涉的私人空间。[②] 在人权谱系中，学习自由权是重要的人权之一，具有固有性、不可侵犯性和普遍性，以个人私域的自律性与自治性为前提，强调学习权免于国家权力干预的消极性防御请求权属性。中国同时需要更多的社会福利和更多的自由选择，义务教育的独特性决定了儿童没有是否接受教育的自由权，但有接受什么样教育的自由权，在家教育的诉求不是不要教育，而是需要更适合孩子的教育，是对受教育权利的更高层次追求。儿童完全有理由自由地选择在家、学校或是别的什么地方接受教育的形式，只要最终达到法律规定的相当于学校义务教育的标准就可以了。

### （三）在家实施义务教育是对公权与私权冲突的平衡

公权与私权由于各自固守不同的领域，存在着必然的矛盾和冲突，国家教育权与家庭教育权在权力分配的发展变化中，亦存在现实矛盾。"随着社会发展，人们法律观念的转变，权利意识的增强，教育法既是国家干预的'授权书'，也是私人教育权益的'宣示书'。一方面，为国家权力介入和干预教育这种私人活动领域提供法律依据和范围限制，使行政权获得合法性支持；另一方面，也为私人教育权益提供强有力的法律保障，抵

---

① 王录平、胡劲松：《论"在家上学"作为一种权利》，《教育科学》2014年第3期。
② 陈恩伦：《论学习权》，《中国教育学刊》2003年第2期。

制一切非法的干扰和影响,从而使教育更加合乎教育主体的需要。"① 但是,在家教育对个性化教育需求的尊重,却是对父母教育权与国家教育权的超越和融合,同时,在家教育以儿童最大利益为原则,化解父母、国家与儿童教育权之间的矛盾。这为诠释在家教育的法理基础提供了一个新视角。

1. 公权与私权的关系

公与私的矛盾是永恒推动人类社会运动的一对矛盾,公权力与私权利作为公私领域中的最基本的一对法律关系,有着对立统一的关系。首先,其区别主要表现在:一是行为主体及其属性不同。公权一般是国家通过法律行使授权给国家机构;私权主体一般为公民、法人和其他社会组织。二是强制性不同。虽然公私权对相对人都具有强制性,但公权是以国家的强制力作为后盾,更具有直接性。三是社会功能不同。公权代表着国家意志,用以实现对社会的管理和维护社会秩序;而私权主要的社会功能是主体自由。四是自由度不同。公权力的行使必须具有法律依据,权力主体不能做未经法律授权的事项,即"法未授权皆禁止";私权利意指个人权利,具有"私人"性质,又称为"剩余权利",涵盖了一切不为法律明文禁止的个人行为,即法律上未规定为权利但又未予以禁止的事,公民可以根据自己意志做或不做,即"法不禁止即自由"。国家教育权是属于公权力的行政权力,而家庭教育权是宪法规定公民享有的基本权利,属于私权范畴。二者之间也有着一般公私权所具有的特性。其次,两者的联系表现在:从权利与权力的起源关系而言,权利是权力的来源,权力是权利的一种衍生形态,要对权利进行进一步确认。公民赋予了国家权力,公民权利是国家权力的来源和合法性基础;国家权力来源于公民权利的部分让渡,必须服务与受制于公民权利,目的是保护私权利不受侵犯,体现私权主体的共同意志。两者在自身关系方面相互制约,在社会功能方面具有互补性,存在形态上具有共生性,可以相互转化。真正实现法治的国家,公权力和私权利是相辅相成、动态平衡的。

行政法作为调整社会关系的法,核心是调整行政权力即国家权力与公民权利的关系,其性质已由以前的"管理法"和"强制法"逐渐演变为"控权法"和"平衡法"。平衡论是辩证认知的思维方式,在权力和权利

---

① 李晓燕、巫志刚:《教育法规地位再探》,《教育研究》2014年第5期。

关系的认识上，平衡理论认为两者之间既对立又统一。要统筹兼顾地处理公民权利和行政权力之间的关系，对双方主体都要加以制约，同时对双方又要加以激励。一方面，既看到行政主体与相对方之间的对立性、行政权力与相对方权利之间的冲突性、社会公益与个体私益之间的张力，从而主张制约行政权——尤其是严格限制强制性行政的范围与方式、制约相对方权利——尤其是制裁相对方的行政违法行为与滥用权利行为，以体现出行政法主体共受行政法治的支配；另一方面，又看到行政主体与相对方之间的合作性、行政权力与相对方权利的统一性、社会公益与个体私益之间的互动性，从而主张激励行政主体在法定职权范围内积极行政，为社会提供更多更好的服务，激励相对方积极参与行政，争取更多的发展机遇，提高民主与效率，减少寻租与腐败。[①] 国家教育权与家庭教育权的关系问题属于行政法调整的对象，平衡理论的应用将使二者达到动态的平衡，国家教育权在规范、管理父母教育权的同时受到父母教育权利的制约，二者处于平等的法律地位。

2. 父母与国家之间教育权分配的历史演变与显性冲突

第一，父母教育权经历了向国家教育权的让渡历程。在人类社会历史演变过程中，父母因其生育与子女建立了自然血亲关系，从而负有抚养教育子女的优先权利和首要责任。在以粗放的人工劳作作为主要生产方式的农业社会，家庭不但是基本的生活组织方式和基本的经济单位，也是父母教育子女的主要场域。父母对子女拥有完全的教育权利。近代以来，随着生产的社会化与机械化，工业社会对劳动者素质要求的逐步提高，通过政府组织，国家逐步全面介入教育事务。从17世纪始至20世纪初期，国家对教育事务的管理不断加强，随着公共教育制度的确立，父母将自己的一部分教育权利让渡给国家，义务教育制度的广泛建立，使得国家的这一权能更加强化。教育从家庭私领域的活动逐渐演变为国家公共领域的活动。由于家庭和社会的教育权对于现代教育和实现公民受教育权的局限性，国家教育权成为现代教育权的主体，是适应现代社会成员受教育的权利与义

---

① 罗豪才：《现代行政法的平衡理论（第二辑）》，北京大学出版社2003年版，第60—61页。

务的权力保障体系。① 由此，父母教育权与国家教育权经历了此消彼长的演变过程。

第二，关于国家教育权的宪法基础与权限范围。国家教育权是指国家在学校教育上的地位，涵盖了学校的组织、计划与管理等事项。其存在的目的在于普及国民教育，提供人们精神文化的最低条件的保障，同时亦可增进民主政治理念。② 也就是说，政府基于现代福利国家的理念，为保障学习权、教育机会均等等各种教育品质，有权依照一定的标准，建立共同的教育内容，以实施公共教育。③

有关国家教育权的宪法基础与权限范围，各国学说见解并不一致。德国认为国家就学校教育事项拥有教育高权。德国基本法第7条第1款规定："正规教育制度应受国家的监督。"教育法学者认为，所谓监督有广狭义之分，狭义的监督指国家教育行政机关对学校教育活动的监督；而广义的监督包括"国家的学校高权"（die Schulhoheit des staates），因国家委托学校完成教育任务，故学校须受国家法律、行政命令及法院判决的约束，并应接受主管教育行政单位的管理监督。因此，凡本质上属于国家统治权的学校事务，即学校的组织、计划、领导及监督权限，都应属于国家教育高权的范围，包括强制入学的义务。美国一般认为州拥有管制学校教育的权力。美国联邦宪法第十修正案规定："宪法中未授予联邦或禁止各州行使的权力，皆保留于各州或人民。"基于此规定，是州而非联邦政府拥有教育权，在不违反联邦及州宪法的范围内，州政府自由决定有关公立学校设置与管理的一般事项。而在日本，由于宪法并没有明文规定，针对教育权主体而言，在"谁有权决定教育内容"的议题上，素有国家教育权说与国民教育权说之争。主张国家教育权论者，认为国家拥有教育内容的决定权与实施权，因此关于教育内容与方式，应由议会及政府等国家机关决定。而主张国民教育权说者认为，以家长为中心的国民应拥有自由决定教育内容的权利，而国家仅须负责提供整体教育条件及环境，以确保国民均

---

① 秦惠民：《走入教育法制的深处——论教育权的演变》，中国人民公安大学出版社1998年版，第176页。
② 董保城：《德国教育行政"法律保留"之探讨》，《教育法于学术自由》，台北：元照出版公司1997年版，第225页。
③ 吴明益：《国家管制教育市场的合理地位与制度因应——以教育权的保障为中心》，硕士学位论文，台湾大学法律学研究所，1994年，第19页。

有受教育的机会,并无教育主导权。但并未排除国家的教育监督权,以及整个外在教育条件的权限。因此,两者并未否定国家拥有一定的教育权。其差别主要在于"谁拥有教育内容决定权",以及因主体不同所造成的权限范围的差异。而我国宪法明文承认了国家的教育权,教育法也规定了中央及地方政府的教育权限。

第三,父母与国家教育权的显性冲突。父母基于亲权而拥有对子女的教育权,包括在家庭教育及学校教育领域,对子女的教育具有整体规划的权利,甚至拥有依自身人生观、世界观、宗教观等来教育子女的权利。而国家对于学校教育也拥有教育权,对教育事务进行组织、计划、管理和监督等,并立法强迫适龄学童入校学习。宪法授予国家教育权的目的在于国家统筹规划教育事务,以建立并维护教育的基本体制,国家给予国民义务教育制度,设立公立学校,并强制所有学童入学,虽对父母教育权有所影响,但是也符合宪法赋予国家教育权的本旨。在我国义务教育制度建立和实施的初级阶段,因为整个经济发展状况的落后和公民受教育程度的低下,"有学上"既是父母对子女教育的最大需求,也是政府教育工作的目标,二者目标具有一致性,父母教育权与国家教育权并没体现出明显的矛盾。

然而,随着社会经济条件的发展,父母教育意识和能力的增强,家长已不满足于"有学上"的教育需求,而有了"上好学"的个性化多元化的教育需求表达。与此同时,社会整体结构也由"一元化主体"向"多元化主体"转变,体现为越来越多的受教育主体主动选择多元化的教育方式,在家教育现象即其一。尹力认为,父母与国家、政府及其教育行政机关的关系主要表现为以下两点:一是父母教育权的自然权特性可以排除来自国家的不当干涉,即在不损害其子女利益的前提下,对其子女的教育享有教育自由权;二是父母作为儿童的法定代理人,有权要求国家提供必要的条件,以使其子女接受最适合其身心发展的教育。[①] 义务教育所采取的"入校"规定,将可能严重影响父母对子女教育的时间与机会,尤其影响到想要亲自教育子女的父母,则该规定与宪法保障父母教育权的意旨不符,父母教育权与国家教育权之间看似存在明显冲突。

3. 在家教育以儿童最大利益为原则,是对父母教育权与国家教育权的

---

① 尹力:《儿童受教育权:性质、内容与路径》,教育科学出版社2011年版,第193页。

**超越和融合**

在家教育现象的出现，预示着父母教育权的回归，引发了国家教育权与父母教育权之间的权限界分问题，父母教育权与国家教育权看似出现了明显冲突，实际上，在家教育的出现更有其超越公私权局限的价值意蕴。

首先，儿童最大利益原则的提出。儿童是一个民族乃至整个世界的未来和希望，尊重和关爱儿童是人类普遍的价值认同。儿童的各种权利在国际公约中得以充分体现，其中，"儿童最大利益原则"作为保护儿童权利的一项国际性指导原则，也在国际公约中得以提出和确认。1959年联合国《儿童权利宣言》原则二规定："儿童应受到特别保护，并应通过法律和其他方法而获得各种机会与便利，使其能在健康而正常的状态和自由与尊严的条件下，得到身体、心智、道德、精神和社会等方面的发展。在为此目的而制定法律时，应以儿童的最大利益为首要考虑。"儿童的最大利益原则在国际公约中得以提出。此后，1989年联合国《儿童权利公约》第3条第1款规定："关于儿童的一切行动，不论是由公私社会福利机构、法院、行政当局或立法机构执行，均应以儿童的最大利益为一种首要考虑。"作为人类历史上第一个关于儿童权利保护的有约束力的法律文件，《儿童权利公约》赋予了"儿童最大利益原则"以条约法的效力，由此，"儿童最大利益原则"不仅在国际社会中被普遍接受和在国际公约中得以确立，并且作为处理涉及儿童事项的最高准则，被各国作为解释相关法律条文和行为的重要依据。

"儿童最大利益原则"是现代法律制度中有关儿童权利保护所涉及的一个核心概念，在立法、行政、司法处理一切涉及儿童权益问题时，该原则是首要尊重的法律准则。它是在所有涉及儿童活动中，处理儿童事务首要考虑的指导性原则。即涉及儿童的所有行为均应以"儿童的最大利益"为首要考虑，"而且把这种考虑宣布为儿童的一项权利"。[①] 在我们这个成人主宰的世界里，能关注和考虑儿童的利益是人权胜利和历史进步的表现。

其次，儿童最大利益原则也是在家教育所遵循的原则。学习权意味着从学习主体的角度来审视义务教育，教育的存在必须以学习者的利益和需

---

[①] 王雪梅：《儿童权利保护的"最大利益原则"研究（上）》，《环球法律评论》2002年冬季号。

要为前提，因此，尊重儿童的最大利益是行使教育权的首要原则。无论何种形式的教育，都是为了保护儿童的自由天性，引导儿童走向心灵与道德的完善，纠正其顽劣、任性等过错，促进儿童健康、自由全面而有个性地成长。无论是国家还是父母，其教育权的行使都是为了促进儿童教育利益的最大化，任何违背儿童本质利益而任意施加的权力都是一种暴力。义务教育制度的强迫入学制度是保障儿童受教育权和儿童利益的重要手段，但并不是唯一有效手段。无例外的强迫学校教育制度不但侵犯了儿童的学习权与父母的教育权，而且也无法有效关照所有儿童的特殊爱好、需要和个性发展，儿童的最佳利益在无形中受到了损害。在家教育选择不同的教育场所与方式，以儿童利益最大化为核心，尊重儿童的个性化教育需求，以儿童的现实幸福与全面、自由、个性化发展为教育目的。虽然脱离了公共学校，但不同于侵犯儿童受教育权的"辍学"，而是以父母选择私权保障儿童受教育权的一种主动作为方式，并没有剥夺儿童接受教育的权利，而是为了更好地实现儿童的受教育权。这种对儿童利益的最大化考虑，正是在家教育所遵循的最重要原则和实践标准。

最后，在家教育遵循儿童最大利益原则，实现了父母教育权与国家教育权的超越和融合。"儿童最大利益原则"是保护和实现儿童权利的指导性条款和普遍适用原则，具有保护儿童权益、约束成人行为和平衡各方利益等功能。父母对子女的教育权是一种"原生的天赋权利"，是亲权的重要内容，而亲权是一种利他的权利，其行使需为子女的利益考虑。由于儿童的理性不成熟，所以需要他人对其利益予以监护，其权利也由监护人代为行使，而最佳监护人，父母是首选。1989年联合国《儿童权利公约》第18条规定："缔约国应尽其努力确保承认父母双方均有养育及教养其子女的责任的原则，而子女的最佳利益将是父母最基本的考虑。"此公约明确宣示，父母行使亲权时，首应考虑子女的最佳利益。在儿童受教育的过程中，父母教育权的行使必须是为儿童的最大利益，在父母的选择自由与儿童的最大利益产生冲突的时候，应当以儿童利益为先。[①]

在家教育对儿童最大利益的充分考虑，化解了父母与国家在行使教育权时的冲突与矛盾。教育未成年人，使其成长为心智成熟、身心健康的成

---

① Tomasevski K., *Manual on Rights－Based Education*, Asia and Pacific Regional Bureau for Education, Bangkok: UNESCO Bangkok, 2004, p.9.

年人，是国家与父母的共同责任与目标。国家教育权与父母教育权并非不能并存，也并非互斥对立关系，而是利益协调下的和谐共存。两者之间也无孰优孰劣、孰先孰后，在两者存在冲突之时，应通过儿童最大利益的衡量来解决，调和彼此。父母在行使权利时，必须考虑未成年子女的最大利益，只有当父母能提供比国家更好的教育条件时，才能拒绝接受国家所提供的义务教育，寻求体制外的另类教育，否则就构成亲权滥用。国家也应该限于确保儿童的自主意愿受到最大尊重，对父母滥用儿童权利实行最后的监督。

事实上，我们所关注的应该是如何超越家庭教育权与国家教育权非此即彼的对立，达成和解与合作。在未来相当长时期内，学校教育仍是大多数人的最佳和最多选择，在家教育仍属于很小部分家庭对个别化教育的选择诉求，我们应该给予其自主选择的合法化空间，同时，也不能放任不管，对其准入、退出、管理等必须给予教育行政的再规范，以实现国家教育权与家庭教育权的融合，共同作用于儿童的幸福与发展。

综合本章所述，在家教育的合理性意味着合乎规律性，并与现实性相统一。首先，通过对在家教育的历史与现实等实践研究，论证现实的、具体的、经验性的在家教育的客观必然性。我国在家教育使儿童幸福与发展的两维目的得以充分实现，在获得个人利益的同时，兼顾了教育的公益性，还对古代兼具学术文化传承功能的家学教育实现了回归与超越，使在家教育具有实践合理性。其次，通过探寻在家教育权利赋予的法源基础，证明其正当性来源与合理性依据，符合自身发展规律。在家教育是父母教育权优先性的体现，是儿童受教育权利的新转向，以儿童最大利益为原则实现对父母教育权与国家教育权的超越和融合，使在家教育具有理论合理性。以上两方面的分析论证，实现了在家教育实践合理性与理论合理性的统一，使在家教育具有了充分的合理性基础与依据。

第三章

# 我国《义务教育法》颁行后在家教育的法律规范冲突

我国在家教育具有的合理性是其内部的自洽性，意味着对在家教育的认同，是在家教育存在的内在基础与前提，着眼于在家教育何以有效的问题。但是，在家教育的合理性最终要回到现实指涉的合法性上，合理性需要通过其合法性得以表现，需要有相应法律规范制度的规约与遵循，以解决在家教育何以可能的问题。如果缺乏对实践的解释力与行动力，即使在逻辑上具有完满的合理性，也是不切实际的"空中楼阁"。只有达成合理性与合法性在历时性与共时性上的统一，才能在价值性与工具性两个向度上保持适度张力。从我国在家教育的历史溯源与现实考察中，一方面可以窥见在家教育的存在具有合理性基础和依据，另一方面应该对当今义务教育法律制度下在家教育法律规范问题进行考察，只有实质合理性与形式合法性的统一才能使在家教育从理想态走向现实态。源于在家教育法律事实的考察发现，义务教育制度下在家教育存在法律规范冲突危机，在实践中给在家教育者带来诸多问题与困境，须通过对法律规范危机根源的探析，才能找到应对性策略。

## 一 在家教育法律规范冲突的实践表征

我国在家教育是在过去二十年间呈戏剧性增长的备受争议的一种教育选择。目前已经成为一些家庭采取的个人解决教育问题的一种独特的回应。本着普及儿童受教育程度，提高全民素质的目的，我国《义务教育法》规定了适龄儿童入学接受义务教育成了唯一的教育形式，由于在家教育并不完全符合我国义务教育法律制度的规定，而引发了各种争议。但是，问题的发现还是要来自在家教育者本身，才能针对在家教育者在实践中所面临的问题，提供可行的解决方案。通过对在家教育者的"您认为在家上学最大的困难是什么？""您如何解决孩子社会化问题？""您对政府与社会的期望是什么？"等各方面问题的访谈，笔者发现在家教育所面临的法律规范问题和困境，具体体现在以下几个方面。

**（一）与传统学校教育体制无法衔接**

由于在家教育还是倍受争议的法律问题，在我国教育二元思维影响下，在家教育成了与学校教育相互对立非此即彼的存在物，相互之间没有沟通与交流，更没有建立家庭与学校教育之间的合作共育的理念与实践，使在家教育群体遭遇了学籍、升学与评价等一系列的体制性瓶颈。

第一，难以在学校取得学籍。学籍是指一个学生属于某学校的一种法律上的身份或者资格。学籍作为某校学生的身份证和资格，会实时记录学生的整个在校表现，包括学籍信息证明材料、综合素质发展报告、体质健康测试及健康体检信息、在校期间的获奖信息等等。在家教育学生没有学籍，最大的问题是面临着无法获得参加中高考的资格，这将直接影响孩子将来的升学与未来发展。这也是在家教育家长最为关心的一个问题。

在家教育家庭对于学籍问题，采取了不同的态度和做法，可以分为四类：一部分是稳妥折中型家庭，家庭通过各种渠道，包括以请病假、出国等事由办理休学，或者通过熟人关系等，为孩子在公私立学校取得了学籍。有些家庭还会与学校老师进行沟通，每学期回学校参加各种考试。但是，随着2014年9月全国中小学全面实施电子学籍，这部分孩子是否也能像在校生一样拥有电子学籍，却是一个未知数。一位家长说："我也不知道是否还能继续保留学籍，只能和学校沟通，并尽力让孩子多参加学校的各种测试和活动，以便老师做好各种记录，希望学校还能一如既往的开明并支持我们。"另一部分是与传统学校教育决裂型家庭，这其中相当一部分家庭是为孩子做好了出国留学的准备和计划。一位家长直接说："你不用担心学籍的问题，因为在家上学的家庭既然选择这条路，多数都做好了自己的安排，很多选择国外的教材和教学内容，为孩子出国留学积极准备着。"也有部分家长不一定有出国留学的明确计划，但在他们看来学籍和文凭并不重要。一位并没有出国计划，孩子也没有按国外教材进行学习的家长说："孩子的健康快乐成长才是根本，上大学并不是唯一选择，只要孩子具备了健全的人格和社会生活能力，相信孩子一样可以过得很好。"当然，家长的信心与理念值得我们赞赏，但对孩子未来发展无法预知的困难与风险，却并不是每个人都能规避的。再一部分是无奈迷茫型家庭，家长因为自身经济能力所限不能送孩子出国，又不拥有一定的人脉关系在学校为孩子保留学籍，这一部分家庭对在家教育合法性的期待是最高的。一位家长说："我们家孩子是不适应学校教育，才无奈在家学习的，现在孩子成长得很快乐，各方面发展包括学习成绩都还不错。我们是生活在社会的底层，没有办法逃避中高考之类的考试，我们还是希望孩子以后能有机会参加国内的高考，但是我们却无法为孩子在学校获得学籍，我们又不想再让孩子回到学校去上学，孩子的未来怎么办？"

建立我国中小学生电子学籍，其动机主要是为了解决流动儿童的转移支付问题和将来的异地高考问题等，会解决很多教育不公平问题，但这一新政策没有考虑在家上学孩子的问题。如果没有学籍，没有中途回归公立学校就读的通道，那么，孩子将来在国内的升学路将被切断。例如，媒体报道的湖南长沙14岁在家上学的小聪，因为没有初、高中毕业证书，也没有学籍，在报名参加2014年高考时遭到拒绝，理由是他不具备"高中毕业或同等学力"。[1] 因为我国相关文件规定："高级中等教育学校毕业或具有同等学力"，是衡量考生具备高考报考资格的标准之一。换句话说，没有高中毕业证或相应的学业成绩评价，就很难参加高考。因此，为规避孩子未来发展的风险，应该提供在家教育孩子与在校学生同等的发展权利，获得学籍的权利无疑是解决在家教育问题的突破口。

第二，不能参加学校的各种学业测试，无法获得参加中高考的资格。由于在家教育学生没有获得学校学籍，也就没有资格去参加学校的测验，家长也很少根据相应的年级段来对孩子的学业进行评估。学业评价是对孩子知识和能力水平的价值判断，缺少对孩子分阶段的学业评价，没有信息反馈，无法对教师的教与学生的学做出反思，对孩子的成长是极为不利的。同时，在家教育的学生也无法获得参加中高考的资格。笔者在考察中发现，绝大多数在家教育儿童还处于义务教育阶段，未来几年要参加高考的问题还没有显露，但却将是在家教育多数家庭必然会面临的现实问题。

---

[1] 陈若葵：《孩子"在家上学"父母须慎重选择》，《中国妇女报》2013年12月12日。

如果这部分孩子不能顺利参加高考，学生只能选择要么出国留学深造，要么走向社会，而无法进入国内大学进行深造，这无疑窄化了学生的成才通道，造成了新的教育不公平。

第三，当在家教育无法继续进行时，学生不能随时返回学校就读。伊里奇曾指出，学校教育并不能在普遍意义上保证每一个孩子取得成功，在家教育作为一种新生的教育形态，也不能保证都能达到理想的成功目标。考察中，几乎每个家长都承认了这一点，也总是告诫后来者要理性和慎行，一方面并不是每个孩子都适合在家教育，另一方面并不是每一个家长都有能力实施在家教育。在家教育中也有失败的案例，很遗憾，考察中还没有直接接触到。笔者曾询问部分家长："如果在家教育过程中觉得难度很大，甚至不如在学校接受教育，你会把孩子送回学校吗？"一位家长认为："多数情况下不会回去，因为现在的学校一般都很反对和不理解在家教育，即使通过各种方式，有机会回到公立学校，孩子也可能被孤立。我们家孩子从学校出来后，班上老师就让同学们不要和他玩，好像在家教育的行为就是洪水野兽似的，误解很深。"但另一位家长却说："我的知识是有限的，到了初高中阶段，我担心自己没有能力教好孩子了，如果有必要，我还是愿意孩子回到学校，参加高考，在大学教育中得到社会化的锻炼和不一样的文化熏陶。"看来，要改变在家教育与学校教育二元对立的思维，一方面需要制度保障，另一方面还需要通过各种宣传，使人们对在家教育行为达成理解。

第四，不能利用学校公共资源。由于以上谈到的几方面原因，在家教育的学生想利用学校的公共资源，当然就更加困难了。但是，因为在家教育的教育场所的局限性及家庭经济能力所限，尤其是在教育的硬件方面，自然无法和学校相比，比如，无法提供很棒的操场、实验室、音乐教室等。一位居住在某学校外的在家教育家长说："我们家选择住在学校附近，主要是为了孩子能有更多的玩伴，每天放学后和周末，都有很多孩子过来玩，甚至周末来参加我为孩子开设的一些兴趣活动，我都免费提供给他们这些活动机会。而我希望孩子能就近利用学校的运动场进行锻炼，却被学校拒绝了，更别说借用一些实验器材之类，理由是孩子不是他们学校的学生。"当然，学校公共资源的共享，一方面可以通过在家教育学生取得在校生资格的方式获得，另一方面政府更应该统筹规划，推动学校、企事业单位的文化、教育、体育等设施向群众开放，实现资源共享，其惠及面也将远远超过在家教育群体。

**(二) 对在家教育缺乏监管与评估**

我国并没有在家教育的相关立法，也就没有关于在家教育的普适的教育、管理、监控与评价等体系，使在家教育者的权利缺乏相应的政策法规保障。

第一，对在家教育行为缺乏准入审查。由于目前在家教育还处于法律规范的灰色地带，处于无人监管的放任状态，国家对在家教育的准入没有设定标准，也没有进行最起码的登记备案。目前官方对我国在家教育情况并没有一个整体性的了解，究竟有多少儿童在家接受教育？在我国各省市的分布情况如何？家庭状况如何？儿童基于什么原因接受在家教育？儿童在家接受教育的效果如何？在家教育家庭存在什么困难？所有这一切问题，由于在家教育家庭的分散，只有少部分学者在进行零散的碎片似的研究。如果把在家教育纳入相关的教育管理体系，国家对在家教育的准入进行登记备案，并对其进行一定的审核评估，不但有利于对全国在家教育的现状和发展态势有一个整体把握，也可以杜绝一部分非理性家庭的随意进入。比如，一位来自北京，现生活在大理的妈妈，孩子在念完幼儿园之后，因为无意中接触到读经，就把孩子送入了读经学堂，一年后认为这种片面化的吟诵读经并不利于孩子成长。她不远千里来到大理，又把孩子送入了崇尚孩子自由成长的水学苑，做自己想做的事。妈妈认为这个地方，在大人眼里就是玩，孩子也需要修剪枝丫才能长成参天大树。又过了一年，她把孩子接出来，在大理租了一栋小院，决定自己在家教育孩子，间或参加大理各个在家教育社区的活动。我们对于这位妈妈所作抉择的对错无法妄加评论，但是，如果对在家教育的准入有一个比较严格的把关，也许家长就不会这么轻易地在没有一个较为科学的评价之前就随意进入在家教育群体。对于家长的在家教育行为，必须有一个正确的价值导向，虽然我国现行教育体制是存在一些问题，但不能因为出现问题就放弃整个教育体制，把让孩子走回家庭作为唯一的教育选择。家长要学会对自己的各种行为做出理性判断，对父母的教学资格和能力，在家上学的原因，在家上学的质量监督等进行评估，避免由此带来对孩子健康成长的误导和伤害问题。

第二，对父母在家教育的资质与能力缺乏审查。父母的教育能力是在家教育成败的关键因素，他们对于子女的爱和教育热诚毋庸置疑。然而教育并非简单的技术传授，而是一门充满挑战的科学，要求教育者具有广博的文化知识与心理学、教育学知识，具有相当的教育能力与一定的教育手段、教育资源等，如果家长没有相应的知识储备与教育技巧，仅凭一股热情与冲动，未必能胜任教育教学工作。① 一位在家教育的家长就说："在家上学其实不易，需要家长投入大量的时间精力，这不是谁想做都行的。在家上学对于大多数家庭不适合。如果是父母两人中一人全职在家教育孩子，那么对其要求是，有钱有闲有能力有毅力，这是起码的要求，至于其他的如学习能力、眼界、悟性等更是要求高于常人，否则，你如何保证教育的效果，保证对孩子全面发展的正确引导？"父母能否胜任教师的角色、是否具备教育的能力尚存疑虑。相关报告显示，实施在家教育家庭的家长多数具有高学历，其中75.42%的家长有大专及以上学历。② 本书问卷调查结果显示，在家教育家长中69.9%的家长有本科及以上学历。但是其中具有教师资格证的家长却微乎其微。可见，在家教育家庭的家长多数具有较高学历，在知识储备方面不存在问题。

但是高学历的家长并不等于具备高水平的教育能力，更不等于一定能够教育出全面发展的孩子。教育是一门科学，教育者需要专业的学习和训练。教师专业化，包括兼具专业结构与知识，教师专业结构（素质构成）包括教师的教育理想与信念、知识结构、能力结构，而教师专业化的知识包括本体性知识、实践性知识、条件性知识。③ 可见，教师的专业化标准是很高的。就笔者观察父母的亲自教学来看，他们的教学能力整体上还是值得肯定的，再加上他们教导的是自己的孩子，有加倍的耐心和细心，更愿意不断反思和自我成长。但是，在家教育中也可能出现不能胜任教育职务的父母。那么，在家教育的质量如何保证？对父母的教育能力如何评估？这些都有赖于对在家教育质量进行评估，建立在家教育教师资质的审查制度，让教学效果良好的父母可以继续在家教育，让不胜任的父母终止在家教育，以免损害适龄儿童的受教育权和身心健康发展。

---

① 孙志毅、郭晓霞：《"在家上学"——另类的教育选择》，《内蒙古教育（综合版）》2013年第12期。
② 杨东平：《中国教育发展报告（2014）》，社会科学文献出版社2014年版，第203页。
③ 吴永军：《我国教师专业化研究：成绩、局限、展望》，《课程·教材·教法》2007年第10期。

第三,缺乏对教学的监督与教学质量的评估。教学的过程、环境、内容与方式等各个环节都对教育的结果起着重要作用,我国在家教育现在完全处于自发的无序发展状态,如果使在家教育的教学完全处于一种失控的状态,就无法保证在家教育的质量。为保障儿童受教育权和生命健康权,在家教育实施过程中,有以下问题需要解决:一是孩子是在接受更好的在家教育还是处于辍学的状态?如何避免学生辍学,排除一些不负责任的家庭借在家教育之名,把孩子领回家却不实施教育,影响儿童受教育权利的实现。二是父母是否提供了适合儿童身心健康发展的教育?如何保障儿童的生命健康权?三是如何对在家教育的质量进行评估?因此,教学监督与质量评估体系的建立是必不可少的。

### (三)相关社会支持系统的缺乏

社会支持是一个多维度的概念。一般社会支持可以分为两类,一类为客观可见的或实际的支持,包括物质的直接援助和社会网络、团体关系的存在和参与;另一类是主观的、可体验到的情感上的支持,指个体在社会中受到尊重、支持和理解的情感体验和满意程度,与个体的主观感受密切相关。[①] 广义的社会支持应该包括物质帮助、行为支持、亲密的互动、指导、反馈与正面的社会互动等各种形式。在家教育中的家长依靠个体的力量获取教育资源的途径比较有限,而相应的社会支持系统尚未建立,具体体现在以下几个方面。

第一,缺乏信息资源的整合与共享。在家教育父母主要通过网络寻找需要的各种教材、视频,下载资料,甚至可以很好地利用国外的优秀教育资源。孩子也不用时时事事依赖父母,可以通过网络课程、视频教学、在线交流等自主学习。同时,他们还会利用一些相关的社会组织与团体活动等提供多元的教育资源与资讯管道。但是,目前国内的在家教育资源还很贫乏,参差不齐的教育资源也常使家长不知所措。我国在家教育的网络教育资源建设还处于初期阶段,主要由在家教育群体自组织建立了"在家上学联盟"网站,分享相关教育资源,同时,通过各个地方性QQ群进行线上交流和线下活动。在课程设置、教材选择、教学方式等各方面没有专家或组织进行资源的收集和整合,以便共享。针对问题"您认为在家上学最

---

① 李莉:《构建社会支持系统,促进教师专业成长》,《上海教育科研》2008年第10期。

大的困难是什么?"有些家长回答:"教育资源的获取,因为每位父母都不可能包办所有教学,现在还没有一个平台为我们提供丰富、分版块、成体系的多种教育资源。""资源共享,非基督教家庭在家教育还比较无组织。"在家教育者迫切需要国内外相关信息资源的更多获取与分享。

第二,缺乏课程、教材、教学与法律等各个方面的专业化指导与援助。父母在课程设置、教学方法、教材选择、父母进修、效果评估、法律咨询等各方面目前没有成形的可供参考的体系,也缺乏专业指导,对在家教育的理论与实践的研究与专业化指导群体也还未形成。他们完全处于自主探索的阶段,随意性强是一大特点。

一是在课程设置与教材选择方面缺乏专业指导。教材的选择是父母在家教育中最重要也是最困难的事情。一位家长说:"总是在比较和权衡哪一种教材更适合孩子。目前在中国没有适合中国孩子在家教育的教材,不像美国针对在家教育有可供选择的教材体系和教师指导手册,多数家庭可以拿来就用,但是国外的教材费用又太昂贵,也不一定适合中国的孩子。"其课程也是家长和孩子完全根据自我需要而设置的,是否具有一定科学性缺乏专业化的指导与评估。

二是在教学方面缺乏专业指导。在家教育家庭的父母也许有更新的教育理念和个性化教育的实施条件,但是在教学的具体实践方面,多数家长是未经专业化培训和指导的新手,非常希望能有提供给在家教育者的学科专家咨询与服务。对于相关方面的困难,有家长认为:"困难是父母知识储备不够和教学能力有限,无法满足小孩的教育需求。""课程体系和教授能力的缺乏,以及阶段性完结后的下一步接口问题。"

三是在家教育的父母还面临着经济实力不足、家庭其他成员的不理解以及对失败的担忧、耗人的工作等经济和情感压力。家长们对困难的具体表述为:"教学成本高,对我们普通工薪家庭而言,经济压力大。""家庭其他成员对在家教育的不理解,由此造成了极大的压力。""来自我们自身:是否能忍受长期做少数人。""困难是获得周围社会的认可。""一年下来,我认为最大的困难是我并没有完全对孩子的在家上学的课程进行督促,由于各种原因,引起孩子出现一些挫败感。""父母的时间的合理分配。"总之,父母不但希望得到来自政府和社会的工具性、资讯性与政策性支持,也希望得到来自周围人们的情绪性方面的支持。

四是缺乏法律援助。众多家长对在家教育的合法化等相关的法律政策的制定充满期待，也希望在法律政策等方面遭遇制度性障碍时，能及时得到法律援助。比如，有家长提出疑问："如果我的孩子并没有学籍，在家上学一段时间之后，想回到传统学校去，户籍所在地学校是否应该无条件接受？因为义务教育阶段学校没有理由拒绝或开除学生。"更多家长希望能就在家教育中产生的法律政策问题得到相关咨询服务，希望在家教育的权益获得保护。我国《法律援助条例》中关于国家的法律援助机构对受援对象和形式都有严格的规定，并不太适用于在家教育群体，这个群体的一些具体法律问题和纠纷，不但需要政府更需要民间法律组织提供法律援助，但目前并没有在家教育的法律援助组织等。

第三，提高在家教育儿童的社会化程度，需要学校、社会的进一步支持配合。社会化是全人教育中不可或缺的一环，也是在家教育最常被质疑的一点。中国的在家上学与其他很多国家最显著的一个区别是家庭的孩子数量很不一样，美国平均一个家庭有4—6个孩子，而中国在家教育家庭多数只有1个孩子。孩子的成长不仅依靠父母的关爱，也必须完成社会化。在家教育的批评与质疑者们普遍认为，在家教育不是一种全能的教育，在家教育的学生没有接触多元化的真实世界，将孩子与同龄人隔开，限制他与同龄人的正常交往，会给孩子造成一定的心理障碍，影响孩子的早期社会化；在家教育的孩子缺少互动的学习氛围，不利于培养孩子的互助、合作精神。这些都是在家教育批评者在了解情况之前就已经有的理论预设，需要在实践中予以验证，做出正确的价值评判。因此，社会化问题是笔者通过问卷、访谈以及观察等多种方法进行考察中最为关注的问题。

一方面，整体而言，在家教育并不存在外界所预想的社会化问题。在家教育家庭在做出决定之前，首要解决和考虑的就是孩子的社会化问题，因此，他们一般都事先做好了周密的部署与安排。已在家上学三年的天天爸爸谈道："其实，在家上学的家长，最担心和首要考虑的问题就是娃娃交际交往、归宿感问题。我不仅想到了这个问题，而且从各方面解决。在6岁前，经常带他到四处游玩，接触大量的各色人等。例如，经常去各类茶馆，那里喝茶的人主要是旅行者，小至两三岁的幼儿，大到八九十岁的耄耋老者，省内省外、国内国外的游客，茶馆老板伙计跑堂的，无论男女老少，只要天天感觉有趣的，都乐于和其瞎侃一番，人家喝茶的也是闲来无事，也乐得和他逗乐。甚至天天的英语口语开口这一关，基本上也有茶馆老外的功劳。其次，在家上学已经小具规模，形成了一个小圈子，在这个圈子里，各位有心的家长积极为孩子们组织各种各样丰富多彩的活动，有公益的科学试验、义卖活动、义务劳动，至于体育活动就更多了，仅仅在我们的群里面，就有每周的踢球、爬树、捉迷藏、捉昆虫、自行车、马球、攀岩等活动，可以说，只要孩子喜欢的活动，我们家长都会想办法组织的。另外，部分在家上学的学生会在家长的组织下聚集学习，形成一种人数较少的小集体，真正实现因材施教，这种优势是学校无法比拟的。孩子在学校只能接触到同龄人，由于担心孩子的安全问题，有的学校除了上厕所，甚至连教室都不能出，至于体育课，基本上是做做样子而已，所以才有中国学生体质连年下降。"不少的在家教育家庭会为了孩子有更好的教育环境和更多的社交机会而举家搬迁，比如，迁往在本城市的学校附近或者在家教育家庭相对集中的区域。大理的各个在家教育社区几乎都是来自全国各地的家庭，其他很多城市也形成了一定的在家教育活动圈。因此，对在家教育的社会化问题应该有一个更为全面和客观的认识。

  首先，在家教育并不意味着一直待在家，而是以家庭为中心的多场所多形式的教育，有利于促进孩子的社会化。有家长说："社会化正是我选择在家教育的原因之一，以前孩子周末都在家忙着写作业，连去看爷爷奶奶的时间都没有，更不要说出去接触社会了。学校不是儿童接触社会的唯一方式和选择，我们希望孩子有更多样化的社交选择。大家对在家教育存在误解，认为孩子在家上学就是把孩子关在家里，实际不是这样的。每个周末我们都有同一个城市的在家教育的孩子一起去博物馆、动物园、植物园或野外郊游、做义工等活动，都能为儿童提供大量接触社会的机会，这才是真正的社会化。"还有家长说："现在有个很奇怪的现象，学校的学生都没有时间出来进行各种社会活动，反而是我们家的孩子随时有时间，我们在家的几个家庭每周会一起聚两次，进行 co-op 学习，大家不但互相交流在语文、数学、外语学习中所遇到的问题，请教老师，还一起排演话剧、看电影、去博物馆等。"

  其次，社会关系的建立不是学校教育的特权，并不是同龄人之间的交往才是社会化，接受在家教育的孩子能接触真实社会各个阶层各个年龄阶段的人群，社会化程度也是很高的。有家长说："我们家孩子每天出门，见到认识的人都能很好地交流，出去和卖菜的老太太也能聊上几句，由于她在生活中会接触到不同年龄阶段的人，不同职业的人，因此，她学会了与不同的人交流和沟通，也借此了解了真实的社会，我认为很好。而学校的社会化，只接触同年龄段的孩子，并且还是同一个封闭的学习环境，带有封闭性和虚拟性，与以后真正的社会场域还是有差别的，所以才会存在很多孩子走上社会之后的适应性问题。另外，所谓集体生活对个性的压抑也是人所共知的。在家教育的孩子一直都生活学习于社会中，是不会产生社会化问题的，我认为他们的社会化程度高于学校。"一位在家上学的15岁的孩子说："有些朋友开玩笑地问我，天天待在家都待傻了吧。在家上学的孩子不是关在家里死读书本，恰恰相反，在家上学反而拓展了朋友圈，这样的社交往往更基于共同的兴趣而更有效果。我的朋友不但有在家上学的，也有公立学校的，而且各个年龄段的朋友都有，还有研究生、大学阶段的朋友呢，我现在还在一个打工子弟社区中心做志愿者老师，不但丰富了自己的经历，还发现了这样一个各方面条件都不及我们的群体，对社会也有更多的认识。"可见，在家教育家庭在社会化方面是花了心思、做足了功课的，较好地解决了在家教育孩子的社会化问题。

另一方面，在家教育的孩子确实也存在一定程度的互助团体活动不足。部分独自在家很难找到在家教育群体的孩子，也会因缺少玩伴和互助团体活动而社会化交往较少。有家长说："不可否认，由于平时在家缺少玩伴，孩子还是有点孤独，所以，我们都是尽力通过让他在放学后去和同小区的伙伴玩，周末约上其他家庭的孩子或者我们自己带他出去活动，问题不大。如果家长整天把孩子关在家里学习，不为孩子寻找伙伴，也不让他走出家门，接触社会，那孩子存在社会化问题是必然的。"有家长指出："虽然孩子有玩伴也参加各种活动。但觉得我们的社区还没有为在家教育家庭营造出一个好的社区环境，比如，社区公共图书馆、学习休闲室等形同虚设，也没有什么志愿者组织，如果能充分发挥社区的资源优势，孩子就可以就近更多地进行学习与社会活动。"

由以上实例可以看出，本书中的在家教育家庭通过互助小组共同学习的方式，让孩子有机会与同龄孩子、混龄孩子相处；会积极参与不同类型的活动体验走向社会，让孩子学会与不同阶层不同年龄段的人相处，这些都符合真实社会的情境，对于其人际关系的互动、学习待人接物的处世之道以及对真实社会的了解等都是大有裨益的，基本上不存在多大的社会化问题，但是也需要社区等社会各界的进一步支持与配合，才能更好地实现孩子的社会化。

### (四) 对在家教育与微型学校界定不清

中国在家教育群体中有一种非常特殊的现象，部分在家教育的父母为了给子女寻找同伴，同时也为了分担一些独自在家教育的较高成本，而逐渐接受其他家庭送来的孩子，随着孩子的增多，逐步发展成为一个学校的体系化的经营运行模式，也就是微型学校。比如，广州的"在家书院"人数目前已多达80人左右，纵跨幼儿园到高中学龄段；还有广东乡村的"星光学堂"，融合了在家教育、私塾学堂、学校等的长处，发展为民办寄宿制的乡村微型学校，学堂有阅览室、乒乓球室等，现有包括自己儿子在内的6名学生。另外还有一些教育人士，或出于践行自己独特教育理念的志向，或出于功利性的商业目的，也自行办起各种类型的微型学校。比如，2006年和2009年两次被上海教育行政部门叫停的私塾"孟母堂"，主要学习内容是国学经典和英文经典，辅以古琴等课程，却一直没有向有关部门报批，取得办学资格，对外却坚称是一种家长自愿组成的现代家庭教育模式。北京的"日日新学堂"，云南大理的"水学苑"等，各种形式的私塾、学堂，其规模从几十人到几百人不等，这些都是尚未达到民办学校办学标准的规模较小的学校化教育模式，从事相关教育工作的人士自称为"微型学校"。但是目前部分私塾、学堂与书院等借用"在家上学"的概念，对外宣称自己为"在家上学"，造成社会各界对在家教育与微型学校的混淆与误解。

部分微型学校在达到一定规模时，经县级以上人民政府教育行政部门按照国家规定的权限审批为民办教育学校。更多成长中的微型学校因为无法达到民办教育机构的相关条件，并未取得举办实施学历教育的合法资质，但因家长趋之若鹜，发展势头良好。从现实情况看，现代"私塾"等微型学校中的绝大部分都缺乏必要的审批手续，合法性存在明显问题，未取得办学资质的微型学校的意外维权、办学资质、收费标准、教师资质及监管制度等各方面都存在很大问题。这种把几十、上百学生集中起来学习的私塾与学堂，已不属于个别化的在家教育，也不属于家庭互助教育模式，是家长把子女全权委托给校方，孩子已经脱离了父母的教育与监管，构成了不同于在家教育的教育法律关系。比如：北京顺义开办的"女德国学班"，该国学班并未取得办学资质，在脱离父母监护的情况下，发生了女童受虐事件,而造成故意伤害罪。① 国家对于大量涌现的以在家教育之名、行学校教育之实的微型学校,不能坐视不管,不能让其游走于法律规范的边缘。如果不注册为民办教育学校,其办学就存在合法性问题,其办学质量、校舍安全、受教育者权益等无法得到保障。因此,相关行政主管部门既要对这部分学校的资质予以合法认定,同时对在家教育范畴也应该有一个清晰的边界认定,才能保护儿童的合法权益不受侵害。

## 二 在家教育法律规范冲突的本质

在家教育法律规范冲突的本质涉及对在家教育的合法性问题的阐释。"合法性"概念,顾名思义是指合于"法""法律",英文是"legitimacy",哈贝马斯认为有效的法律必须是法律的有效性和事实性两者之间的有机统一。不同法学家基于不同的分类和评价标准,把法的合法性评价主要分为实质合法性和形式合法性两种形式:一是实质合法性,指应然法或理性法,即合乎所在社会的价值观念和社会理想,即内容不悖于公理、理想或所在社会占主导地位的意识形态观念。二是形式合法性,是指形式上合乎已有实在法的规定,特别是制定法的规定,而不问这些规定是否合乎时宜或合理。实质合法性标准是一种内心的观念,是一种群众性的共识,一种规范(norm);而形式合法性标准则往往是明确的法律规定,是一种规则(ruler)。②

我国的在家教育尚处于肇始之际,是新兴的法律问题,自在家教育出现以来,其合法地位问题一直饱受争议,对有着"中国在家教育第一案"之称的王某状告侯某要求收回抚养权案③的形式合法性探讨即典型例证,至今尚无定论。在家教育法律现象与现有义务教育法律制度相关规定相冲突而引发了合法性争议,使在家教育遭遇合法性危机。"法的合法性"是法成为法的前提条件,在家教育要取得合法性,就必须具备实质与形式的

---

① 敬一山:《变态的"女德国学班"哪还有"德"?》,《新京报》2014年6月14日第A03版。
② 严存生:《法的合法性问题研究》,《法律科学》2002年第3期。
③ 申素平:《在家教育的法理分析——从我国在家教育第一案说起》,《中国教育学刊》2008年第7期。

双重合法性。探讨法理的功能离不开法理与实证法的关系考察。法律作为一种规则和秩序，是一种有序化的模式，具有某种固定的形式，在现实中，除了人定法之外并无其他法律存在。法只有通过合法性制度和体系才能实现，"合法性是一种形式，通过这种形式法得以显现，并向法律人指呈。"[①] 通过法的形式合理化的过程，达成法的合法性，解决法律规范冲突问题。

因此，对于在家教育法律现象的合法性评价始于形式合法性，即在家教育是否合乎已有实在法，主要指是否符合宪法和义务教育法等相关规定。本章叙述的合法性主要是基于合法律性的合法性。"合法律性"的英文是"legality"，它的基本含义是"与法律法规的一致性"，它不强调行为的内在动机和想法，只关心外在行为是否与既有法律法规相一致，它是一种外在评价。[②] 合法律性追求强调合乎规范，强调价值中立。与此相应，在家教育的合法律性是指在家教育法律本身、制定过程和执行过程合乎既定法律。要解决这一问题，须从实证主义法学角度对在家教育形式合法性进行探讨，从宪法和一般法律两个层面加以分析，厘清在家教育在我国现有法秩序下的合宪性和合法性，从本质上阐释在家教育的法律规范冲突问题。

### （一）在家教育在宪法上的容许性

宪法特指国家、社会的根本法规、原则的系统或总体。我国《宪法》明确指出："本宪法以法律的形式确认了中国各族人民奋斗的成果，规定了国家的根本制度和根本任务，是国家的根本法，具有最高的法律效力。"宪法作为国家的根本大法，乃最高位阶的法规范，是所有法秩序的基础，基于宪法的规范性与宪法的优位性，任何法律与命令均不得与之抵触。同时，它既规定了政府的权力和职责，也明示了公民的权利与义务等，在一个国家的全部法律中具有最高的权威和最大的效力，也是制定其他法律的依据。宪法作为一种框架秩序，其规定具有开放性，有赖于立法者及释宪机关做出解释和补充，在宪法所定框架界限内，立法者拥有独立自主的形

---

[①] Luis Legaz Y. Lacambre, *Rechtsphicosophie* (1961), de Ausp, 1965, pp. 563-564.
[②] 严从根：《合法律性追求与合法性追求——两种教育改革取向间的冲突及消解策略》，《教育科学研究》2010年第7期。

## 第三章 我国《义务教育法》颁行后在家教育的法律规范冲突

成空间。欲探明在家教育在我国现行法秩序下的容许性,首先要探明宪法有关受教育权利义务的基本决定。

首先,我国《宪法》第 46 条第 1 款规定:"中华人民共和国公民有受教育的权利和义务。"因为我国的成年人并没有受教育的义务,因此,这儿的公民实质是针对义务教育阶段具有受教育义务的适龄儿童而言的,明确了受教育不仅是儿童的基本权利,也是儿童应该履行的义务。所谓"义务",即表明了对儿童而言,教育具有必须接受的不可放弃的强制性,但是《宪法》并没有限定受教育的具体途径和方式。在家教育作为父母对子女进行教育的一种积极作为方式,保障了子女的受教育权,履行了子女的受教育义务。因此,在家教育是符合《宪法》中关于公民受教育权利和义务的规定的。

其次,关于谁有权对儿童进行教育的权利问题。我国《宪法》第 46 条第 2 款规定:"国家培养青年、少年、儿童在品德、智力、体质等方面全面发展。"指出了国家在青少年儿童的教育中的权能与义务,但是并不说明其具有排他性。《宪法》第 47 条第 2 款规定:"国家对于从事教育、科学、技术、文学、艺术和其他文化事业的公民的有益于人民的创造性工作,给以鼓励和帮助。"这表明并不排除其他行为主体对儿童行使恰当的教育权。

具体到父母的家庭教育权而言,现代法学界普遍认为,双亲对子女的教育权利和义务随着子女的出生而自然产生,是一种原生的自然权利,具有剥夺性。从权利渊源来看,国家教育权来源于父母教育权的合理让渡。国际公约中对父母教育权有明确规定,《世界人权宣言》第 26 条第 3 款指出:"父母对其子女所应受的教育的种类,有优先选择的权利。"《儿童权利宣言》第 7 条指出:"儿童的最大利益应成为对儿童的教育和指导负有责任的人的指导原则;儿童的父母首先负有责任。"因此,在国际公约中也普遍认可父母的教育权。

我国《宪法》第 49 条第 3 款规定:"父母有抚养、教育未成年子女的义务。"虽然并未明确将教育子女列举为父母的权利,但并不意味着父母教育权没有宪法的依据。教育作为一项权利与义务无法分割的存在活动,施教者只有在具有权利的情况下,才能履行其教育者的义务。"宪法之所以没有列举这些权利,可能是制宪者认为这些权利是理所当然、不证自明的,反之,如果认为宪法明确列举了才保护,那么是将宪法保护的基本权利转变为宪法赋予的基本权利,所以,对这些固有的自然权利,宪法不明确列举可能比明确列举更能体现这些权利的尊崇性。"① 宪法主要内容是宣示公民权利和规范国家权力,距离宪法较远的"私法自治"领域中的父母教育权利,宪法的不予涉足是在告诫国家权力不涉足或少涉足。这一权利在我国《婚姻法》第 23 条第 1 款"父母有保护和教育未成年子女的权利和义务"的规定中得到了明确应答和落实。因此,由此可以看出,从《宪法》层面来说,父母选择在家教育子女的教育形态并没有违背宪法对儿童受教育权的保护宗旨。

### (二) 义务教育制度下在家教育的合法性争议

在法律体系中,宪法作为各部门法的基础,各部门法律不得与宪法相冲突,同时,宪法也需要通过部门法律进行细化和补充,使宪法的精神和价值得以延伸和体现。在家教育虽不违宪,并不表示其权利行使与具体的部门法律规定就是相契合的。

中外教育辞书对义务教育的解释存在一定差异。英国学者德里克·朗特里在《教育词典》中将义务教育界定为:"根据国家的法律规定对儿童强行的教育要求。要求学生在一定年龄内上够一定年数的学,并达到一定的标准。"② 我国顾明远教授主编的《教育大辞典》中,对义务教育做了如下界定:"根据国家法律规定对适龄儿童实施一定年限的普及的、强迫的、免费的学校教育。"③ 我国义务教育具有强制性、免费性和普及性三种特征。强制性是义务教育的本质特征,免费性和普及性是强制性的附带产品,是义务教育的执行原则。义务教育英文为"Compulsory Education",译成中文即"强制教育",义务教育及其最初的含义就是一种"强迫教育",按照法律的规定,由国家的强制手段迫使每一位适龄儿童入学接受规定年限的学校教育,任何违反《义务教育法》,阻碍或破坏义务教育实施的违法行为,其行为主体都应依法承担法律责任,受到法律制裁。通过对义务教育法律制度进行详细而正确的解读,能为后续在家教育研究做好

---

① 李震山:《宪法未列举权保障之多元面貌——以"宪法"第二十二条为中心》,台北:元照出版公司 2005 年版,第 18—19 页。
② [英]朗特里:《英汉双解教育词典》,教育科学出版社 1992 年版,第 79 页。
③ 顾明远:《教育大辞典》,上海教育出版社 1998 年版,第 1896 页。

铺垫。

我国的《义务教育法》先后经历了1986年的颁布实施，1992年《实施细则》的解释说明和2006年的修订三个阶段。其中，1986年的《义务教育法》和1992年的《实施细则》是一脉相承的。义务教育的最本质特征就是强制性，旨在保障青少年儿童平等接受教育的权利。2006年的《义务教育法》采取了不同的政策话语模式，立法宗旨定位于"保障适龄儿童、少年接受义务教育的权利，保证义务教育的实施，提高全民族素质"，把保障公民的接受义务教育的权利放在首位，体现了立法理念的变迁。同时在第2条规定："义务教育是国家统一实施的所有适龄儿童、少年必须接受的教育，是国家必须予以保障的公益性事业。"充分体现了义务教育的强制性特征。但是强制性的教育形式却无实质变化，第5条规定："适龄儿童、少年的父母或者其他法定监护人应当依法保证其按时入学接受并完成义务教育。"第11条规定："凡年满六周岁的儿童，其父母或者其他法定监护人应当送其入学接受并完成义务教育；……适龄儿童、少年因身体状况需要延缓入学或者休学的，其父母或者其他法定监护人应当提出申请，由当地乡镇人民政府或者县级人民政府教育行政部门批准。"我国《未成年人保护法》（2006）第13条也规定："父母或者其他监护人应当尊重未成年人受教育的权利，必须使适龄未成年人依法入学接受并完成义务教育，不得使接受义务教育的未成年人辍学。"以上条款规定表明国家通过强制力督促家长送子女上学接受义务教育，适龄儿童必须通过"入学"接受和完成义务教育。

但是，此处的"入学"概念，由于语言的模糊性以及法条的抽象性，也没有相关的法律条文和司法解释进行明确界定，而出现了不同的理解和释义。一种是基于对成文法的"原意"解释方法，"入学"等于"入校"。在我国宪法权利需要部门法细化和实体化的状况下，父母教育权的具体范围须从《义务教育法》及其他的法律规定加以确定。而我国《义务教育法》只是规定适龄儿童和少年"必须入学接受教育"，适龄儿童的父母"必须使其子女按时入学"，此处"入学"仅指进入符合国家规定，经批准设立的公私立学校，事实上，这一规定限制了儿童的受教育形式只能为国家所批准设立的公私立学校。而在家教育的实质是，追求自由多元个性化教育的父母，将教育场所设在家里，教师一般由家长或请来的教师担任，代替学校行使教育的职责与权利，在家教育与《义务教育法》首先在受教育场所上就构成了冲突,且不论教育者、课程设置、教材等其他相关因素的变化。另一种是基于对成文法的"目的"解释方法,《义务教育法》的立法目的即"保障儿童的受教育权",在家教育与义务教育法的立法目的一致。我国各项法律都未明确规定"入学"就是"入校",因此,"入学"并不局限于"入校",亦可理解为"进入义务教育内容的学习过程",只要家长能够切实保障适龄儿童的学习过程,并达到义务教育质量标准的相应要求,则应该认定在家教育符合《义务教育法》所规定的"入学"要求,同时,法律也并未明文禁止在家教育的形式。按此理解,在家教育是法律应该消极认可并应予保护的民事法益。

在家教育是否"违法"?当笔者告诉一位在家教育的家长,不送孩子入学读书是违反《义务教育法》时,家长非常干脆地回答:"未按规定送子女入学就属于违法行为,这种规定完全是不对的,子女在家一样地入学,义务教育法说儿童有受教育的权利,在家上学,不仅未剥夺子女受教育的权利,反而是保障了子女受更好的教育的权利,哪一点违法了?学校教育犹如政府给的福利,在家教育犹如自己动手丰衣足食,不要国家给的福利就违法了?"从依法治教的理念而言,我们的国家和政府必须对在家教育现象做出明确的表态和解释,合法性的争议带来对在家教育"禁"与"放"的两种思路。要么承认其合法,加强在家教育的立法;要么认定其违法,采取措施迫使父母送适龄儿童入学。劳凯声教授认为,"禁"的思路无法积极适应并有效促进适切于社会结构发展变革的教育改革,并且可能因为压抑社会需求而在未来引发更复杂尖锐的矛盾,故不建议采纳。"放"即尊重个体需要和教育发展趋势,允许"在家上学"。鉴于"在家上学"在权利诉求上的合理性和促进教育发展方面的积极意义,以"放"的思路宽容"在家上学",改革既有教育制度,是另一可选路径。①我国《义务教育法》2006年修订时,把"父母或者其他监护人必须使适龄的子女或者被监护人按时入学,接受规定年限的义务教育"中的"必须"改为了"应当";第14条规定:"自行实施义务教育的,应当经县级人民政府教育行政部门批准。"这些都为法律改革"预留"了一定空间,在家教育是否可以通过教育制度创新,使之具有合法性,解决法律规范冲突问题呢?这些正是本书需要解决的问题。

---

① 劳凯声:《"在家上学",如何走出"桃花源"》,《人民政协报》2013年2月6日。

第三章 我国《义务教育法》颁行后在家教育的法律规范冲突

## 三 在家教育法律规范冲突的归因检视

在家教育的法律规范冲突问题给在家教育群体带来了诸多的麻烦与困扰，也使在家教育面临更大的教育风险。要解决在家教育法律规范问题，须探寻其问题根源，才能对症下药，提出可行性解决方案。

**（一）学校教育制度的单向度推进**

"向度"（"dimension"）一词可理解成"维度"和"方面"，把它译为"向度"，是为了表达评判尺度和价值取向的意思。"单向度"（"one dimension"）的概念来自赫伯特·马尔库塞（Herbert Marcuse）那本闻名于世的著作《单向度的人》。马尔库塞认为，"单向度"应该是指"肯定性单向度"，表示人们对当代资本主义社会的各方面评价都只是肯定与认可，不再具有批判性和否定性，单一的评价标准取代了多元的文化价值。发达的工业社会奉行技术理性、工具理性价值，从而造就了"单向度"的社会与大量"单向度"的人，由此产生的结果即整个社会只存在一种声音和一个思想。马尔库塞认为，正常社会里的人应该具有两个"向度"，一方面是对社会现实的肯定并与现实社会保持一致的向度，另一方面是否定、批判和超越现实社会的向度。单向度认识论必然造成"单向度的人"和"单向度的社会"，义务教育制度与学校教育形态的捆绑，已经能够感受到这种"单向度"推进模式对教育和儿童发展带来的弊端。

1. 后工业社会学校教育制度的圈囿

学校系统乃一种起始于近代社会的现象，现代公立学校的产生与社会现代化进程相互交织并促进。现代公立学校制度是在国家权力控制之下形成的，公立学校发展历经的两百年时间，大大提高了现代教育的普及程度，尤其是义务教育制度的确立，使各国公民都能有平等的机会进入学校接受教育，教育的普及达到前所未有的程度，大大提高了国民素质。"学校"这个机构被嵌入制度性的教育体系，履行着历史上教会所具有的三重功能。它既是社会神话（society's myth）的收藏者，又是将社会神话所含种种矛盾加以制度化的承担者，同时还是仪式的实施场所，这些仪式再生产出，并掩饰着神话与现实之间的矛盾。① 工业社会表现出以下两个特点：一是使技术合理性完善化的趋势，二是在已确立的制度内加紧遏制这一趋势的种种努力。学校教育作为工业文明的产物，矛盾也正在于此：其合理性中存在不合理成分。教育作为培养人的实践活动，经历了从非形式化到形式化、非制度化到制度化的历史演进过程。丹尼尔·贝尔提出的以信息为中心的后工业社会的来临，使制度化的学校教育在大力推动教育进程的同时，也不可避免地存在制度化教育的弊端。

第一，学校教育的工具理性价值倾向明显。应试教育和传统量化教育评价体系带来的采用制度性的方式，阻碍和忽视了儿童自身经验的生长要求，成人和社会以各种想当然的方式、各种外在客观标准对儿童的成长进行衡量和控制，进行奖惩和规训。学校灌输的制度化价值乃量化价值，把青少年导入一个包括其想象力在内的一切均可加以测量的世界。但是，个人的成长并不是一个可测定的实体，它是个人久经磨炼的独特性的发展，无法按照任何尺度或任何课程对之加以测量，也无法将之与他人成就相比较。在学校体制上，习惯于统一；在教育内容和方法上，习惯于划一；在培养目标和评价标准上，则习惯于唯一。它们不仅成为学校教育政策，而且最终还被法律化。② 而个体的独立性、创造性以及个人的价值并未得到尊重和凸显。一位一年级家长说到她孩子的作业："晚上要做到11点多，早上6点半就得起，中午回家饭也忙不得吃就要做作业。要抄题，大人帮忙抄，老师不通过。数学有四本辅导作业，一本课本，做完一遍，还得在本子上抄题目再做一遍。语文课本要写一类字，二类字，要组词，造句。还有辅导作业两本，写字本一本，词语手册一本。我们小区的孩子，在另一个小学的，写错一个字，回来罚抄一百遍。我对门邻居家孩子，五年级，每周末罚抄课文8—10遍。多数地区，领导考核教育部门看的是分数，教育部门考核老师，也是看分数。你说不用题海战术，老师的业绩工资怎么拿得回来？"还有家长谈道："每班接近70人，老师把数学当成政治课上。所有题型都背熟，拿过来一下就会做，不用动脑子，孩子即使考了高分，又能说明什么呢？""学校教育很搞笑。听过一个小学校长给家长

---

① ［美］伊利奇：《非学校化社会》，吴康宁译，桂冠图书股份有限公司2004年版，第53页。

② 胡劲松：《学校教育制度与个体发展》，《开放时代》1999年第1期。

## 第三章 我国《义务教育法》颁行后在家教育的法律规范冲突

开会,她说:孩子做作业如果自觉就不守,如果不自觉,家长还是要守着做,不过12年嘛。这就是校长的教育水平。"

针对工业文明时期学校教育呈现的工具化和单一化倾向,美国教育哲学家奈勒(G. F. Kneller)呼吁:"我们的儿童像羊群一样被赶进教育工厂,在那里无视他们独特的人性,而把他们按同一个模样加工和塑造。我们的教师们被迫,或自认为是被迫去按照别人给他们规定好的路线去教学。这种教育制度既使学生异化,也使教师异化了。现在已经到了要改善的时候了。"① 有家长认为:"整个学校教育都在应试,是针对一部分孩子的精英教育。在学校里,是90%的孩子陪着10%的孩子读书,但实际上如果家长愿意把自己的子女培养成对社会有用的人,成为社会机器上的零部件,只要品质好,哪怕是一颗螺丝钉也有他不可或缺的作用。"还有家长说:"我认为让孩子能够健康、快乐、温和地成长,比仅能取得一个好的名次和考上一个名牌大学更为重要,这是我们选择在家学习的主要原因。" 在家教育的出现,是对学校教育的工具理性价值的宣战,回归家庭,是为了儿童自我价值的彰显和发扬,以达到一个更好的平衡点。

社会本位论和个人本位论是教育目的中的两种最为基本的价值取向。不同的教育价值取向反映着一定社会特定历史时期不同的教育价值追求。在家教育的出现预示着教育需求价值取向的转变。多元化价值取向使需求呈多样化趋势,教育需求价值取向本质是教育需求者的价值取向。在家教育体现了需求的理性化,是父母在充分考虑各种约束条件,如天赋、能力、兴趣、家庭经济背景、教育预期报酬和国家法律、法规、政策基础上做出的能充分体现个人意愿的教育选择,理性决策取代了传统计划经济社会中个体对国家或社会意志的简单认同和盲从。根据马克斯·韦伯之说,理性可分为价值理性和工具理性。② 在家教育现象的出现,说明父母完成了从应试教育的功利性工具理性到以人为本,把孩子的全面自由发展作为教育的最终价值追求的转变,当在家教育把教育作为生活的一种形式,作为对享受精神愉悦的价值追求,作为个体生命的成长时,我们可以说这种需求具有"价值合理性"。在家教育回归到对教育需求价值取向的本质

---

① [美]奈勒:《教育学基础》,转引自陈友松《当代西方教育哲学》,教育科学出版社1982年版,第119页。

② [德]韦伯:《经济与社会(上卷)》,林荣远译,商务印书馆1997年版,第56页。

——价值理性的追求,是教育价值取向从工具理性转向价值理性的现实表征。

第二,僵化的学校制度与至上的教师权威不利于儿童成长。为了适应工业革命带来的社会生产力的飞速发展,提高各行各业人才的素质,必然要求教育的大力普及和发展,工业社会对教育需求的扩大,使经由夸美纽斯、赫尔巴特等总结和论证的班级授课制在世界范围内得以推广,因其规模化、高效率和公平性等优势而历久不衰,成为现代学校教育最基本的教学组织形式。但是,随着信息时代社会的来临,尊重学生差异、崇尚学生个性化发展、培养创新性人才已成为本时代培养人才的教育要求,班级授课制的弊端逐渐显露,也同时因其局限性而受到批评和质疑。这种人数众多的班级授课制按照统一的教育目标、统一的教学内容和方法、统一的教学进度、统一的考核标准对学生进行无差别的均质化教育,在关注学生共性发展的同时却忽视了个性差异和多元需求,难以因材施教,制约了学生的个性化发展。

在家教育中的儿童几乎都属于学校教育体制中两头的学生,要么天资聪颖、接受能力较强而学校教育无法满足学习需求;要么是调皮好动、惹是生非的让老师头疼的学生,在学校备受批评与歧视。畅畅父亲就表达了对学校的强烈不满:"我们家孩子成绩较好,接受能力也较强。但是,每次家庭作业,老师都会布置很多重复性的抄写作业,浪费孩子很多玩耍和学习其他东西的时间,周末也没有时间。这不是在培养会做作业和考试的机器吗?所以,我把她带出体制,希望她能学到更多有益的东西。"每个孩子都有独特的发展速度和模式,每个孩子都有自己独特的学习风格,每个孩子都有一系列独特的能力和兴趣。"学校教育制度武断的年龄切断和采用的统一的课程是划算的。然而,做最有效的经济打算意味着每个孩子的个人教育经历将极大程度地受害,将产生学习无能和行为问题的流行病。因此,如果父母认为他们的孩子将从当地学校制度创造的小盒子里掉队,那么,在家教育变成一种具有高度吸引力的,甚至也许是被推荐的替代物。"[1]

义务教育的强制性,要求儿童在学校这一唯一场所接受教育,强迫儿

---

[1] Meyerhoff M. K., "Homeschooling—Perspectives on Parenting", *Pediatrics for Parents*, Vol. 22, No. 9, Sep. 2006, pp. 8 - 9.

## 第三章 我国《义务教育法》颁行后在家教育的法律规范冲突

童处于教师的陪伴之下,其结果是产生对于享有这种陪伴特权的教师的依赖与屈从。一位从事教育学研究的大学教师随意讲述了自己孩子经历的一件事:三年级孩子开学第一天,因为数学开始学"一万以内的数",老师留了一个家庭作业,从 1 数到 10000,中间不许停顿,数错重新数。数完之后,明天汇报用了多长时间。家长给老师打了一个电话,半开玩笑地说,老师,您数数看,需要多长时间,中间不出错的话,我把车输给你。老师很不高兴地说,你这样说话就是不配合我的工作。作为一位搞教育研究的高校教师,用一句话概况了自己的无奈:孩子碰到好的父母是命,碰到好的老师是运,这就是孩子的命运。基于教师权威,不知道班上有多少学生是老老实实地去认真从 1 数到 10000,完成老师的作业;也不知道有多少学生因为无法完成而选择对老师撒谎。

基于"成人立场",学校教育中大力塑造教师权威而忽视儿童的主体性和自身发展需求,失去了儿童的自身价值和意义。正如马丁·伍德海德(Martin Woodhead)所认为的,儿童的需求(need)都是成人建构出来、想当然的,而非儿童自身的需求(want)。[①] 像小杰、小宇等孩子在传统学校里遭受老师的批评与歧视,变得不开心不快乐,甚至产生对学校的恐惧,可以想见学校制度与教师权威对他们造成了多么大的心理压力和成长阴影。在家教育群体中的相当部分孩子,都是出于对传统学校教育体制的不适应而回归家庭的,一个成功的学校系统将会驱使家长与学生不断乞求接受更高阶段的学校教育,以获取更大的价值,家长作为理性经济人,如果在学校教育中能获得自身的最大利益,是不会反其道而行之的。但是,在家教育的家长却舍弃学校教育,花费成倍的人力、财力和物力,以在家的教育形式来达成自我的预期,使我们不得不正视学校教育日益凸显的问题和家长们日趋增长的多元化教育需求。在后工业社会这个信息社会里,人们的活动都与信息的搜集、传递、过滤、使用有关联,人们有多样的方式来获得信息和经验,也为在家教育形态的发展提供了可能性。

2. 学校教育供给与多元化教育需求的矛盾

需求与供给之间的矛盾是教育的永恒话题。不同需求需要差异供给,需求决定了事物的产生与发展,需求的多元化决定了教育形态的多元发

---

[①] James A., Prout A. ed., *Constructing and Reconstructing Childhood: Contemporary Issues in the Sociological Study of Childhood*, London: The Falmer Press, 1990, p. 8.

展。按照需求主体来划分，教育需求分为个人需求和社会需求。在不同的社会历史发展时期，存在不同的个体和社会教育需求，因而客观地存在着教育需求的变化和大众选择受教育行为的变化。其中社会教育需求变化是外因，个体教育需求变化则是内因。个体教育需求的变化由于政治、经济、文化、家庭环境等多方面因素的变化，而促使其价值观和人生观的变化，导致其受教育行为的变化，决定采取是否接受某种教育和接受何种教育的行为。但在现实社会中，人们却往往较多关注社会教育需求而很少探讨个人教育需求。

主要代表着社会教育需求的学校教育，仍是单一的人才"产出"模式，片面地追求升学率，使个体的受教育行为带有很大的盲目性、功利性，而其他多元的个体教育需求无法得到满足与实现，从而造成社会教育需求和个体教育需求之间的矛盾与张力。在当今转型期，随着"后普九"时代的来临，人们日益增长的教育需求，也由先前的"有学上"的量的需求，向"上好学"追求优质的教育需求转化：从义务型转向自主型，从同质化转向个性化，从单一性转向多元性。随着个人主体性的逐步张扬和自主选择能力的增强，家庭对子女教育的需求不再满足于均质化的教育内容和方式，而转向寻求能最大限度开发儿童自身潜力的受教育途径和个性化的教育服务。在学校教育努力改革自身以适应个人与社会需求变化的同时，由于学校教育体制本身无法克服的弊病和儿童成长的不可等待，部分家庭通过自身教育选择行为的变化来回应儿童个体自身教育需求的期待和变化。笔者对在家教育的考察反映了家长和学生的教育需求分化和多样化越来越显著，他们不仅仅追求同类中的优质教育，更追求非同质化的、个性化和差别化的教育。在家教育的出现是个体对多元个性化教育需求的表现形式和途径。它的最大贡献也许正是重新确定了教育的多元化发展的价值，以及对公立学校的挑战。

儿童和父母对教育的多样化需求是教育中的永恒命题。正是这种需求的多样性和差异性，推动着人类的文明和社会历史的不断发展。在家教育群体对教育的需求明示了人们对教育需求是无限的，教育供给必须适应教育需求的变化而变化。约翰·杜威（John Dewey）认为，教育现象可以发生在任何时间和地点。要形成教育有效供给，对不同需求差异供给，就必须形成弹性的正式与非正式教育，才能够更好地满足多种多样与不断变化的教育需求。在家教育需求反映了教育发展的应有思路，以需求为导向，积极开拓教育内部和外部两类资源，构建多元教育形态理论体系，或许能走出一条教育发展的新路子。

3. 在家教育与学校教育体制的断裂

首先，表现在义务教育制度与学校教育形态的捆绑事实。义务教育，英文表述为 compulsory education，意思是"强制教育"或"强迫教育"。义务教育是指依法律规定，国家对一定年龄的儿童所实施的一定年限或范围的普通学校教育。[①] 强制性是义务教育的本质特征。义务教育的实施与资本主义发展密切相关，产业革命在给资本主义带来繁荣经济的同时，也对工人素质提出了更高要求，出于经济发展考虑，为了获得合格的劳动者，资本主义开始实施义务教育，并通过立法的方式将义务教育规范化，先后经历了非权利义务时期，义务时期到权利时期的演变。义务教育强制入学把任何社会都划分为两个领域，即：某些时间阶段、过程与职业被视为学术性的或教育性的，其余则不是。这样，学校便具有了划分社会现实的无穷力量：教育成为非世俗领域，而世俗世界则成了非教育领域。目前，中国教育还处于赋予每个受教育者平等受教育机会的阶段，并将学校教育这一保障儿童受教育权的形态窄化为"唯一手段"，从而导致对"义务教育"的狭隘理解，即把"进入学校"这一接受教育的途径当作接受义务教育追求的目标，无论不同个体是否能够适应均质化教育方式，是否具有特殊的个人需求，都无一例外强制性地接受学校教育。

其次，义务教育制度与学校教育制度的捆绑，造成在家教育与学校教育体制的断裂。教育通常划分为学校教育、家庭教育和社会教育。这种对教育领域的绝对划分，以及单一的义务教育的学校化实现模式，必将产生目标与实现途径多样化之间的矛盾。然而学校教育作为正规化、制度性的教育，其无法克服的自身局限性使得对学校教育报以高期望的家长倍感失望，继而对整个教育体制产生无助感，转而走上自行在家教育的另类教育之路。同时，对义务教育概念理解的窄化，使义务教育只能通过学校教育单一化途径实现，在家教育并未取得与学校教育同等的实现义务教育的法律地位，也不能获得公共教育资源的帮助与支持。在家教育的行动承载的一个主要矛盾的事实是：这个行动抵抗一个宣称失败的机构"学校"，而重造了另一个备受质疑的机构"家庭学校"，在家教育成为家长逃离传统

---

① 张念宏：《中国教育百科全书》，海洋出版社1991年版，第62页。

学校教育体制的一种替代教育选择，从而形成在家教育与学校教育之间的断裂。这种在家教育与学校教育的人为断裂，势必对教育的实现带来负面影响。

　　义务教育的真义与宗旨是保障儿童的受教育权利，不在于受教育的外在形式。儿童要履行受教育义务在理论上可以界定为："公民应当履行其应受的最低限度的基本教育的义务。"[1] 但义务教育与学校教育制度的捆绑不仅剥夺了那些具有特殊教育需求的孩子获得可能更适合其特点的教育机会，甚至也造成部分孩子"在校不在学"的情况，反而违背了义务教育保障儿童、少年受教育权的根本目的。机构应该存在于被使用，而不是产生什么。如果它们是有效的，人们将会使用它们。如果它们是可进入和令人兴奋的，它们自然会培育出自组织，合作使用空间和资源以提供培养学习经历的个体和家庭的流动群体。[2] 毫无疑问，真正的教育过程也将从社会的非学校化中获益，而非局限于学校的单一存在。教育起源于人类自身的社会生活之中，是人为了满足自身发展与完善的需要而出现的。因此，在家教育可以弥补学校教育之不足，满足具有特殊教育需求孩子的个性化发展，也为可行的义务教育之形态。

　　在家教育群体虽然回归在家教育之路，但是多数家庭都希望能够获得与学校体制的有效衔接。表现为：一是希望能解决学籍问题，对孩子的未来出路多一种选择，少一些风险；二是进一步希望有政策来保障在家教育的进入和退出，当孩子需要回到学校的时候，不产生阻力，也能得到学校老师和同学的理解和认同。比如：一位孩子已经在重庆某重点高中上高三，而在小学、初中阶段都一年半载地根据自己的需要而间或实施在家教育的家长在与笔者交谈中说："我认为，理想的教育不应该是现在这样非此即彼、割裂开来甚至处于对立的要么进入学校教育，要么就只能在家教育的局面，不管哪种教育你都是为了孩子更好地成长，为什么不可以相互配合起来呢？只要是适合孩子发展的教育，无论是学校还是家庭都应该全力支持。当孩子确实因为各种原因不适应学校教育时，可以通过判断和评估，接回家来学习。而当在家的孩子，需要回到学校去，学习知识、参加

---

[1] 李步云：《宪法比较研究》，法律出版社1998年版，第584页。
[2] Priesnitz W., "Education Is not Something That's Done to You", *Natural Life Magazine. com*, 2008, pp. 30 – 31.

学校的一些活动、利用学校的一些公共学习资源等时，他可以自如地回去，不应该受到老师和同学的另类看待，甚至政策的不支持。"单向度认识论必然造就"单向度的人"和"单向度的社会"，互补认识论试图建构一种"健全的人"和"健全的社会"。因此，需要超越学校教育单向度推进的桎梏与困境，实现双向度的互补，使多元教育形态具有可能性与现实性。

总之，教育不是培养一个"单向度人"，是为了人的全面自由发展而奠基的，是为了实现人的最终幸福。教育广泛存在于学校、家庭、社会之中，因此，为了修复在家教育与学校教育之间的断裂，home-school cooperation（家校教育合作）是应然的选择，它不只局限于家长对学校教育的参与，还包括在家教育中，与学校教育的沟通与合作。实质上就是要联合对学生最具有影响的两个机构——家庭和学校的力量，对学生进行教育，实现在家教育与学校教育的链接。

### （二）教育需求变化中法律制度的局限性

法律作为天下之公器，基本社会功能就是保持社会秩序与行为规则稳定不变，使之制度化。即使有变化，法律也是力求在保持现状的基础上有节制、有预期地发展。法律从来都不是以其新颖、想象力而获得人们的青睐，而是以它的熟悉、便利和重复性与人们相伴随。[1] 法律所具有的特点也同时意味着其具有的局限性。义务教育法律制度作为一种社会规范，其内容是抽象的、概括的、定性的，制定出来之后有一定的稳定性、权威性和确定性。但同时，法律本身的滞后性、不完整性和保守性决定了它的局限性，主要表现在：一是不合目的性。有学者认为："所谓制定法的不合目的性，是指法的制定效果与制定目的不合的情况总是存在，法律的适用没有达到其追求的社会普遍正义的目的。"[2] 义务教育法律制度在发挥对儿童受教育的普及的约束力的同时，却不能完全保证和实现每个儿童的最全面自由发展，从而造成与法律的公平正义自由等理念的违背。二是义务教育法律制度的滞后性与保守性。在义务教育初级阶段，为确保每个儿童平等的受教育机会，规定每个儿童入学接受义务教育，使每个儿童"有学

---

[1] 苏力：《反思法学的特点》，《读书》1998年第1期。
[2] 王彧：《我国制定法的缺陷和完善》，《四川警官高等专科学校学报》2006年第6期。

上"的目标得以实现。但社会是发展的,不变的法律难以一劳永逸地调整变化的社会,这样,越是稳定的法律其滞后性、保守性就越明显。正如萨维尼所指出的:"法律自制定公布之时起,即逐渐与时代脱节"。① 随着父母从"有学上"向"上好学"的教育诉求的转变,在家教育法律现象就出现了,使义务教育法律制度出现与社会现实不相适应的方面。再说,法的稳定性也从另一方面反映了法的僵化,作为概括性、抽象性、普适性与划一性的行为规范构成,义务教育法律制度不可能适用于所有特殊、个别的场合,比如,在家教育这种特殊法律现象的出现,就在义务教育领域留下了法律调整的缺陷和空白。三是法律语言的局限性和模糊性。作为表达事物的符号,法律语言是以一种有限性的符号来描述无限性的、不确定性的人类社会生活的。"用普遍词汇所叙录的每一条成规总不能完全概况人们千差万殊的行为。"② 义务教育法中的"入学"一词因缺乏明确的法律释义,造成了不同的理解,从而使在家教育游走于法律的灰色地带。

为使法律趋于完善,针对法律的局限性,可以通过以下方法进行弥补:一是在立法难以随时更新的情况下,通过司法矫正途径,加强对义务教育法相关条款"入校"的解释。要以既有的法律来适应变化的社会生活和调整发展中的社会关系,就必须对既有法律的立法原意进行适应社会发展的解释。二是到了合适时机,启动相应的在家教育立法程序和对义务教育法进行修改,以使法律更能适应社会与人的发展需要。

### (三) 单一的分析实证法律思维的固化倾向

由于义务教育法律制度的局限性,要实现其更改与制定,采用单一的法律规则视角的实证法学理论已经无法完成法律调整社会关系的伟大使命,难以解决现实世界中存在的在家教育法律问题。从产生发展至今,法律理论主要是自然法学、分析实证主义法学和社会法学三大理论学派的多元并存。其中,经历了两千多年发展历史的自然法学理论主要研究观念上的理想性的法律;分析实证法学理论主要研究权力性规则性的法律;而产生历史较晚的社会法学主要研究事实上实际的法律。由此,法律理论研究主要形成了基于以上理论流派的法律研究的三个视角或者说法律存在的三

---

① 夏勇:《走向权利的时代》,中国政法大学出版社1995年版,第438页。
② [古希腊] 亚里士多德:《政治学》,吴寿彭译,商务印书馆2008年版,第82页。

第三章 我国《义务教育法》颁行后在家教育的法律规范冲突

种视界,三大法学派来源于法律存在的不同视界,虽相互靠拢,却固守着自己的原有阵地。传统的法学研究方法在把握繁杂的社会现象与个体行为多样性以及二者之间内在机理关系方面已经显得苍白,无法使我们透过法律窥视社会的真实和文化的特质,无法厘清和说明我们生活的世界所经历的改换与变迁。现实中法律的规则、现实和价值总是不一致、不统一的,有时甚至表现为一种矛盾性。简单地围绕法律条文从形式合法性进行争论无益于问题的解决,法律需要通过法的现实的、理论的和价值的合理性来证明其合法性来源,实现从应然到实然法的转化。正如美国法律哲学家埃德加·博登海默所言:"人类历史的经验告诉我们,不可能根据任何单一的、绝对的因素或原因去解释法律制度。若干社会的、经济的、心理的、历史的和文化的因素以及若干价值判断影响和决定着立法和司法。虽然在某个特定的历史时期,某种社会力量或正义理想会对法律制度产生特别强烈的影响,但是根据唯一的社会因素(如权力、民族传统、经济、心理或种族)或根据唯一的法律思想(如自由、平等、安全或人类的幸福)都不可能对法律控制做出普遍的分析和解释。法律是一个结构复杂的网络,而法理学的任务就是要把组成这个网络的各个头绪编织在一起。"[①] 对于现实视界中产生的在家教育法律问题,仅从分析实证法学的法律规则视角进行分析,简单认定其形式的不合法性,必然出现对在家教育合理合法性的争议,这不利于解决社会现实中的在家教育法律问题,也无法完成法律的创制、变更和消亡发展历程以适应社会发展的需求。

因而,运用综合的法学理论,通过在家教育法律关系的辩证转换,有利于在家教育法律问题的解决。在家教育法律问题研究中需要从三个视角进行考察和分析,即法律研究的社会视角、价值视角和规则视角,这是一种把法律的逻辑、历史和现实整合起来的思辨方式。要全面认识和把握在家教育法律本质,需要从自然法、制定法和社会法三种存在状态探析法律的应然与实然状态,把在家教育法律看作理想与法律条文作用于社会现实所形成的动态的法律秩序的结合,把"价值""形式"和"事实"作为构成法律不可缺少的三方面要素,全面考察社会中最复杂的法律现象,并实现相互的辩证转换。在家教育法律关系的转换,是指历史现实、规则和价

---

[①] [美]博登海默:《法理学——法哲学及其方法》,邓正来等译,华夏出版社1987年版,第200页。

值视界的转化过程。对于新兴的在家教育法律问题,不但要研究"实际上是这样的法律",更要研究"应当是这样的法律",以法律规则和法律现实的矛盾作为出发点,通过法律三维视界的辩证转换,完成从矛盾到统一、简单到复杂、否定之否定的动态发展过程。本书从义务教育的相关法律规则出发,引出在家教育法律事实与义务教育相关法律规定的矛盾。从而进一步引发了对在家教育法律事实合理性和价值合理性层面的探讨,启动对法律规则的变更,以实现在家教育权利的合法化。

总而言之,运用综合的法学理论思维,才能从根本上有效地解决在家教育法律问题。综合法学派理论家主张法律理论的综合,为法律研究指明了进路。只有形成一种综合的法律研究思维,从全方位多维度考察分析法律问题,才能完成法律事实因素、形式因素和价值因素的有效统一。正如杰罗姆·霍尔所说的:"黑格尔以后,法理学中实证论者强调法的形式(逻辑、结构),自然法论者强调法的价值(正义、理性、自由等),社会学研究强调法的事实(心理的、社会的和文化的事实、实效等)。它们各执一端,人为地肢解了法律对象的统一性。现在是把三者统一起来的时候了。只有把实证主义、自然法理论和社会学研究,即把形式、价值和事实结合起来的法理学才是'适当的'法理学。"[①] 博登海默也认为:"法律乃是形式、价值和事实的一种特殊结合"。[②] 从规则、事实和价值等不同的视角,运用综合法律研究的思维方法,从法、理、情三个侧面,对在家教育法律现象进行合法性、合理性和合价值性评价,共同构成对在家教育法律现象的评价系统,遵循法律规则——法律现实——法律价值——法律再规制的逻辑推演模式,进行全面认识和合理解读,实现其逻辑证成。

**(四) 在家教育相关主体的权利义务关系不清**

首先,义务教育法律制度中相关主体权利义务关系不清,导致对在家教育的合法地位的质疑。义务教育法律制度涉及国家、父母与儿童的权利义务关系。我国《宪法》第46条规定:"公民有受教育的权利和义务",这种受教育权利义务一体化的立法模式,形成了人们对受教育的权利义务

---

① 张文显:《二十世纪西方法哲学思潮研究》,法律出版社1996年版,第356页。
② [美] 博登海默:《法理学——法哲学及其方法》,邓正来等译,华夏出版社1987年版,第187页。

## 第三章 我国《义务教育法》颁行后在家教育的法律规范冲突

性质的模糊认识,也导致了宪法理论与司法实践中的诸多困惑:受教育到底是适龄儿童的权利还是义务?抑或既是权利又是义务,既是权利又是义务的教育如何去理解和实施?在《义务教育法》中有了较为明确的规定,第4条指出:"凡具有中华人民共和国国籍的适龄儿童、少年,……依法享有平等接受义务教育的权利,并履行接受义务教育的义务。"可见,接受义务教育既是儿童权利又是儿童义务。但是《宪法》层面的儿童受教育义务是否必然与《义务教育法》层面的"入学"接受义务教育一致,却值得商榷。法律语言的模糊性导致了对公民、公民中的儿童、国家、父母等教育权利主体的权利义务关系表述不清,从而导致彼此之间的冲突与矛盾,主要表现在:一是国家教育权力对家庭教育权利的僭越。在早期威权政治支配之下,人们早已习惯于接受国家所提供之制度化的教育形态,习惯于把教育看成一种典型的公共物品、一种国家的权力与责任,政府包揽了从举办到办学的一系列权力,并根深蒂固地以为接受国家的教育是种义务。国家的教育义务由于其作为上的主动性、强制性,因而会表现出某种权力的性质,作为教育义务主体的国家转变成了权力主体,实施对在家教育的控制。"在家教育第一案"[1]即国家教育权力对家庭教育权利僭越的现实表征。二是儿童受教育权利与国家教育义务的错位。儿童是受教育权主体,国家是保障儿童受教育权顺利实现的积极义务承担者,但是由于国家主动、强制地提供制度化教育形态的积极作为,而主要表现为权利主体的一面,儿童却转变为接受义务教育的义务主体,由此形成了权利与义务的错位。三是父母的教育自由权与儿童的最大利益的冲突。父母对未成年子女的教育义务对于他人和国家来说,是一种不可剥夺的权利。同时,由于儿童心智尚未成熟,他们的受教育选择权主要由其父母代为行使。必须意识到,父母生育、教育子女也有自身利益,父母实施在家教育也会与儿童的最大利益发生冲突。要明确与规范父母行使这种权利的目的与边界,以保证父母为孩子做出明智的选择。因此,国家在决定是否允许在家教育的时候,不仅需要在国家教育权与父母教育权之间取得平衡,还必须在父母的教育自由与儿童利益之间努力取得平衡。

其次,在家教育促使对人类教育权利归属问题进行本质思考。在家教育要取得合法地位,实质就是要使在家教育权利从尚存质疑的可能法益成

---

[1] 申素平:《教育法学——原理、规范与应用》,教育科学出版社2009年版,第129页。

为确定法益，乃至上升为一种明示的法定权利。从前文在家教育权利赋予的理论合理性分析可见，在家教育充分体现了父母教育选择权与儿童受教育自由权，也有利于国家教育权与家庭教育权的平衡。为进一步避免权利冲突，须对教育权利进行本质思考。我们应该从什么角度思考教育权利，谁是教育的主权者，最终解决人类教育权利归属于谁的问题。

在家教育权利研究已经超越了狭义的学校教育范畴，改变了现代国家与家庭公私权的主从关系，须从最广义的角度来分析教育权相关问题。首先要区分权利（right）和权力（power）的意涵。从权力角度切入，教育权指的是国家或各级地方自治团体在教育事务上所拥有的权限，以及所属机关或公务员所行使的公权力。从权利的角度而言，教育权是指人们在教育事务上所享有的各种权利，其主要目的是保障公民的学习及受教育权利。从儿童权利本位出发，公民有接受教育的权利，包含了其他扮演协助者角色的公民的教育权利，以及国家整体规划公共教育的责任和权力，即父母教育权与国家教育权等都是基于保障学习者能拥有良好的教育条件、环境、机会，达成"人的自我实现"的教育目的。因此，本书教育权是指国家、学校、教师、学生及其父母在教育上所拥有的参与一定教育行动并获取相应收益的资格或权限。广义的教育权是以学习权为中心的，包括学习者的受教育权，以及其他作为学习者的协助者在教育事务上所享有的权利或地位，所有教育活动均是为了帮助教育主体完成受教育的过程而存在的。

学生作为教育基本权的主体，就学习面向而言，应当被视为目的，而不是工具，教育权最终是为实现基本的人权——学习权服务的。以学生学习权利作为基础，那么，我们应充分尊重学生的教育主体地位，由学生去决定教育的内容以及实施方式。《义务教育法》在保障儿童受教育权利，为儿童的教育需求提供良好协助的同时，如果父母与儿童因国家提供的学校教育已无法满足自身教育需求时，儿童作为教育权的主体，有权选择最适宜且最有利于自身发展的教育方式，包括在家教育。国家一方面须保障儿童的受教育权利，另一方面也应尊重儿童的学习权。此外，未成年人是教育基本权的主体，而不只是被保护的对象，随着未成年人心智的成长，亦应肯认及尊重其自我决定权，使子女对于自身的教育事务，亦有参与决定的权利。而父母对于子女的求学生涯规划权，与子女本身的身心成熟度，二者呈现互为消涨的关系，子女年龄愈长，父母愈须尊重其自我决定的权利。

因此，儿童是在家教育的主要权利者，在家教育权利归属于儿童。现实社会生活中，由于国家教育权、父母教育权对儿童教育权的僭越，儿童的教育权利的主体地位被剥夺，我们必须从儿童的权利视角出发思考教育权利问题，要从提升儿童未来生命质量、人生幸福角度思考教育权利。在目前中国教育体制下，从现代教育学和法学的理论来讲，在家教育是基于儿童的生存和发展的教育，儿童是教育的主权者，充分尊重儿童，让儿童充分享受教育的权利，而不是被教育、被帮助、被幸福，通过教育学习真理、自我成长与发展。在家教育权利的实现体现了儿童的教育权利诉求的实现，使儿童教育权利从应然走向实然，真正赋予儿童享有学习权的主体地位。

综合本章所述内容，通过对在家教育法律事实的分析发现，从宪法层面在家教育具有合宪性，但在义务教育法律框架内在家教育的合法性还处于不明朗的灰色状态，使义务教育法律制度下的在家教育遭遇合法性危机，引发法律规范冲突，导致在家教育群体在实践中遭遇困境与挑战。而学校教育制度的单向度推进，分析实证法律思维的固化倾向，教育需求变化中法律制度的局限性以及在家教育相关主体的权利义务不清等方面都是导致在家教育法律规范问题的根源。通过对在家教育法律规范问题的根源探析，以期后续研究能进一步从在家教育的法律本体与法律价值进行法理分析论证，以达成在家教育的形式与实质合法性的统一。

# 第四章

# 规范在家教育行为的法律分析

在家教育虽然遭遇法律规范冲突问题,但是通过对在家教育在法律本体与法律价值方面进行合乎法律的法理分析是回应和验证社会公众质疑的途径,也是说明其可认同性和可接受性的依据。本体是指与现象相对的,只有用理性才能理解的本质,法的本体问题,就是关于"法是什么"的问题,是关于法的存在及其本质、内在联系和规律的根本问题。[①] 本章主要从在家教育的法律属性、法律关系及法律责任方面进行解读。同时,法并不局限于对特定法律关系的维护,更立足于对特定社会关系和相应社会秩序的"应当"的牵导与维系,使其具有价值合理性。价值是指客体对于主体的需要的满足,法的价值是法律不可缺少的组成部分,是指法律的目的或目标,是人们对于法的期望与理想,是法在社会生活中要实现的最终目的。在家教育的法律价值评价对未来在家教育法律制度的设计具有指向功能。

在家教育法律现象的出现给义务教育法律制度带来了强烈的冲击和挑战,构成了在家教育法律事实,亟须相应的法律予以调整和规范,而依法规范在家教育须辨明其法律属性与法律关系。在家教育法律事实引发相关教育法律关系产生、变更和消灭。在一定意义上,任何法律现象的存在都是为了处理某种法律关系,法律关系其实是分析法律调整的一个思维框架,是关于法律制度建设和运用的一种分析方法。[②] 因此,在家教育并不是完全独立于现存法律关系之外的一个新兴空间,而是教育法律调整范围

---

① 范忠信、陈会林:《法理学》,中国政法大学出版社2012年版,第10页。
② 黄建武:《法律关系:法律调整的一个分析框架》,《哈尔滨工业大学学报(社会科学版)》2019年第1期。

的一种调整和延伸。义务教育的法律规范在面对在家教育行为时遇到了诸多的新问题，教育关系的主体在地位、性质方面都发生了变化，需要对在家教育的法律属性、权利义务的分配、责任的认定等本质与内在联系方面进行客观分析。通过发展现有的法律来规范在家教育法律行为，促进新的在家教育法律关系的生成，以最终完成从应然法到制定法的实现。

## 一　在家教育的法律事实

从法学的角度看，法律事实是指客观发生的能引起法律关系变化的情况或事实。一个事实，只有在它与法律关系的产生、变更或消灭紧密相连时，才可称为法律事实。在大多数情况下，具体法律关系的产生、变更与消灭，除法律规定外，还需要一定条件——法律事实，它们是导致具体法律关系产生、变更、消灭的原因。[1] 在众多的客观现象中，只有那些能够导致法律关系的形成、变更和消灭的客观现象，才具有法律意义。法律事实与其他社会性事实的区别是，它是过去发生过的，需要法律进行处理的社会性事实。

那么，在家教育是一种法律事实吗？在家教育只有具备作为法律事实的条件，需要法律进行处理，才能引起法律关系的演变。在家教育法律关系的法律事实，是指能够引起在家教育法律关系产生、变更、消灭的客观现象。教育法律规范设定了教育法律关系的一般模式，而真正能够引起教育法律关系产生、变更和消灭的重要依据是教育法律事实。在家教育法律关系的产生、变更与消灭不是随意的，必须符合两个方面的条件：一方面是抽象的条件，即教育法律规范的存在，这是教育法律关系形成、变更与消灭的前提和依据，在家教育的法律规范是以义务教育法律规范的存在为前提和依据的，主要是《义务教育法》规定的适龄儿童少年应当入学接受义务教育。另一方面是具体的条件，即在家教育法律事实的存在。法律事实一定是在现实生活中发生的具体的行为或事件，在家教育法律事实属于一种教育法律行为。黄建武教授认为要构成法律行为应满足三个条件：首先，它必须是人的行为；其次，它必须是人有意识的行为；再次，它必须

---

[1] 沈宗灵：《法理学》，北京大学出版社1999年版，第449—450页。

是具有社会意义的行动,即对他人或社会产生影响的行为。① 在家教育是父母出于个性化教育需求的一种有意识的教育行为,对他人乃至整个社会都引起了很大的反响,是与《义务教育法》的相关法律规范相冲突的一种法律行为,从而导致教育法律关系主体的权利义务发生变化,构成了在家教育法律事实,促进新的法律关系生成,需要得到法律的调整。

## 二 在家教育的法律属性

世界上的任何事物都具有属性,属性就是事物的性质和特点,属性派生于事物本身,也是该事物区别于他事物的一种内在规定性。在家教育的法律属性就是在家教育在法律上的性质和特点,准确界定在家教育的法律属性,是指导在家教育研究与应用实践的前提基础。其实,在家教育与学校教育最本质的区别不是教育场所的不同,而是教育者这一教育主体的改变,由学校教师变成了父母负主要教育责任,以及由此所引发的教育理念、内容与方法等一系列教育措施等因素的变化,教育场所只是其中一个显性因子而已。教育主体的变化带来教育关系性质、内容的发展变化,也由此引发了教育法律关系性质和内容发生相应的变化。那么,在教育法律体系中,在家教育究竟具有什么样的法律地位、性质和特点呢?

### (一) 在家教育的法律地位

教育法的地位是指教育法在我国整体法律体系中的相对地位。从目前已有的研究情况分析,我国有关教育法地位问题存在几种不同观点:一是教育法归属行政法说;二是教育法地位独立说;三是教育法地位发展说;四是文教科技综合部门法说。"教育法归属行政法说"与"教育法地位独立说"是分歧最大、争论最为激烈的两种观点。无论教育法地位如何,目前,我国仍是以学校教育法律制度为核心的教育法律体系,导源于"国家教育权"论,认为教育是国家和地方公共团体的事业,是国家行政的一部分。作为教育法律关系中普遍存在的最基本、最主要的法律关系,教育行政法律关系的特征仍代表着教育法律关系的主要属性。《义务教育法》是

---

① 公丕祥:《法理学》,复旦大学出版社2003年版,第461页。

根据国家宪法和教育基本法所制定的教育单行法律，旨在保障适龄儿童、少年接受义务教育的权利，保障义务教育的实施，提高全民族素质，也是以教育行政法律关系为主。那么，在家教育法律在教育法律体系中处于一个什么样的地位呢？其与《义务教育法》的关系为何？

在家教育是义务教育的一种多元实现方式，义务教育阶段的在家教育法律规范从属于《义务教育法》，是《义务教育法》调整范围的新内容，对《义务教育法》具有依附与从属性。2006年新修订的《义务教育法》把"保障适龄儿童、少年接受义务教育的权利，保证义务教育的实施，提高全民族素质"作为立法理念和根本目的，将保障适龄儿童少年接受义务教育的权利作为义务教育立法的第一位目的，体现了我国义务教育理念的根本转变。义务教育立法由关注国家社会利益向公民权利的转变，更准确地体现了以人为本的精神。更加注重保障公民接受义务教育权利和国家、政府义务教育责任的履行。义务教育阶段的在家教育也必须完成保障儿童接受义务教育权利这一根本任务，不得违背《义务教育法》的立法目的与宗旨，必须受到《义务教育法》的立法目的和宗旨的规约，达到义务教育所规定的最低限度的教育水平与质量。在家教育是《义务教育法》的调整与规制范围，强制性作为义务教育的本质特征，在家教育中也必须予以充分体现，并得以充分贯彻与实施，只是其强制性的实现方式发生了改变而已。在家教育以不同的教育形态，实施对儿童的教育，其目的是实现儿童的全面、自由、个性化发展，并没有违背《义务教育法》保障儿童接受义务教育的目的。义务教育中对儿童受教育权利的保护宗旨不能动摇与改变，并以此作为衡量在家教育法律制度的合法性标准。因此，我们说在家教育法律规范对《义务教育法》具有依附与从属性。

同时，在家教育法律规范也是《义务教育法》的一种补充与延伸，具有不同于现行《义务教育法》的具体调整内容，比如《义务教育法》中的经费投入、学校安全、教师队伍等都不适用于在家教育法律规范。对在家教育中的教育法律关系、法律责任、法律救济等方面都应通过新的法律规范予以补充，使义务教育法律规范日趋合理与完善。

### （二）在家教育的法律性质

教育法规的调整对象是教育关系，教育法律关系作为一种较为特殊的法律关系，根据性质不同，可以分为教育行政法律关系、教育民事法律关系以及教育宪政法律关系。当前我国尚未建立起宪政诉讼制度，我国的教育法律关系主要是一种综合行政和民事的复合式的法律关系。因此，教育法兼具教育行政与民事法律性质，属于行政法与民法的调整范围，同时具有教育法的特殊性。作为教育法律关系中普遍存在的最基本、最主要的法律关系，教育行政法律关系的特征仍代表着教育法律关系的主要属性。义务教育法是根据国家宪法和教育基本法所制定的教育单行法律，旨在保障适龄儿童、少年接受义务教育的权利，保障义务教育的实施，提高全民族素质，主要调整教育行政法律关系。

自人类文明发展以来，父母扮演着子女的第一位且为最主要教师的角色，家庭担负着教育子女的重要责任，家庭教育权起着主导作用，完全属于私领域的教育具有私权利的性质。虽然"国家"出现之后，便有国家教育权的存在，但是，直到资本主义工业革命后，国家才被赋予广泛的教育责任和权力，政府才得以全面介入和干预教育事务。教育事业的急剧发展，使原本相对来说显得较为次要的国家与教育的关系变得非常重要。在我国，从"三代"的"学在官府"开始，政府通过直接举办官学与建立完备的教育管理体制逐渐确立了国家教育权，在新中国成立之初的30年中，曾一度出现国家全面垄断教育权的局面。政府对教育的干预形式主要有两种：一方面设立教育行政机构，管理教育事务；另一方面直接举办学校，为国家教育目的的实现服务。至此，教育具有了明确的公权力属性，教育法具有了明显的行政法性质。从教育法的主导因素看，教育法集中体现了国家对教育的干预和管理，这种干预和管理是通过行政行为实现的。因此，尽管教育法律关系是一种综合性的法律关系，以学校教育关系作为主要调整对象的教育法所调整的社会关系，就其基本性质而言，从当前看仍以教育行政关系占其主导因素，是教育法律关系中最基本、最主要的内容。教育法律关系的特征主要是以教育行政法律关系的形式来体现的，我国《义务教育法》的调整方法也主要是教育行政法律关系。义务教育法的产生及义务教育的强制性、免费性和公共性三个基本特征与其说是对义务教育法特征的概括，不如说都是国家介入和干预教育的一种表现和直接结果。

对在家教育进行法律规范，并将其作为教育法律体系的有机组成部分，亦应兼具行政管理与民事平等关系的法律特征。教育与社会相互作用形成了一系列全新的社会关系，教育结构的日益复杂使原来的调整手段相形见绌，不断地对法律提出新的要求，一些原来不属于法律调节的社会关系，也开始出现在法律调节对象之列，包括在家教育。因此，在家教育亦应兼具行政管理与民事平等关系的法律特征。

同时，主体的多元性决定了教育法律关系的多样性，带来在家教育权利义务关系的变化，使在家教育的法律关系性质具有了独特性。在家教育的父母把子女留在家里，由父母自己充当子女的教育者，政府作为教育产品的唯一提供者的角色受到了冲击，不仅社会力量，家庭也向公民提供教育服务。具有明显公权力属性的教育，随着家庭教育权的回归与再确认，致使国家教育权力削减。教育的实施者与监管者发生分化与分离，管理者不再直接办学，主要采取宏观调控的手段来行使国家的教育行政权，其教育行政法律关系弱化。作为在家庭场域中所进行的教育行为，父母因再次拥有对子女的在家教育权利，使教育拥有了更多的私益性，从而使在家教育法律关系更多体现了父母、子女以及家庭教师之间的平等民事法律关系性质。

因此，在确定在家教育的法律地位与性质时，应考虑在家教育法中的主导因素。国家教育权占主导地位的学校教育中，更多体现了教育行政法律性质；而在家教育把教育权利更多地还给了父母，父母教育权占据主导地位而更多体现了教育民事法律性质。在家教育作为教育法律关系的一种延伸，并没有超越教育法律关系的固有属性，而是公权力与私权利在教育法律问题上的不断博弈与制衡。

### （三）在家教育法律的独特性

在家教育作为教育法律调整的新内容，具有自身的独特性。教育法律关系中所包含的教育行政、民事与刑事法律关系有别于一般意义上的行政、民事与刑事法律关系，具有区别于其他社会关系的特殊性和相对独立性。教育法需要回应的更多是教育自身的需要，而不仅仅是政府行政的需要，在家教育法律关系亦如此。

第一，在家教育法律彰显了教育特性。教育法律关系中的权利义务皆具有教育特性。教育法独特的核心保护利益就是公民的受教育权益，即受教育者的身心能否在教育中获得自由全面发展，并通过这种发展而对其未来生存质量产生影响。[①] 教育关系的法律化旨在最终实现教育目的，其权

---

[①] 李晓燕、巫志刚：《教育法规地位再探》，《教育研究》2014年第5期。

利义务的设定必须遵循自由、平等、尊重、民主等教育性的理念。[①] 同时，教育法律关系设定还要反映教育规律，必须充分尊重教育关系的规律与原则行事，教育规律是教育法律关系设定的基础，教育内部法律关系的确定必须遵循教育的内部规律，违背教育内部规律的立法必然会阻碍教育质量的提高和人的全面发展。从法律的历史发展来看，古代的法律是重视法的精神性、道德性和教育性的，强调法律在促进人的发展方面的作用。但随着社会的发展，法的利益性越来越强，随着公法与私法的分离，人的价值、道德、精神发展等，在法律中显得就不那么重要了。法律逐渐成为了规范利益和保护权利的一种制度，成为维护市场经济和社会利益的工具。"教育法作为调整教育关系的法律规范，不仅仅要规范一般的教育法律行为，还要提倡人的发展，强调人的精神性与道德性，拯救现有的利益化、工具化的法律发展趋势。法律的发展随着其目的、价值而转变，这样的任务，应该由教育法律来担当。"[②] 我国法律、教育法律体系的构建都应当坚持以人为本，以人的发展作为重要依据和维度，彰显个人的全面发展和自由个性的发展，使法律回归教育性。

而在家教育的出现，提供了这样一个例证和契机。在家教育所涉及的教育行政活动中，所形成的教育行政法律关系的强迫程度明显弱于其他类型的行政法律关系，在做出决定时都需要充分考虑行政相对人的意愿。作为参与在家教育的父母、学生以及学校教师，所从事的是精神领域中的创造性活动，要求尊重知识、尊重自由、尊重创造和实践，体现教育与教学中的民主与自由等特性。在制定在家教育法律规范、设定在家教育法律关系时，必须充分考虑教育、在家教育自身的特点和规律，重新确立人的发展价值和目标，发扬和彰显教育特性。要求在家教育法律规范要进一步凸显自身特色，进一步从人的发展出发构建法律制度、规范、程序和责任，形成促进人的发展，对于人的发展予以支持、保障和规范为中心和目的的法律。一方面，在家教育将儿童的全面、自由、个性化发展作为最终教育目的，在家教育法律关系调整中要以人的全面、自由、个性化发展作为价值皈依。另一方面，作为参与在家教育的父母、学生以及家庭教师，所从

---

① 周光礼、刘献君：《政府、市场与学校：中国教育法律关系的变革》，《华中师范大学学报（人文社会科学版）》2006年第9期。

② 孙霄兵：《中国教育法律治理研究》，中国民主法制出版社2013年版，第36页。

事的是精神领域中的创造性活动，要求尊重知识、自由、创造和实践，在家教育法律要体现教育与教学中的民主与自由等特性。由此，在家教育法律从教育的角度、人的发展的角度框定法律的作用，是对人的发展的规范、保护和促进。

第二，在家教育法律使教育法更具有相对独立性。在前文所述目前我国有关教育法地位问题的四种不同观点中，"教育法归属行政法说"与"教育法地位独立说"是分歧最大、争论最为激烈的两种观点。《大不列颠百科全书》就说："大量有关公共卫生、教育、住房和其他公共事业的实体法，从逻辑上看，可以被认为是行政法整体的一部分；但从实践的观点来看，由于它的内容庞杂，很难纳于单一的体系。"① 我国部分学者认为，从发展的眼光看，随着法律向教育领域各个层次的渗透，教育法调整对象的广泛性、复杂性正日益显现，因而在实践中必将越来越难以完全归入行政法部门体系之中。随着教育立法的发展，教育法从行政法中独立出来的可能性也是存在的。② 教育法规是以公民的受教育权益保护作为核心内容，有着多样性、独特化的表现形式，能够在教育与国家的动态平衡中实现与行政法规的相对独立，并与其他部门法一起和谐一致地构成我国的法律体系。③ 在家教育法律关系的出现，则强调了教育具有行政法的调节手段所不能制约的独特性，与教育行政具有法的分离性，对教育法在法律体系中独立地位的确立，提供了有利的佐证与支撑，对教育法律体系的发展和完善，都有十分重要的意义。

## 三　在家教育的法律关系构成

法律关系是法理学研究法律现象最基本的范畴之一。"法律关系就是由法律规范所调整的社会关系。"④ 在一定意义上，任何法律现象的存在都是为了处理某种法律关系；每一法律规则或规范的目的都是为法律关系的

---

① 转引自上海法学所编《国外法学知识译丛：宪法》，知识出版社1981年版，第348—349页。
② 劳凯声：《论教育法在我国法律体系中的地位》，《北京师范大学学报》1993年第4期。
③ 李晓燕、巫志刚：《教育法规地位再探》，《教育研究》2014年第5期。
④ 孙国华：《法学基础理论》，法律出版社1982年版，第295页。

存在创造形式条件。在中国学界，关于法律关系的权威界定为："法律关系是由法律规范所确认和调整的人与人之间的权利和义务关系。其构成要素是：(1) 参与法律关系的主体——简称权利主体；(2) 构成法律关系内容的权利和义务；(3) 法律关系主体间权利和义务所指向的对象——简称为权利客体。"① 可见，法律关系是法在调整人们行为过程中形成的一种特殊的社会关系，即人们依据法律结成的特定的权利和义务关系，法律关系的概念包含了法律关系主体、法律关系内容和法律关系客体三大要素。

教育法律关系是"教育法律规范在调整人们有关教育活动的行为过程中形成的权利和义务关系"。② 教育社会关系经过教育法律规范的调整便成为教育法律关系，但是教育社会关系不一定都需要由法律来设定与调整，只有那些对"教育目的的实现"有重大影响的教育关系才被设定为法律关系。③ 在家教育关系是一种教育关系，以法律的形式确认和调整在家教育关系就成为在家教育法律关系，是主体之间基于一定的法律事实而形成的法律上的权利和义务关系。在家教育关系法治化，就是通过法律厘清各教育主体权利义务责任边界，设立行为预期，保障在家教育权利，规范在家教育行为，实现教育公平、自由与秩序等目标的统一。要理解和完善在家教育法律规定，首先要认识和研究在家教育现象存在的法律关系。主要从在家教育法律关系的主体、内容和客体三要素进行分析。

### （一）在家教育法律关系的主体

法律关系主体是法律关系的第一要素。要解决任何法律问题，首先要弄清楚其所涉及的法律关系主体。法律关系的主体是指依照法律的规定参与法律关系、享受权利和承担义务的单一人格。所谓单一人格，即具有独立身份和地位的自然人人格（公民）或者设立的人格（社会组织）。必须是法律上权利和义务的承担者，或是权利人，或是义务人。教育法律关系主体是形成教育法律关系的主要因素，是教育法律关系中的权利的享有者和义务的承担者。教育法律关系的综合性决定了教育法律关系主体的复杂

---

① 《中国大百科全书》（法学卷），中国大百科全书出版社 1984 年版，第 99 页。
② 李晓燕：《教育法学》，高等教育出版社 2006 年版，第 81 页。
③ 周光礼、刘献君：《政府、市场与学校：中国教育法律关系的变革》，《华中师范大学学报（人文社会科学版）》2006 年第 9 期。

多样性。教育法律关系主体包括组织和个人两类。个人是指公民或自然人，组织作为教育法律关系主体通常须具备法人资格。在社会转型期，国家、家庭、社会与受教育者作为基本的教育主体，形成了转型期的教育法律关系基本构架，包括与国家间、社会间、家庭间所产生的教育法律关系。从现有教育法律规范来看，具体而言，可能涉及教育、成为教育法律关系主体的有国家、教育行政机关、学校、学校管理人员、教师、学生、学生父母和其他法定监护人、各种依法举办学校的社会力量以及社会上各种依照教育法规的有关规定负有某方面教育责任的单位和个体等等。[1]

在社会转型期，国家、家庭、社会与受教育者作为基本的教育主体，形成了转型期的教育法律关系基本构架。在家教育法律关系主体是指在家教育法律关系中的权利的享有者和义务的承担者。在家教育法律关系中，享有权利和承担义务的主要是教育行政机关、学校、在家教育中的教育者（父母及延请的家庭教师）与在家教育中的受教育者，他们作为主要的教育主体而产生相应的教育法律关系。

### （二）在家教育法律关系的客体

法律关系客体是构成法律关系的要素之一，指法律关系主体之间权利和义务所指向的对象。法律关系客体是一个历史的概念，随着社会历史的不断发展，由于权利和义务类型的不断丰富，其范围、形式和类型也在不断地变化。归纳现有的法律关系的客体，一般包括物、行为、精神产品和其他智力成果等。教育法律关系客体是指教育法律关系主体的权利与义务指向的目标或对象，亦即法律关系客观化的表现形式，是使主体之间形成教育法律关系的联结点。教育法律关系的客体主要包括教育行为、教育管理行为、教育资源、教育研究成果等体现教育方面权利和义务关系的物、行为和精神财富。[2]

在家教育法律关系作为一种融合行政、民事法律关系于一体的综合性法律关系，其客体包括以下三种：第一，各种有关在家教育行为，即指一定主体的在家教育活动，是在家教育法律关系主体实现权利义务的作为与不作为。与其他的法律关系不同，教育关系的客体包含教育行为，教育法

---

[1] 李晓燕：《教育法规地位新探》，《教育研究》1996年第6期。
[2] 李晓燕：《教育法规地位新探》，《教育研究》1996年第6期。

律关系往往是因教育行为而产生的，教育行为是教育法律关系最广泛、最主要的客体。在家教育行为按其性质可分为：一是教育教学行为。这是维系在家教育关系的最基本和最主要行为。二是行政行为。这是教育行政机关为实现国家对教育事业的行政管理权而依法实施的，直接或间接产生行政法律后果的行为。包括行政立法行为和行政执法行为。三是管理行为。这是学校为在家教育工作的顺利开展对受教育者进行的组织管理行为。第二，在家教育中一切用于举办教育事业的物质，分为不动产和动产两大类。不动产方面，包括场地、房屋和其他建筑设施以及场馆等；动产方面包括资金、物资、教学仪器设备等。第三，在家教育中的精神产品和其他智力成果。包括在家教育者具有独创性的教案、教法、教具、学术著作等智力成果以及受教育者的发明创造等。要分别理清在家教育这三类法律关系客体与主体之间的法律关系问题。

### (三) 在家教育法律关系的内容

法律关系是一种权利义务关系。"权利—义务"是最基本的法学范畴，如果从广义的角度看，权利是包括权力的，权力只是权利的一种特殊形式，而且，权利与权力的矛盾最终都可以转化为权利和义务之间的矛盾。①权利与义务具有一致性和统一性。一方面权利义务在关系上是无法分开的，在法律上，权利对应义务，二者相辅相成，权利是目的，义务是手段，权利是义务存在的依据和意义，义务应是为适应权利的需要而被设定，法律设定义务的目的就在于保障权利的实现。另一方面又是分开来分别由相对人双方享有和承担的，在实际生活中是"对等出现和相伴而行"的，即，一个人享有某项权利，则必然有另外的人承担相应的义务；反之，若一个人承担某项义务，则必然有其他的人享有相应的权利。"权利和义务就像孪生姊妹一样，总是同时出现、相伴而行的。"② 教育法律关系的内容则是教育法律关系的主体所享有的教育权利和应承担的教育义务。教育法律关系的最终实现是通过其主体享有教育权利和履行教育义务而获得的。教育法律关系中的权利和义务从其主体的数量来看并不是完全对等的。有时一个主体享有权利，而多个主体负有义务。有时可能一个主体对

---

① 孙国华：《权力 (power) 和权利 (right) 是一对矛盾吗?》，《理论法学》2000年第2期。
② 魏宏：《法律规范的社会学内涵》，《法律科学》1996年第4期。

几个主体负有义务。有时可能一个主体既是权利享有者,又是义务承担者。

在确立国民义务教育制度之初,当时的教育制度是为了造就良好的国民,因国家的目的而建构起来的,教育被认为是国家的权力即国家享有教育权,义务教育是以国家的教育权为中心,公民必须强制接受的教育,接受教育也就成为公民对国家应尽的法定义务。随着社会的发展和教育民主化运动的发展,逐步提出了受教育权问题。受教育逐渐成为儿童的权利和义务,国家不但具有强迫儿童入学的权力,还和家长一起承担保障儿童入学接受教育的义务和责任。随着教育民主化进程的发展,在家教育现象的出现,作为教育法律关系内容的教育权利与义务从内涵到外延也都已经发生了深刻的变化。对在家教育法律关系各主体的权利义务及其特点的准确把握,是在家教育法制化的关键。本书将分别对在家教育法律关系中各主体的权利义务进行阐释与分析。

1. 在家教育中受教育者的权利义务

义务教育阶段的受教育权利主体即6—15岁的适龄儿童,其义务主体即相应的为保障儿童受教育权利实现的国家、社会与父母,其实现形式包括家庭、学校和社会教育。义务教育是儿童无可选择的强制性权利与义务,在家教育是儿童行使受教育权并履行受教育义务的一种积极方式,是受教育权利和义务在更高层次上的追求和实现。

首先,儿童享有在家接受教育的权利。义务教育的无可选择性,是指儿童未达到理性自主而必须接受特定的最低限度教育,不可逃避、放弃,也不可减损。[1] "人是唯一必须受教育的被造物。"[2] "人只有通过教育才能成为人,人完全是教育的结果。"[3] 义务教育阶段的受教育权是公民的基本权利,基本权利是宪法规定的人们为了生存和发展所应具有的必要的、起码的、最低限度的权利,是使人成为人的权利。不可选择的规范本质上是赋予受教育者的权利,是在充分肯定受教育者权利的基础上,为受教育权设置明确的、必要的、必须行使的保障机制,以保障受教育者权利的真正

---

[1] 王柱国:《学习自由与参与平等:受教育权的理论和实践》,中国民主法制出版社2009年版,第77页。
[2] [德]康德:《论教育学》,赵鹏等译,上海人民出版社2005年版,第3页。
[3] [德]康德:《论教育学》,赵鹏等译,上海人民出版社2005年版,第3页。

实现。最低限度受教育权的无可选择性显示出儿童必须接受这一阶段的最低限度教育而保障其理性成熟,但无限制的强迫学校教育可能侵犯儿童的受教育权和父母的教育权,义务教育法律制度只是保障儿童受教育权的手段之一。最低限度受教育权的无可选择性规定公民必须接受义务教育,义务教育的这种独特性决定了儿童没有是否接受教育的自由权,并不否定受教育权的自由性。儿童应有权自由选择教育场所、教育形式及教育内容和教学方法等,有权接受他认为是"好的"教育,对"好的"教育的选择权由其父母代为行使,包括在家教育。强迫教育并不等于强迫入学接受教育,义务教育不仅体现在时间和场所上,更体现在质量和水平上,在家教育也是可为途径和形式,是为了更好地保障和实现儿童的受教育权。因此,儿童应该享有在家接受教育的权利。

当在家教育的儿童在一所公立学校取得学籍时,就与在校学生一样,获得了教育法律规定的受教育者的同等地位。具体而言,在家教育的学生享有如下权利:在家接受教育权;在公立学校取得学籍权;在学业成绩和品行上获得公正评价,完成规定的学业后获得相应的学业证书、学历证书权;参加公立学校相关活动,使用教学设备、设施、图书资料权;参加学校考试权及升学权;回到公立学校学习权;对父母、家庭教师、学校等在教育过程中侵犯其合法权益的行为,依法提起诉讼或者提出申诉权;对于取得学籍,具有参加中高考资格的在家教育学生,享有与在校学生同等的升学和被录取权利;法律、法规规定的其他权利。

其次,在家教育儿童是受教育义务承担者。儿童受教育是其应当履行的最低限度的基本教育的义务。"国家无权制定法律束缚个人在物质、智力、道德诸方面进行发展的自由,但是很显然的是,国家强制所有人接受最低限度的教育并没有违背这一原则,因为受教育恰恰是个人活动发展的前提条件。"[①] 我们说受教育权是一种复合权利,既是权利又是义务,针对不同主体而言,受教育义务首先是国家的义务,即国家应该保证每一个公民受教育权利的恰当实现;其次是儿童家长的义务,家长应协助国家完成送儿童上学的义务;最后才是儿童自己的义务,即儿童应当就学。对于不履行受教育义务的儿童,并不能施以强制,因为处于义务教育阶段的儿童,由于其不具备行为能力和责任能力,无法承担由于违背了法律——主

---

[①] [法] 莱昂·狄骥:《宪法学教程》,王文利等译,春风文艺出版社1999年版,第197页。

要是《义务教育法》——而应当承担的责任,对于自愿不接受教育的儿童只能进行劝导、说服,等待他们转变,而不能强制。因此,只能对儿童的父母进行强制,要求其履行送儿童上学的义务,处罚父母的理由在于父母构成了对儿童的教育忽视。若将接受义务教育的义务主体分为形式主体和实质主体的话,其形式主体是适龄儿童,实质主体则是儿童的父母。因此,在家教育儿童的义务无异于《教育法》第43条的规定,主要的受教育义务是:遵守法律、法规;遵守学生行为规范,养成良好的思想品德和行为习惯;努力学习,完成规定的学习任务;遵守学籍所在学校对在家教育儿童的相关管理制度。

2. 在家教育中教育者的权利义务

在家教育中的教育者主要是父母,以及部分父母延请的家庭教师。父母的教育权利再次得到确认,同时也应强调父母的教育义务。

首先,父母享有在家教育子女的权利。与义务教育阶段的强制性学校教育相较而言,家长的教育权具有历史的和伦理的正当性,在家教育主要是空间维度的变化,并没有违背儿童受教育的本质。"父母对其子女所应受教育的种类,有优先选择的权利",这是《世界人权宣言》赋予父母的权利。基于社会契约理论,国家教育权是从父母那里继受而来的,父母在子女教育上享有直接的权威,因此,国家教育权行使的前提是要尊重父母的教育选择权,相对于就学义务而言,父母具有在学校和非学校机构间进行选择的自由权利。父母为满足子女个别化教育需求,在切实履行让适龄儿童接受义务教育的前提下,享有在家教育子女的权利。父母及其延请的家庭教师具体拥有以下权利:教育教学权,指导学生学习和评定学生权,请求获得指导培训权。同时,父母延请的家庭教师根据雇佣合同关系,还具有劳动报酬权。

其次,父母必须履行达到义务教育质量水平与培养目标的教育义务。我国《宪法》第49条、《义务教育法》第5条、《婚姻法》第23条都确认了父母的教育义务。所谓义务,对儿童而言是指必须接受强制性的最低限度的教育,但是义务教育阶段的儿童心智发展尚不成熟,由于其行为能力和理性能力的有限性,而由其父母代为行使和保障,其受教育的义务转化为父母的教育义务。因此,"与儿童的受教育权相对应负有使儿童受教育的责任者，在第一次元上乃是父母或亲权人"。① 就是说，儿童在享有学习权时，需要外力的协助和监护，主要是父母的指导、督促和管教，以帮助儿童更好地行使学习权。在家教育也不例外，父母是学习者活动的协助者，主要任务是在学习者尚未具有完全成熟理性之前的受教育过程中，给予充分的协助与支持，以保障学习者的教育权利的充分实现，应当在严格监管的条件下进行，父母教育权利要基于孩子的利益，提供给孩子不低于学校教育同等水平的教育，并达到义务教育的培养目标。父母在教育关系中处于一种主导地位，总是通过自己主动的行为来促使在家教育活动的完成，教学工作的组织、进展都主要由父母控制，因此，在家教育法律中在规定教育者权利的同时，也应规定相应的教育义务，具体包括：遵纪守法义务，履行教育教学工作义务，尊重儿童人格义务，保护儿童权益义务，思想品德教育义务，提高自身思想业务水平义务等。

3. 在家教育中教育行政机关的权利义务

教育行政机关的权利具有行使国家权力的性质，同时，其权利和义务是对等的。作为一种职权，教育行政机关在享有权利的同时，也必然承担相应的义务。既是权利，也是义务，是一种不可推卸的责任，不能随便放弃，必须认真履行。政府提供教育公共服务的方式是多种多样的，当今政府的职能要从直接的管理型政府向间接的服务型政府转变，明晰权力界限，国家教育权必须做到有所为、有所不为，实现有限和有为的平衡。倡导国家的有限权力，就是要尊重儿童的受教育自由权和父母的教育选择权。探讨国家教育权的有为，是要强化教育行政机关的监管和服务职能。

国家实施义务教育的权力不应否定父母对义务教育方式的选择，而父母实施在家上学的权利也不能排斥国家对在家上学的监管。② 我国各级教育行政机关具有主管各级行政区域内的教育事务的职权，作为担负国家教育管理职能的教育行政机关，主要是对在家教育进行管理与监督，对父母是否履行教育义务负有监管的权力和责任。一方面，为保障在家教育的义务教育水平与质量，国家对在家教育的准入与退出都享有管理权；为防止

---

① [日] 芦部信喜：《宪法》（第 3 版），林来梵等译，北京大学出版社 2006 年版，第 238 页。

② 申素平、段斌斌：《在家上学的法律关系分析——以霍菲尔德的法律关系理论为分析视角》，《教育发展研究》2017 年第 12 期。

父母滥用亲权，切实保障儿童权益，国家还具有监督的权力，当父母行为不符合抚育及教育的目的，或损害子女学习权时，国家要积极介入。另一方面，国家教育权作为一种支配性的公权力，旨在实现教育的普及化而存在，它更多表现为一种国家义务，在家教育中父母强化了自己的义务主体责任，而政府应积极承担自己的从义务责任，对在家教育行使检查、指导和考核等行政规制，保证教育质量，并保证对儿童的教育适应儿童成长和符合公共利益，积极履行帮助、保护和监管等教育义务。虽然在如何教育子女的问题上父母有免受国家干预的自由，但国家也有确保家长依其子女的最大教育福祉选择最合适教育的义务。国家无论是履行尊重的教育义务还是帮助、保护的教育义务，都是为了保障公民受教育权顺利实现、保障公民在教育学习上的自主选择。

具体而言，教育行政机关应享有以下权利：对提出在家教育申请者的审批权；对父母教育资质的审查权；对在家教育学生的监督评价权；对在家教育学生的学籍管理权；对在家教育的招生工作的组织与管理权；对不合格在家教育行为的撤销取缔权。同时，这些权利也是教育行政机关不可放弃的对等义务，以做好在家教育与学校教育相衔接的相关服务工作。

4. 在家教育中学校的权利义务

为保障我国义务教育的正常实施，早在1986年，《义务教育法》第9条规定："地方各级人民政府适当设置小学、初级中等学校，使儿童、少年就近入学。"《义务教育法实施细则》第26条规定："实施义务教育学校的设置，由设区的市级或者县级人民政府统筹规划，合理布局。小学的设置应当有利于适龄儿童、少年就近入学。"2006年新修订的《义务教育法》第12条规定："适龄儿童、少年免试入学。地方各级人民政府应当保障适龄儿童、少年在户籍所在地学校就近入学。"这些是对义务教育阶段就近入学政策在法律上的明确规定。这些规定，明确了地方各级政府保障儿童在户籍所在地就近入学权利的义务和责任。因此，在家教育作为一种多元教育形态，在没有违背《义务教育法》规定的前提下，学生应可以享有在户籍所在地公立学校注册，取得学籍的权利，使在家教育的学生取得与在校学生同等的受教育权利，沟通在家教育与学校教育，发挥学校对在家教育学生的相关服务职能，才能有效保障在家教育学生的升学等一系列相关教育权利。

为有效保障在家教育学生的受教育权利，学校对取得学籍的在家教育学生主要享有以下权利：对在家教育学生进行学籍的管理权；对在家教育学生的评价权；对在家教育学生颁发相应学业证书权。同时，学校应积极履行以下义务：接受在家教育学生使用学校的图书馆、教学设备等公共教育资源；为在家教育学生保留和管理学籍；无条件接受在家教育学生回到学籍所在学校就读；对在家教育父母的指导；维护在家教育学生的一切合法权益。

## 四　在家教育的法律责任

法律责任是法学的基本范畴之一。法律责任的概念，基于不同的视角和目标而存在各种不同的解释。《布莱克法律词典》中对法律责任的解释为：首先，法律得以遵守的属性或状态，法律责任是相对于某人或社会，并以民事救济或刑事惩罚为方式的强制力保障；其次，一种财政或金融义务，如税收责任等。[1] 沈宗灵教授认为，法律责任"大体上指以下两个密切联系的含义：第一，相当于义务。……第二，指有违法行为或违约行为，或仅因法律规定，而承受某种不利后果。"[2] 法律责任从广义而言，包括两方面的含义，一是指根据法律的规定，人们所应当履行的义务；二是指行为人所实施的行为违反了有关法律规定而必须承担的法律后果。前者为第一性义务，后者为第二性义务。本书的法律责任是狭义上的，仅指第二种意义上的法律责任。主要是指行为人对自己的违法行为所承担的带有强制性、否定性的后果，是由于某些违法行为或法律事实的出现而使责任主体所处的某种特定的必为状态。法律责任的追究，意味着法律关系的参与主体要承担不利的后果。法律责任是国家对违反法定义务、超越法定权利或滥用权利的违法行为所做的否定性的法律评价，是国家运用强制力使责任人做出或不做一定行为，补偿和救济受到侵害或损害的合法利益和法定权利，旨在恢复被破坏的法律关系和法律秩序。法律规范中如果缺少法律责任的规定，它所规定的权利与义务就形同虚设，因此法律责任在法律规范中具有至关重要的地位。

---

[1] Garner B. A., *Black's Law Dictionary*, Oversea Publishing House, 2009, p.1197.
[2] 沈宗灵：《法理学》，高等教育出版社1994年版，第404页。

所谓教育法律责任,指由行为人的违反教育法律规范的行为所引起的,应当由其依法承担的惩罚性的法律后果。由于教育法律规范调整的教育关系可以构成不同性质的教育法律关系,教育法律法规的调整方法具有综合性,即对不同性质的教育法律责任应采取不同的追究法律责任的方式。根据行为人违反教育法律规范的程度不同,可能导致其承担行政责任、民事责任,或者是刑事责任,采取行政、民事、刑事调整或制裁的方式。任何法律行为都是具有目的性的,在家教育法律责任作为对在家教育法律规范的保障机制,其创设和实现的目的主要是为了保障在家教育法律关系主体的权利义务的实现。以上法律责任的基本理论,同样适用于探析在家教育的法律责任问题,笔者重点分析在家教育法律关系中法律责任与一般法律责任的不同之处,各法律责任主体的责任内容与责任形式,现有法律又该做出如何的变革。

### (一) 在家教育法律责任的构成要件

所谓法律责任的构成要件,就是指法律责任产生的条件或者原因。从广义角度可以理解为法律责任的产生条件,主要包括两个方面:一是制度要件,即法律要对在家教育法律责任进行明确规定,体现责任法定的原则;二是事实要件,即能引起在家教育法律责任的特定法律事实的出现。如果没有在家教育法律关系主体的违法行为等特定法律事实出现,也就无法引起法律责任的追究问题。

在家教育违法行为的构成要件主要是如下三个:一是主体要件。违法主体应是并且只能是人,这包括自然人、法人和非法人组织。至于行为主体是否达到责任年龄、具备责任能力,行为是否有主观过错等,都在所不问,这并不影响违法行为的构成。就是说,在家教育中的儿童、父母或教育行政机关等都有可能做出违法行为。二是客观要件。这是违法行为构成中的核心要件。具体包括三个要素:有在家教育法律关系中的违法行为发生;合法的权利义务关系或社会权益受到实质损害或威胁;该行为与该损害结果或所受到的威胁之间有直接或最近的因果关系。三是形式要件(法律要件)。在家教育中行为主体侵害合法权益的行为违反有关的法律规定。这也是"违法行为法定原则"的必然要求。因此,在家教育中的行为只要同时具备上述三个要件就属于违法行为,会因此产生相应的法律责任。我们要清楚在家教育法律关系中违法行为的构成要件,这是导致法律责任产生的原因,是违法行为等特定法律事实成立的条件。根据以上构成要件,我们需要对在家教育法律责任的内容与形式等进行进一步的分析。

**(二) 在家教育法律责任的种类**

根据违法主体的法律地位、违法行为的性质和危害程度的不同,在家教育法律责任主要可分为行政法律责任、民事法律责任和刑事法律责任三种。

1. 教育行政法律责任

行政法律责任是指行为人因实施行政违法行为而应承担的法律责任,是行政法律关系主体违反了行政法律、法规所应承担的法律后果。由于教育法具有行政法的性质,所以行政法律责任是违反教育法的一种最主要的法律责任形式。[1] 承担在家教育行政法律责任的主体,既有行政主体,也有行政相对人,行政主体和行政相对人的地位是不对等的;行政法律责任的追究机关既包括国家权力机关、司法机关,也包括行政机关。我国的在家教育法律法规与其他教育法律法规一样,承担违反在家教育法律规范的行政法律责任的方式主要是行政处罚和行政处分两类。行政处罚是国家行政机关依法对违反行政法律规范的组织或个人进行的行政制裁,教育行政处罚主要有申诫罚、行为罚和财产罚三大类。行政处分是由国家机关或企事业单位对其所属人员做出的惩戒措施,属于内部行政行为,处分对象是作为公民的个体,包括警告、记过、记大过、降级、降职、撤职、开除。[2]

在家教育行政法律责任的特征在于:第一,在家教育行政法律责任基于违反行政法律义务而产生,包括四个方面:一是教育行政机关的行政责任,教育行政机关应依照法定的授权,履行行政管理的职责,保障相对人合法权益。滥用职权和不履行义务将导致承担相应的法律责任。二是教育行政机关工作人员的行政责任,国家行政机关工作人员在对在家教育工作进行监督管理的过程中,滥用职权和违反职责的行为要承担个人责任。三是在家教育行政受托人的行政责任。主要是学校及其相关工作人员,必须

---

[1] 刘冬梅:《教育法律责任论析》,《河南师范大学学报(哲学社会科学版)》2007年第5期。

[2] 刘冬梅:《教育法律责任论析》,《河南师范大学学报(哲学社会科学版)》2007年第5期。

在规定的授权范围内行使权利和承担义务,如果超出这个范围将承担一定的行政责任。四是相对人的行政责任。行政相对人应包括学校、在家教育的父母及学生。教育行政机关在依法对相对人进行管理时,相对人应服从行政机关的命令和决定。否则,行政管理机关可以追究其行政责任。第二,在家教育行政法律责任应由有关的国家机关依照在家教育法律规定的条件和程序予以追究,人民法院或有关的国家机关依法拥有此项权力。第三,追究在家教育行政法律责任,主要适用行政程序,如行政复议制度、申诉制度等。在必要时,也可采用诉讼程序,如行政诉讼等。

2. 教育民事法律责任

民事法律责任是指由于实施民事违法行为所导致的赔偿或补偿的法律责任。教育法的民事法律责任是教育法律关系主体违反教育法律、法规,破坏了平等主体之间正常的财产关系或人身关系,依照法律规定应承担的民事法律责任。[1] 侵权的民事责任和违反合同的民事责任是教育民事法律责任的典型表现。在我国追究的教育民事法律责任方面,有直接做出决定的,也有援用民法通则有关规定的。[2]

在家教育中的民事法律关系主要包括:一是在家教育的父母与子女间的教育法律关系;二是在家教育的家庭教师与学生的教育法律关系;三是在家教育的父母与家庭教师之间的雇佣合同关系。在家教育民事法律责任的特点表现为:第一,在家教育民事法律责任包括侵权的民事法律责任和违反合同的民事责任。主要是侵权的民事法律责任,是指行为人因侵害他人合法财产权利或人身权利而应承担的财产责任或其他责任。包括父母侵害儿童合法权益的民事法律责任;父母与延请的家庭教师之间的违反合同的民事责任。第二,在家教育民事法律责任可以由当事人协商解决,违法者一般应主动承担,拒不履行时,才由受害人请求人民法院裁决。第三,民事责任既有个人责任,也有连带责任或由相关人负替代责任,在家教育的父母作为未成年子女的监护人,对子女接受义务教育负有替代责任或转承责任。

3. 教育刑事法律责任

刑事责任是指由于实施刑事违法行为所导致的受刑法处罚的法律责

---

[1] 李连宁、孙葆森:《教育法制概论》,教育科学出版社1997年版,第64页。
[2] 刘冬梅:《教育法律责任论析》,《河南师范大学学报(哲学社会科学版)》2007年第5期。

任。《教育法》的刑事法律责任指行为人实施了违反《教育法》和《刑法》的行为，达到犯罪程度时，所应承担的法律后果。追究教育方面的刑事法律责任是国家对违反《教育法》的行为人惩罚最为严厉的法律责任，通常表现为对行为人给予刑事制裁。[①] 值得注意的是，具体到某一违反《教育法》的行为，追究法律责任的方式并不限于一种，可以同时追究两种甚至三种法律责任，在家教育亦如此。在家教育刑事责任的特点表现为：第一，承担刑事责任的依据是严重违法行为，即由犯罪行为引起，其社会危害性大。第二，认定和追究刑事责任的审判机关，即只有人民法院按照刑事诉讼程序才能决定行为人是否应承担刑事责任。在家教育中构成违法犯罪行为的也要追究相应的教育刑事法律责任。

综上，现有的教育法律规定不能有效全面地反映在家教育的法律责任。在家教育的相关立法必须有所行动，根据在家教育的特性制定相应的法律责任，以避免法律责任于在家教育法律中"落空"的尴尬状态。本着促进在家教育健康有序发展的原则，法律责任的设定在公法性质方面应该采取谨慎的态度，尤其是刑事责任的设定，而在私法方面可以有更多的发展和突破，主要是民事责任的设定方面。

### （三）在家教育法律责任的归责内容

教育法律责任的归责实质上是教育法律责任主体的归责。责任主体是法律责任构成的必备条件。法律责任主体是个具有独立意义的概念，是指因违反法律、约定或法律规定的事由而应当承担法律责任的人，包括自然人、法人和其他社会组织。法律责任主体不同于法律责任的承担主体，责任主体就是具体实施了违法行为，给社会造成一定危害的人（包括自然人、法人和其他社会组织），而法律责任承担主体是指具有责任能力的违法者。根据法律义务主体的不同，在家教育法律责任主体包括：教育行政机关及其工作人员；在家教育学生学籍所在学校及其工作人员；在家教育中的教育者以及受教育者等。这里仅就上述在家教育法律责任主体的归责形式和内容加以分析。

---

① 刘冬梅：《教育法律责任论析》，《河南师范大学学报（哲学社会科学版）》2007年第5期。

1. 在家教育中教育者的法律责任

在家教育者包括父母及延请的家庭教师。首先,父母作为监护人,由于其监护对象是处于义务教育阶段的适龄儿童和少年,因而负有使被监护人按时入学接受规定年限的义务教育的责任。[1] 在家教育中父母把"送学义务"直接作为自己的"教育义务",代替学校履行义务教育职责,实现儿童受教育权利目的。如果父母没有履行让孩子接受不低于义务教育水平的教育,则被视为没有履行让子女接受义务教育的责任,同样适用《义务教育法》第58条对父母相关法律责任的规定:"适龄儿童、少年的父母或者其他法定监护人无正当理由未依照本法规定送适龄儿童、少年入学接受义务教育的,由当地乡镇人民政府或者县级人民政府教育行政部门给予批评教育,责令限期改正。"并应勒令父母把孩子送入学籍所在学校就读,经教育仍拒不送其子女就学的,可视具体情况处以罚款,并采取其他措施使其子女就学。

其次,在家教育的父母作为教师,与所延请的家庭教师,出现作为教师的失职行为,包括:故意不完成义务教育的基本教育教学任务给儿童受教育质量和水平造成损失的;体罚在家教育的学生,经教育不改的;品行不良、侮辱在家教育学生,影响恶劣的。父母可以解除对失职家庭教师的雇佣;而对于在家教育的父母失职行为,则由教育行政机关撤销父母的在家教育资格,勒令父母把孩子送入学籍所在学校就读。

再次,对于在家教育中父母与家庭教师由于体罚、侮辱、虐待学生等情节严重,构成犯罪的,依法追究刑事责任。同时,在家教育的父母作为监护人,侵犯被监护人合法权益的,适用于我国《民法通则》第18条相关规定,要求父母承担法律责任,甚至撤销监护人资格。

2. 在家教育中受教育者的法律责任

由于学生是特殊的教育法律责任主体,学生承担法律责任也有其自身的特点。在学校取得学籍的在家教育学生,应作为公立教育系统中的一员被同等公平对待,既享有相应的权利义务,也应承担相应的法律责任。在家教育学生应该参加学籍所在学校要求的一些基本的学业成绩测验和活动,如果拒不参加学校的任何学习活动,要承担相应的责任,包括警告、

---

[1] 刘冬梅:《教育法律责任论析》,《河南师范大学学报(哲学社会科学版)》2007年第5期。

记过等纪律处分。

3. 教育行政机关及其工作人员的法律责任

在家教育中教育行政机关对在家教育的审批、在家教育父母资质的审查、在家教育质量的监督评价方面因失职而侵害在家教育学生受教育权利的，要追究其行政法律责任。在家教育中对教育行政部门违法行为的追究一般实行两罚制，即由上级责令限期改正，情节严重的给予直接负责的主管人员和其他直接责任人员行政处分。行政机关承担在家教育法律责任的形式主要包括：承认错误、赔礼道歉、恢复名誉、消除影响、撤销违法决定、纠正不正当行为、返还权益、赔偿等。教育行政机关的工作人员承担在家教育法律责任的形式主要有警告、记过、记大过、降级、降职、撤职、开除公职等。

4. 学校及其工作人员的法律责任

在家教育中学籍所在地学校因故不履行对在家教育学生的相关义务的，要承担相应的行政法律责任。同时，对于中高考招生中，在家教育学生报考的学校，侵犯在家教育学生升学与被录取权利的行为，也要承担相应的行政法律责任。一般也实行两罚制，即由上级责令限期改正，情节严重的给予直接负责人行政处分。学校承担的在家教育法律责任形式主要包括通报批评、整顿、没收违法所得、赔偿损失等。校长承担的法律责任具体形式主要包括行政处分、撤销行政职务、刑事制裁等。教师承担教育法律责任的形式主要包括取消教师资格、行政处分、解聘、赔偿损失、刑事制裁等。

# 五　在家教育的法律价值评价

在研究法律时，不仅仅局限于对规则制度的分析，还应运用自然哲学的思维方法，确立一定的价值观。法律价值是立法的思想先导，法律价值评价是基于实在法之上追寻法律规则或法律行为的价值理想，并使法律制度的设计能符合这种理想，成为评价法律规则或行为的标准，它为伟大而公正的法律制度的设计指明方向，具有超前的指向功能，为法律的改革指明方向，从而迫使实在法朝着良性法律的方向发展。著名法理学家佩雷尔曼认为："法律基本上是关于各种价值的讨论，所有其他都是技术问题。"

"法律必须具有高尚（nobleness）的价值和精神，才能被人们所信仰和尊重。"[1] 在家教育法律价值的实现离不开相关教育法律的进一步制定与完善。厘清在家上学的法律关系，既是父母主张权利的前提，也是国家政策制定的需要。[2] 对在家教育蕴涵的法律价值进行应然分析和评价，对未来在家教育法律制度的设计具有指向功能，能促进在家教育法律事实中新的法律关系的生成，为将来在家教育合法地位的取得提供相应的评价标准和价值合理性依据。

教育法是关于教育的法律，教育法的价值应该是教育与法律两者价值追求的交集，并且具有自己独特的价值追求。教育法的价值追求是主体对于教育法的有用性的追求，亦即对教育法的价值目标的理想追求，反映了一定主体对于教育法的希冀和期待。相对于社会的快速进步和教育的迅速发展，教育立法总是具有滞后性，而教育法的价值目标具有前瞻性、统领性和适用性。在不同的历史时期，法律思想家们一直致力于探讨一个良好法律的内在要素，把自由、平等、正义、秩序、福利等作为法律的最高价值。有的学者认为："正义是教育法制建设最基本的价值选择，而正义又具体体现为以人为本、教育平等、效益优化、多样性和可选择性五个具体的价值原则。"[3] 也有学者认为："教育法的价值目标或者说教育法追求的是教育效能、教育自由、教育公平、教育效率、教育秩序。更明确和准确一点说，教育法的价值目标就在于能够提高教育效能、增进教育自由、促进教育公平、提升教育效率、维护教育秩序。"[4] 有的学者把价值可以分为三类：法律促进的价值，法律本身的价值，法律的评价标准。[5] 本书中的在家教育价值主要研究在家教育法律现象本身蕴含的教育法律价值，以发挥其指向功能，通过在家教育的进一步法制化完善法律价值、平衡法律价值冲突，引领将来的教育法律进一步适应社会、教育以及人的发展

---

[1] 张骐：《论法的价值共识——对当代中国法治进程中一个悖论的解决尝试》，《法制与社会发展》2001年第5期。

[2] 申素平、段斌斌：《在家上学的法律关系分析——以霍菲尔德的法律关系理论为分析视角》，《教育发展研究》2017年第12期。

[3] 劳凯声：《变革社会中的教育权与受教育权：教育法学基本问题研究》，教育科学出版社2003年版，第112—115页。

[4] 褚宏启：《论教育法的精神——为了人的自由而全面的发展》，教育科学出版社2013年版，第18页。

[5] 沈宗灵：《法理学》，北京大学出版社1994年版，第46页。

需要。

### （一）在家教育蕴涵的终极法律价值：儿童的全面、自由、个性化发展

1. 实现人的全面自由发展是教育法律的终极价值

实现人的全面自由发展是教育的最终目的。"一切人自由而全面的发展"是马克思主义的最高哲学命题，也是社会主义的核心价值和根本指向。未来社会的根本目标和社会发展的最终目的就是为了实现每个人乃至全人类的自由而全面的发展。阿马蒂亚·森在《以自由看待发展》一书中也表达了这一思想："发展可以看作是扩展人们享有的真实自由的一个过程"，以人为中心，最高的价值标准就是自由，而"自由不仅是发展的首要目的，也是发展的主要手段"。[①] 未来共产主义是"以每个人的全面而自由的发展为基本原则的社会形式"。[②] 人的全面自由发展既是共产主义社会的本质特征，也是建设社会主义新社会的本质要求，是社会主义所追求的最高价值目标和价值理想。教育的目标也是为了这一最终目标的达成，在义务教育阶段，教育目的就是为了实现儿童的全面自由发展。

实现人的全面自由发展也是教育法律的终极价值。《中华人民共和国教育法》有关教育目的的阐释兼顾了对于人的发展和社会发展的双重价值追求。促进个人的全面发展与满足社会发展的现实需要作为教育所追求的价值目标。其一，教育法作为一种手段，其价值追求首先服务于教育目的，要在坚持以促进人的全面发展作为教育的最高或终极目标的前提下，坚持教育的二元价值目标构成。"以人为本"是现代社会的核心价值理念和目标，国家和社会发展的最终目的是为了人的发展，人的发展能进一步促进社会发展。教育的本真意义在于人的全面自由发展，最终目的在于促进人格的自由发展，以达成人的自我实现，而非为他人或群体之目的、需要及利益而存在。教育法律应该把学习者置于教育与教育法的中心，各种法律制度为学习者的全面自由发展而服务，使人的全面自由发展成为教育法的主旋律和最强音。其二，人的全面自由发展是教育法律中解决一切法律价值冲突的根本标准，成为教育法律的最终评价标准。人的全面自由发展是人类的共同利益和最终价值目标追求，教育法的最终价值可以归结到

---

[①] ［印］森：《以自由看待发展》，中国人民大学出版社2002年版，第1、7页。
[②] 马克思、恩格斯：《马克思恩格斯全集》第23卷，人民出版社1972年版，第649页。

"人的发展"这一价值诉求上来,教育的法律制度和行为必须最终指向这一宗旨和目标才具有意义和价值。因此,在教育法律制度所追求的自由、平等、正义、效率、秩序等价值体系中,人的全面自由发展成为最终的价值目标,是教育法的终极价值体现。

2. 实现儿童的全面、自由、个性化发展是在家教育终极法律价值

儿童全面、自由、个性化发展是时代发展对教育目的提出的新要求。不管学校抑或家庭,都拥有为了儿童的全面自由发展这一共同的教育目标。同时,在当今时代,要实现中华民族伟大复兴的中国梦这一战略目标,其基础和前提是激发全体成员的创新意识,培养其创新精神和创新能力。这就要求教育还必须尊重个体差异,促进个体的个性化发展,培养创新型人才。处于义务教育阶段的教育,虽然社会、家庭在施教过程中有必要进行一定程度的强制,但应以儿童为中心,以促进儿童全面、自由、个性化发展为目的和限度。通过促进现实的个人的发展来实现总体上的"人的全面、自由、个性化发展"。

儿童全面、自由、个性化发展也是在家教育的价值目标所在。把受教育者成为全面发展人的价值追求当作唯一目的,自主地发展个性,家庭教育这种古老的形式成了新的受教育权个性化教育的途径。[①] 在家教育借助家庭教育场所,根据儿童身心发展需求,因材施教,是以更好地实现儿童全面、自由、个性化发展为目标追求的。因此,儿童的全面、自由、个性化发展成为在家教育制度价值的真蕴和制度创新的生长点,是教育法律的终极价值的现实体现。

### (二) 在家教育蕴涵的核心法律价值:自由与公平

自由、公平作为普世的价值观,是社会主义核心价值观中社会层面的价值取向,是法治中国的灵魂。自由是一种与生俱来的自然权利,是固有的和现实的;而公平则意味着一种追求,一种希望,是有待实现的。因此,在家教育也经历着对自由与公平价值的追求过程。自由是在家教育的显性价值追求,而公平则是在家教育权利追求中暗含的价值意蕴,并力图在两者之间寻求平衡。

---

[①] 孙霄兵:《受教育权法理学——一种历史哲学的范式》,教育科学出版社 2003 年版,第 455 页。

1. 在家教育的自由法律价值

首先，自由是什么。自由对应有 liberty 和 freedom 两个英文名词，都包含着不受任何羁束地自然生活和获得解放等含义，汉语中的自由意即不受拘束地如意行动。自由这一概念源自西方文化。在拉丁语中，自由意味着从束缚中解放出来。近代以来，自由逐渐被分化为两个方面：其一是消极自由，就是不受他人的干预和限制；其二是积极自由，意指自己依赖自己，自己决定自己。自由作为现代社会的核心意涵，主要协调个人与他人尤其是个人与社会的关系，即关涉个人与"群"的权利（及权力）的边界问题。这是一种"免于……强制的自由"，是否定性的消极意义上的自由，强调政府与社会权力之于个人自由的限度。个人的学习活动的开展，创新活动探索都需要更多的个人自由意志和选择权，自由的价值在于它能免于更多的政府控制，为个人的自主选择提供更多机会，由"自生自发秩序"开展教育活动，实现教育目的。卢梭认为："人生来是自由的，但却无处不身戴枷锁。"① "什么是政府呢？政府是介于臣民和主权者之间使这两者互相沟通的中间体。它的任务是执行法律和维护自由，既维护社会的自由，也维护政治的自由。"② 自由的基本取向即要求公共权力，依法保护个人自由以及防止他人违法对自由的侵害。

其次，自由是法律的核心价值。其一，自由是法律的内在规定性。法律意义上的自由是指一定社会中人们受到法律保障或得到法律认可的按照自己的意志进行活动的人的权利。③ 包含的内容有：法律意义上的自由是对人所享有的自由的认可，不是创造或赋予人自由；法的自由受到法的认可或得到法的保障，由国家强制力保障，不可随意扩大或侵犯；法的自由是人按照自己的意志进行活动的权利，属于行为自由范畴；法的自由是一定社会中的法的自由，具有特定的时代性。自由需要法律保障，法律是自由的存在方式，确认和维护自由是法律的本职功能。"法的理念是自由"。④ "哪里的法律成为真正的法律，哪里的法律就真正实现了人的自由。"⑤ 洛

---

① ［法］卢梭：《社会契约论》，何兆武译，商务印书馆2011年，第4页。
② ［法］卢梭：《社会契约论》，何兆武译，商务印书馆2011年，第64页。
③ 卓泽渊：《法的价值论》，法律出版社2006年版，第267页。
④ ［德］黑格尔：《法哲学原理》，范扬等译，商务印书馆1961年版，第1—2页。
⑤ 马克思、恩格斯：《马克思恩格斯全集》第1卷，人民出版社1997年版，第72页。

克提出:"法律的目的不是废除或限制自由,而是保护和扩大自由"。① 简言之,法是自由意志的定在,是自由的实现。其二,自由是法律的核心价值,是法律形成的前提和追求的目标,推动法律的产生和发展。博登海默认为:"整个法律正义哲学都是以自由观念为核心而建立起来的。"② "在现代世界,法的价值准则和趋向虽然是多元化的,但是从最根本层面体现法的时代精神的,乃是自由。自由作为法的一种价值,不仅是现代法所具有的根本性价值,而且在未来法的发展过程中,也将是法的基本性精神内核。"③ 权利的时代,自由是法的基本目的之一,法是人民自由的圣经,只有确认和保护公民自由的法律才是"良法",追求自由成为法律的核心价值目标。

再次,教育自由是教育法的核心价值。自由是人的一种基本权利,每个人都有自由接受教育的权利,教育法的核心价值目标是实现教育自由。"教育即对自由的自觉追求"。④ 儿童是生而自由的,教育的根本目的在于实现这个自由。由于教育对象的复杂性、异质性与多样性,教育本应呈现出多元性特征,这必然导致教育自由之果。自由权层次的受教育权主要是指公民作为权利主体,在接受教育的过程中自由选择最为合适的教育的权利,包括对学校、教育形式与内容的选择等,进而在保证该自由有效实现的基础上,又产生出父母的教育选择自由、私人建立和管理教育机构的自由,以及教师的教育自由。⑤ 在家教育即充分表现了学生的学习自由权利和父母的教育自由权利。同时,培养个性化的人,也是教育自由所追求的理想,也只有通过教育自由才能达成的目标,自由能为个体的个性化发展提供可能性。这里的自由,也包括教学方式、内容和场所选择上的行动自由,包括在家的教育自由。只有自由的教育,才能充分挖掘人的潜能,实现人的个性化发展。教育法不仅仅具有维护教育秩序的责任,更有捍卫教育自由的价值,确定教育自由的边界,保护教育自由的顺利实现。

最后,在家教育是教育法自由价值的体现。在家教育体现了从强制入

---

① [英] 洛克:《政府论(下篇)》,叶启芳等译,商务印书馆1981年版,第36页。
② [美] 博登海默:《法学——法哲学及其方法》,邓正来译,华夏出版社1987年版,第272页。
③ 张正德、付子堂:《法理学》,重庆大学出版社2003年版,第238页。
④ 王啸:《教育与自由》,《教育研究与实验》2000年第2期。
⑤ 申素平:《教育法学——原理、规范与应用》,教育科学出版社2009年版,第34页。

学义务到自由选择权利的追求。从义务教育立法纵向发展考察，就世界范围来看，公民受教育权经历了两个不同的发展阶段。早期的受教育权（二战前）主要表现为一种他赋的性质，为了普及教育，必须推行一种刚性的强制性上学政策；后期的义务教育（二战后）主要表现为一种自赋的性质，公民的受教育意识和权利意识增强。中国公民受教育权利的发展也正在经历这种转变。主要表现在20世纪80年代，我国义务教育初期人们并不重视教育，宁可外出打工也不上学。为防止辍学，普及对儿童的基本教育，保护儿童的受教育权利，国家积极作为，采取强制力干涉，1986年颁布《义务教育法》给予保障规制，目前，我国义务教育的全面普及取得了丰硕成果。随着父母教育权利意识的增强、教育能力的提高，学校教育已不能满足孩子个性化的需求与发展，儿童的受教育权内涵经历了由"他赋"向"自赋"过渡，从"要我上学"向"我要上学"的逻辑演变。自由选择成了家庭和儿童的权利诉求，包括对在家教育的自由选择。自由的价值在于它能免于更多的政府控制，为个人的自主选择提供更多机会。个人的学习活动的开展，创新活动探索都需要更多的个人自由意志和选择权。在家教育的诉求不是不要教育，而是需要更适合孩子的教育，是对受教育权利的更高层次追求。

因此，要实现在家教育的权利自由，必须由法律提供保障。法律是保障自由的社会形式，是自由的存在方式，而这种保障和维护是通过对权利的确认和对权力的限制得以实现的。我们需要提供相关的法律保障对在家教育权利给予确认，并对国家教育权予以适当限制。教育法不仅具有维护教育秩序的责任，更有捍卫教育自由的价值，确定教育自由的边界，保障教育自由的顺利实现。在家教育的自由诉求是对父母教育选择自由和儿童学习自由的更高层次追求，充分体现了教育法的自由价值。

2. 在家教育的公平法律价值

公平是一种平等观，但公平不等于平等，公平是一种质的规定性，而平等是对量的特性的表达。"公平与平等的根本区别在于，公平是一种质的特性（qualitative property），而平等是一种量的特性（quantitative property）。"[1] 公平是以社会公正的标准对平等状况的推断，带有价值判断的公平是基于平等基础上的调整，是与公正、正义相联系的价值选择和价值判

---

[1] Swcada W. G., *Equality in Education*, New York: Falmer, 1989, p. 82.

断。"公平"作为一个含有价值判断的"规范性概念",比"平等""均等"更抽象,更具有道德意味、伦理性和历史性。① "公平"作为一种价值范畴反映了人们从某种特定的标准出发在主观上对"应得"与"实得"是否相符的一种评价及其体验。②

教育公平是人类社会具有永恒价值的基本理念和基本行为准则,是人与人的利益关系及关于人与人利益关系的原则、制度、做法和行为。③ 教育公平是在特定的历史社会时空下,教育利益相关者基于各自利益立场而对教育行为做出的一种道德要求和检验标准。我国把促进教育公平作为国家基本教育政策,主要分为教育起点、教育过程和教育结果三个阶段的公平。教育公平包括教育资源配置的平等原则、补偿原则和差异原则三种合理性原则。④ "教育公平"有着不同的形态,追求同质平等与实质平等。

首先,教育公平追求同质平等。平等原则追求同质平等,包括受教育权平等和教育机会平等,追求"无差别的平等",代表了最原始和最基础的平等,是一种形式上的同质公平,即强调每个人拥有平等的权利而忽视个体的差异性。二战之后,自由主义国家宪法的教育权观念,已从单纯要求国家不介入的自由权性质保障转变为要求国家积极作为保障受教育机会平等。我国《教育法》第9条规定:"中华人民共和国公民有受教育的权利和义务。公民不分民族、种族、性别、职业、财产状况、宗教信仰等,依法享有平等的受教育机会。"此条款明确规定了受教育权平等和教育机会平等的权利,是平等原则在教育领域的具体法律规定。我国通过义务教育强制入学的方式,保障全体公民平等的受教育机会。新《义务教育法》进一步强调通过实现教育资源的均衡化,让所有适龄学童享受同等水平的义务教育,以最大限度地实现教育公平。这种旨在提供起点公平的教育平等机会,应该说是我国目前和今后相当长时期内应该坚持和完成的责任和使命。但是,与此同时,也应该注意到这种强制性的教育机会平等并不能完全包含教育公平的内涵,存在着一定的弊端。此种保障儿童受教育权利的形式平等,造成入学通道、教育方式和教育内容的单一性和同质化,教

---

① 杨东平:《中国教育公平的理想与现实》,北京大学出版社2006年版,第3页。
② 石中英:《教育机会均等的内涵及其政策意义》,《教育公平与和谐社会建设学术研究论文集》,北京理工大学,2006年,第5页。
③ 田正平、李江源:《教育公平新论》,《清华大学教育研究》2002年第1期。
④ 褚宏启、杨海燕:《教育公平的原则及其政策含义》,《教育研究》2008年第1期。

育实践中无法照顾学生的个体差异，无法做到因材施教。整齐划一的同质性教育难以满足不同主体的多元教育需求和激发个人潜能充分发展，遮蔽了差异原则所蕴含的实质公平的应有价值。

其次，教育公平还追求实质公平。差异原则追求差异公平，以实现实质平等，"平等的正义意味着实质的平等，而不仅仅是公民的形式的平等。"① 即在个体权利平等的基础上，承认个体的差异性，为寻求共同体最大的善的目标而要求政府实施正义和公平的干预。② 在形式平等得到基本实现后，人们对教育却有着更加多元个性化的需求，对实质平等的实现成了更大的关注点。"义务教育领域的教育平等应从'同质的平等观'出发保证平等起点教育机会平等和受教育过程中的机会平等；但同时，义务教育领域也应注意受教育者的差异性，面对'均等不相容性'问题时，则必须坚持差别原则，即坚持差异的平等观。义务教育阶段的教育平等应包括入学权利机会平等，就学条件平等，充分教育，尊重差异，平等的优先性等要素。"③ 20世纪以来的科学发展，肯定了个体之间存在智力和能力的差异，这种差异并不表现为高低贵贱好坏的个体差异，而是多样化的表现，进而承认、尊重差异。"人之可贵，贵在有差异"，④ 20世纪中叶以后，人们逐渐认识到教育公平还应以承认个体差异为前提，给每个儿童提供有差别的教育，向每个儿童提供使其天赋得到充分发展的机会。⑤ 这是按照每个人的学习能力来提供教育机会。教育公平不仅主张人人都要受教育，实现基本的教育机会平等，更应正视个体的差异性，使人人都受到适切的教育。差异原则正是根据受教育者个体的具体情况区别对待，追求"差别的平等"，它肯定每一个人都有其自身独特的价值和实现这种自我价值的权利，是一种注重差异、符合实质正义的公平。它是根据每个人的不同属性分别采取不同的方式，对作为每个人的人格发展所必需的前提条件进行实质意义上的平等保障，简单讲就是具有正当性为宪法所允许的差别

---

① 廖申白：《西方正义概念：嬗变中的综合》，《哲学研究》2002年第11期。
② 付建军：《从同质公平到差异公平——美国基础教育财政政策中公平理念的转变、应用与启示》，《外国教育研究》2011年第9期。
③ 劳凯声：《变革社会中的教育权与受教育——教育法学基本问题研究》，教育科学出版社2003年版，第125—126页。
④ 殷海光：《殷海光文集》（第1卷），湖北人民出版社2001年版，第336页。
⑤ Coleman J. S., "The Concept of Equality of Educational Opportunity", *Harvard Educational Review*, Vol. 38, No. 1, 1968, pp. 7 – 22.

对待，换言之，符合实质正义的不平等。①

再次，在家教育以实质公平为价值追求，标志着教育公平从关注同质平等向追求差异平等的转化。父母通过行使自己的教育权利，选择适合孩子个性的教育方式、内容和场所，有利于充分挖掘孩子的潜力，使其沿着适合自己成长的道路发展。在家教育尊重差异原则，正视个体的差异性，针对儿童的需求和特点，改变教育组织形态，力求使儿童接受最为适合自身发展的差异性教育。就我国义务教育阶段的教育公平而言，目前和今后相当长时期内，仍然需要进一步推进教育机会的公平，同时也应注意受教育者的差异性。在家教育正好可以通过教育组织的改变使每个学生均能接受最为符合其自身条件的差异性教育，这正是差异性公平的一种最好注脚与现实表现，体现了对教育过程实质公平的追求。这种从形式平等到实质平等的关注，由单纯的机会平等转向对有质量的教育公平的追求，也将是未来教育公平的走向，最终实现公平的正义价值。②

### （三）在家教育蕴涵的基础法律价值：秩序

秩序是人类生存的必需，是人类发展的要求。所谓秩序是指自然进程和社会进程中都存在着的某种程度的一致性、连续性和确定性。③ 它是人们社会生活中相互作用的正常结构、过程或变化模式。

1. 秩序是法的基础价值

秩序之所以是法的基础价值，原因在于：第一，法首要追求的是秩序价值。法具有组织、调节社会的意义。法是人们因受外在强制或受外在强制的压力而不得不遵守的准则，法对于社会的意义，首要的就是建立起最起码必要的社会秩序，使人与人能够共存。任何法律制度都要服务于社会秩序，追求和维护一种和谐的社会有序状态是其价值目标之一。法一旦创立，首要的就是建立最起码必要的社会秩序，并在一定的秩序中发挥作用，追求自己的其他价值。维护秩序是法的最基本的价值诉求。法没有不为一定秩序服务的，任何法，都要追求并保持一定的社会有序状态。"所

---

① 吴庚：《宪法的解释与适用》，台北：三民书局2004年版，第182页。
② 郑国萍：《我国义务教育阶段在家教育权利论析》，《中国教育学刊》2014年第8期。
③ [美] 博登海默：《法理学——法律哲学与法律方法》，邓正来译，中国政法大学出版社2004年版，第228页。

有秩序,无论是我们在生命伊始的混沌状态中所发现的,或是我们所要致力于促成的,都可从法律引申出它们的名称。"① 第二,由秩序本身的性质所决定。秩序是人们社会生活中相互作用的正常结构、过程或变化模式。它是作为主体的人互动的状态和机构,没有秩序,法就不能存在,法一旦创立,首要追求的就是秩序,并在一定的秩序中发挥作用,追求自己的其他价值。"秩序是法的直接追求,其他价值是以秩序价值为基础的法的期望;没有秩序价值的存在,就没有法的其他价值。"② 第三,秩序是法其他价值的基础。秩序是法的基础价值,是其他法律价值赖以建立的基础。秩序并不是法的唯一价值,还有公平、自由、效率、安全等各种价值。法的秩序价值是法的其他价值的赖以存在的基础和先决条件,是法的其他价值有效实现的要求,没有秩序,其他一切价值的存在将失去根基,都将受到威胁,缺乏保障和难以实现。任何价值追求都必须依赖一定的秩序进行,在实现其他价值的时候也就同时实现秩序价值。

教育秩序是教育法的基础价值。自从教育活动产生以来,就存在教育秩序,教育秩序分为自发的和法律确认的两种。教育法通过对各类教育行为如教育教学行为、学习行为、学校管理行为、政府教育行政行为等进行行为规范,使教育行为具有了稳定性、连续性、一致性和确定性的特点,从而形成良好的教育法律秩序,进而有利于实现教育法的公平、自由、人的发展等其他法律价值。

2. 在家教育的秩序法律价值

在家教育的自由是否与教育秩序造成冲突?在家教育自由侧重于父母教育自由与儿童学习自由,强调主体的自主能动性的发挥,而免于受到国家的强制力干涉,在家教育自由有突破教育秩序束缚的态势。而教育秩序则有限制在家教育自由的规定性,这似乎与国家的义务教育实施、社会整体的有序状态形成了一定的冲突。因而,对在家教育现象,基于不同的价值立场,而出现了在家教育自由优先论和教育秩序优先论的两种价值取向。

事实上,在家教育自由和教育秩序的矛盾冲突论是一种误解,在家教育的秩序价值体现在本身蕴含的秩序价值和尚待实现的秩序价值两个方

---

① [德]拉德布鲁赫:《法学导论》,米健等译,中国大百科全书出版社1997年版,第1页。
② 吕世伦、文正邦:《法哲学论》,中国人民大学出版社1999年版,第534页。

面，其秩序价值并不必然与自由价值造成冲突。首先，在家教育的自由价值并不必然意味着"无序"，在家教育本身具有教育秩序价值，具体表现在赋予和保障了儿童的受教育权，实现了儿童的全面自由发展的终极价值目标，与教育法律秩序规范中的学校教育有殊途同归之效。由于秩序价值的中立性，它必须依附于其他价值而存在，在家教育秩序价值中包含了更多的自由、公平、正义、民主和人的全面发展的价值成分，在家教育本身蕴含的这种"自生自发"的教育秩序的价值合理性是值得肯定和确认的。

其次，在家教育自由与秩序的冲突，实指不合理的秩序因素与自由的抵触。由于在家教育并没有违背儿童全面自由发展的教育目的，而只是与义务教育法的入学形式规定上形成了冲突，因此，在家教育自由与教育法律秩序中的"入学"这一不合理因素形成了抵触。因此，为了在家教育各种法律价值的有效实现，还有赖于教育法律秩序的进一步规范，摒弃教育法律秩序中的不合理因素，同时对在家教育行为进行适当的法律规制，建构完备的在家教育法律体系，形成更加健康有序的教育秩序，有利于其他教育法律价值的更好实现。

### （四）在家教育蕴涵的基本法律价值：正义

正义有着广泛的道德和政治意涵，是道德的精髓和核心，在古代社会，正义就被认为是蕴含了所有优良道德品质的百德之总，是道德的最高境界。究竟什么是正义，古往今来的思想家们却没有给出一个确切的定义，只是从不同的角度致力于探讨一个良好法律应该具有的内在因素，赋予法律自由、平等、秩序、利益、安全、福利、人道等各种不同的价值，使法律具有优良的价值，从而实现正义价值，使正义"具有着一张普洛透斯似的脸，变幻无常，随时可呈不同形状，并具有极不相同的面貌。"[1] 罗马法学家乌尔比安认为："正义乃是使每个人获得他的权利的一个固定的和永恒的力量。法律的箴言是这样的，过诚实生活，不伤害任何人，给予每个人他自己应得的东西，法学是有关人的和神的事物的学问，是有关正义和非正义的学问。"[2]

---

[1] ［美］博登海默：《法理学——法哲学及其方法》，邓正来译，华夏出版社1987年版，第238页。

[2] ［美］萨拜因：《政治学说史》，盛葵阳译，商务印书馆1986年版，第211页。

1. 正义是法的基本价值

正义是法的首要和基本价值，正义是法的根本精神之所在，是法律追求的最根本和最高的价值目标。其一，在法的各种价值中，正义是法的最基本价值。自古罗马以来流传着"法乃善良公正之术"和"法学乃正义之科学"关于法与正义关系的命题。罗尔斯认为："正义是社会制度的首要价值，正像真理是思想体系的首要价值一样。"① 说明了法律是以正义作为首要价值追求的，是社会制度的出发点与依归。其二，正义是法的最基本价值，是法的价值体系的终极依托。正义是法律的内在根据和法上之法，充当着法的价值的统领角色，是对法的所有价值的最后归结。日本学者川岛武宜就将法的总体价值抽象为正义，认为："法律所保障的或值得法律保障的价值，我们将其称之为'法的价值'……各种法律价值的总体，又被抽象为所谓的'正义'。"② 正义是法律的内在根据和法上之法，是衡量法律之善的尺度。正义是法的唯一基本价值，充当着法的价值的统领角色，是法的价值体系的终极依托，其内涵具有极大的包容性，正义在对法的其他价值的追求中必然蕴含对正义的追求，自由、平等、秩序、效率等各种价值都最终要统摄于正义，在正义价值的主导之下实现内在统一。其三，正义是衡量所有法律价值的基本准则与尺度。正义、法律与法的其他价值之间的关系应当是：法律根据正义对法的其他价值进行限制。③ 在法的整个价值体系中，正义是法的各个环节必须遵从的准则，所有的价值理想都必须蕴含正义价值，接受正义价值的检验、评价和制约，凡是经不起正义法庭评价和检验的价值，都将失去存在的理由。

2. 在家教育的正义法律价值

在家教育的价值体系中，正义亦是其最基本价值，并成为其他价值的评价准则。在家教育的多维价值目标中，在秩序价值的保障下，在以自由、公平作为核心价值追求，实现人的全面自由发展的过程中，无不体现出对正义价值的追求。在正义精神的主导下，在家教育才能最大限度地体现公平与自由价值，更好地实现人的全面自由发展价值。如果没有正义价值作为其统摄的灵魂，在家教育的其他一切价值都是空中楼阁。因此，既

---

① ［美］罗尔斯：《正义论》，何怀宏等译，中国社会科学出版社1988年版，第1页。
② ［日］川岛武宜：《现代化与法》，中国政法大学出版社1994年版，第246页。
③ 张文显：《二十世纪西方法哲学思潮研究》，法律出版社1996年版，第545页。

## 第四章 规范在家教育行为的法律分析

然在家教育已经很好地实现了各种具体价值,那么正义价值也随之而得到了最好的诠释和体现,最后我们才可以说,在家教育是具有正义价值的。以上是对在家教育的法律价值从实体正义的角度进行论证。

同时,在家教育的正义价值还需要从程序正义予以进一步确认和实现。因为"只有符合正义或自然法的实际权力或利益,才会得到实在法的支持;只有受到法律支持的正义,才会成为一项权利。"[1] 判断一种教育制度安排是否公平合理,要看它是否符合"帕累托改进标准",即是否做到了在不影响其他个体接受教育的前提下,让更多人能够选择自己所需要的教育,这是道德上的不损人利己原则的具体应用。在家教育在追求教育自由、儿童自由全面发展的过程中,并没有影响和损害其他个体接受教育的权利,同时体现了对公平、正义、秩序的价值追求,是教育法律各种重要法律价值的现实表征与运用。在家教育所体现的教育公平、自由、儿童全面自由发展的价值,与包括秩序、正义等价值一起共同构成在家教育的法律价值体系。体现了在不同的社会历史发展阶段,有着不同的教育价值等级秩序,推动了教育法律价值向更高层次的发展。

综合本章所述,通过对在家教育的法律属性、权利义务的分配、责任的认定等本质分析,使在家教育具有合乎法律性的内在机理,具有可认同和可接受的依据。法的价值说明了法律所要达到的目标,这个理想或目标还需要通过实践来加以落实。在家教育法律价值实现离不开法的社会实践,"价值是通过人们的社会实践实现的。"[2] 因此,通过研究在家教育法律现象本身蕴含的教育法律价值,发挥其指向功能,指导国家的立法、执法与司法等法律活动,使在家教育的价值目标从应然状态转变为实然状态,也就是价值目标的法律实现过程。以此价值观照现实,能为将来的在家教育合法地位的取得提供相应的评价标准和价值合理性依据。

---

[1] 夏勇:《人权概念起源——权利的历史哲学》,中国政法大学出版社 2001 年版,第 39 页。
[2] 《中国大百科全书(哲学)》第 1 卷,中国大百科全书出版社 1985 年版,第 343 页。

# 第五章

# 比较视野中的在家教育法律规范

在家教育现象并非我国独有,而是广泛存在于世界各地,并不同程度引发了合法性争议,不同国家或地区采取了不同的措施对在家教育进行规制与监管,使在家教育经历了法制化的发展历程。他山之石,可以攻玉,对他国或地区对待在家教育法律现象的解决方案进行比较与借鉴,是解决我国在家教育法律问题不可或缺的重要途径。

从全世界而言,对在家教育主要采取了以下的规范与监管措施。第一,部分国家对在家教育实行严格监管,甚至是当作一种违反义务教育法的行为,比如德国、荷兰、瑞典、斯洛文尼亚等。第二,除了此种尚未予以合法化的国家,在家教育在众多的国家都具有合法的法律身份,包括美国、英国、法国、日本、澳大利亚、加拿大、印度尼西亚、俄罗斯、波兰、捷克、墨西哥、韩国等。只是采取了不同的监管措施,分为两类,有些国家完全允许在家教育,也没有任何监管措施,比如,芬兰、英国等国;多数国家在允许在家教育的同时也采取一些监管措施,比如,美国、法国、奥地利等国。不同的国家和地区在家教育产生的原因、存在的类型、合法化历程、法制框架等方面相似性和差异性共存。针对我国在家教育日渐增长的发展态势和在家教育群体的个性化诉求,以及在家教育合法性争议的出现,为保障在家教育的健康有序发展,充分实现儿童受教育权,培养社会的合格公民,许多国家和地区的在家教育法律规范化历程,对我国都具有很好的借鉴价值。

第五章　比较视野中的在家教育法律规范

# 一　在家教育比较的基础

比较法是根据一定的标准，对不同国家和地区的教育制度或实践进行比较研究，找出各国教育的特殊规律和普遍教育的方法。[①] 比较研究法在教育科学研究中有着广泛的运用，它主要是从不同教育现象之间或各种历史形态下同一教育现象的关系入手，揭示教育现象之间深层的异同点及其内部关系，探讨教育发展规律。[②] 比较有助于人们更好地认识事物的本质。比较不是简单地罗列别国或地区的教育法律制度资料，而是通过对某一社会现象的观察与分析，找出研究对象之间的相同点和不同点，对研究对象进行评价与借鉴。德国法学家格罗斯菲尔德（B. Grossfeld）认为："比较法打开了我们的眼界（就像逃离监所而获得自由），刺激我们的思想，向我们提供新的论据，激发想象，告诉我们新的发展，冲破'地方法学'的领域，使法律科学再次成为世界的。"[③]

从比较对象看，比较可分为规范比较和功能比较。比较法更多的是功能的比较，为有助于解决问题，不能仅从特定的规则或制度出发，而是从特定的社会问题出发并对发现解决问题手段的规则或制度进行比较，实质重于形式，也就是要进行实质性的功能比较。功能是一切比较研究法的基础和出发点。功能法是基于某一特定的具体问题而不是抽象的规则，使比较的规则或制度在功能上具有可比性，要求关注问题是什么，如何解决问题。各国在社会发展中会面临共同的教育法律问题，并且解决这些问题的具体方法也具有相似性乃至共同性，无论是英美法系还是大陆法系，世界诸多国家都在用法律手段调整在家教育问题，只要被比较的国家或地区具有在家教育问题，可以就它们对该问题的不同解决办法进行比较。功能比较适用于就不同的法系、不同的社会制度对在家教育问题所采取的不同法律手段进行比较。比较研究首先要确定比较的问题，本书主要进行在家教

---

[①] 吴文侃、杨汉清：《比较教育学》，人民教育出版社1989年版，第49页。
[②] 刘忠政：《论教育比较研究法》，《海南大学学报（人文社会科学版）》2008年第1期。
[③] Grossfeld B.：《（1990）The Strength and Weakness of Comparative Law》，转引自沈宗灵《比较法研究》，北京大学出版社1998年版，第33页。

育法律问题的功能比较。其次要制定比较的标准，本书主要从在家教育产生的背景、原因、合法化历程、法律类型、法律制度构建等方面进行比较。然后对各国或地区的在家教育情况进行比较分析和评价，以得出可供参考的结论与启示。

同一和差异是进行比较研究的基础，比较的过程追求"同中求异""异中求同"。基于在家教育法律问题共同的出发点，对具有不同文化或法系等的国家或地区在家教育运动的成因、规范化的历程以及制度的建构等进行比较，同样具有借鉴价值，有利于我国实际问题的解决。本书选取了以下国家或地区作为比较对象：一是美国的在家教育。美国在家教育是属于合法且已法制化的，具有合法的法律地位，对在家教育的规定较为明确，建立了系统化的在家教育体系，以此作为义务教育系统的有益补充，其法制化颇具参考价值。美国虽与我国文化迥异、法系也不同，但是美国作为在家教育运动的发源地，经历了不合法到合法的艰苦斗争历程，现有群体规模最大、发展速度最快，具有较为完备的支持系统，是我国从事在家教育研究工作不可或缺的借鉴。因此本书首先选择美国在家教育法制作为比较的对象。但同时，美国作为联邦制国家，其教育事务权限归于州，而各州规范各不相同；除州宪法、法律及行政命令之外，法院判决也是其主要法源，其数量颇为庞大，本书仅能依据美国学者对各州在家教育法律所作的分类，加以综合分析和探讨。二是中国台湾地区的在家教育。台湾地区的在家教育也经历了规范化的发展历程，并颁布了丰富的地方在家教育实施办法。我国台湾地区与我国大陆具有相似的教育与文化背景，对本国在家教育的考察研究具有更高的比较价值。

## 二 美国在家教育法律规范

早在美国殖民时期，主要由父母自行担任对子女的教育，除了一些经济能力较好的家庭，会聘请家庭教师或将孩子送进私立学校就读以外，多数家庭是自行在家教育子女进行阅读、写作和算术。因此，对于绝大多数家庭而言，在家教育是最普遍的教育方式。随着美国公共教育制度的逐步建立，各州普遍设立了公立学校，并陆续制定了义务教育法，规定父母必须将子女送入学校就读。各州强迫教育法的颁布实施，也使得在家教育在大多数州成为非法的教育形态。但自从19世纪60年代起,社会各界及媒体都陆续出现对这种专断的公共教育体系的质疑与反对,许多父母通过各种方式积极争取在家教育的权利,由此,在家教育在各州经历了不合法到合法的发展历程。截至1993年,全美五十个州的在家教育取得了合法地位,成为合法的教育方式,在家教育权利得以确认。

### (一) 美国在家教育规范化历程

在家教育于19世纪60年代起源于美国,最初是一种旨在传播宗教信仰的行为。20世纪中后期,作为一场社会运动得以广泛兴起与发展,莫尔和约翰·霍尔特是最初的倡导者,他们致力于推动在家教育作为公立教育之外的选择。霍尔特解释了学校改革失灵的原因,鼓励父母大胆地从制度性学校教育跳跃到在家和社区的有机学习,主张由真实世界构筑理想教室,依照儿童的兴趣和需求自主学习。[①] 20世纪80年代莫尔夫妇出版了《在家中长大的儿童和以家庭为中心的学校》,认为"真正的教育"在强迫、高压、竞争的学校环境中根本不可能存在,最文明和有用的方式就是让儿童完全脱离学校,在家中接受教育。[②] 学者Mayberry、Knowles、Ray、Marlow等人也认为在家自行教育是对公立学校诸多缺失所引发的反映,是一种"社会运动",而非一连串个别不相关的教育事件。约翰·霍尔特发起的反文化左翼思潮和莫尔夫妇发起的宗教右翼思想是在家教育产生的理论源泉,伊里奇的"非学校化"思想和古德曼的"自由学校教育"思想也是在家教育产生的理论基础。

#### 1. 在家教育运动的发展阶段

纵观20世纪美国在家教育运动的发展,其由早期被视为狂热分子所实行的教育活动,到慢慢为大众所接受,并成为合法的教育方式,在家教育运动的发展经历了五个互有重叠的阶段。

一是20世纪60年代末至70年代初的争论(contention)阶段。著名的在家教育倡导者约翰·霍尔特、雷蒙德·穆尔和伊万·伊里奇对公立学校体制提出了诸多质疑,点燃了对公立教育不满的火种,引起了社会各界

---

① Holt J. R., *Teach Your Own: A Hopeful Path for Education*, Delta, 1982.
② 申素平:《在家教育的法理分析——从我国在家教育第一案说起》,《中国教育学刊》2008年第7期。

的共鸣，掀起了学术界、教育界以及新闻界等对公立教育的抨击和鞭挞，各种另类教育陆续出现并快速得以发展，非学校化教育理论拉开了在家教育争论的序幕。

二是20世纪70年代中期至80年代初的对立（confrontation）阶段。出现了大量在家教育案例，涉及父母教育权与国家教育权的诉讼案件数量大增，教育权的争议成为重要议题，亦说明了父母教育权利诉求增强和争取在家教育合法地位的决心。在20世纪80年代，法院的相关判决则时而利于在家教育者，时而对在家教育者予以严格限制。法院对于父母教育权与强迫入学法的判决结果造成了教育权在父母与政府之间的重大转移。究竟谁有权决定儿童的教育方式与内容这一问题，依然悬而未决。

三是20世纪80年代中期的合作（cooperation）阶段。由于州法院的判决结果逐渐偏向在家教育的父母，同时教育委员会为应付大量诉讼则需要投入大量人力、财力、物力，负担过重。随着在家教育父母开始主动试图与学区教委会、学校及教师进行合作，经过一段时间的磨合，部分具有前瞻性的教育工作者也意识到，在家教育是不可逆转之趋势，不能简单地予以否定。于是越来越多的学校开始支持和理解在家教育，也有一些学区出台了合作政策和方案，为在家教育的进一步发展奠定了基础。

四是20世纪80年代末至90年代初的强化（consolidation）阶段。随着相关诉讼案件数量的增多，媒体态度从否定到肯定的转变，在家教育逐渐广为人知，组成各种联络组织和支援团体，互相交流资讯并共同争取资源，逐渐形成了在家教育的联络网，在家教育的相关课程、教材、期刊等也由最初的地方性转变为全国性陆续出版，使在家教育得以盛行和进一步发展，形成一股强大的力量，进而影响相关政策。

五是20世纪90年代以后的区分（compartmentalization）阶段。[1] 随着在家教育各种联络组织的发展，其成员的同质性也越来越高，不同的教育理念使得在家教育社群逐渐得以区分。例如：全国在家教育中心（NCHE）的主要成员为来自基督教家庭以及政治上的保守派，而全国在家教育协会（NHA）的主要成员则认为在家教育为单一的教育议题，与

---

[1] Mayberry M., Knowles J. G., Ray B., Marlow S., "Home Schooling: Parents as Educators", *CA: Corwin*, 1995, pp. 11-27.

宗教或其他政治因素无关。截至1997年，全美五十个州及哥伦比亚特区皆允许父母在义务教育阶段申请在家教育。在家教育在全美国各州都得到了法律认可，在家教育作为合法的教育体制，成为12年义务教育法的一部分。

2. 在家教育的规模、原因及成效

美国在家教育运动在短短的三十年发展期间，人数增长迅速。据估计，在1980年，全美国接受在家教育的学生人数约为2.5万人；[①] 到1990年，在家教育人数增至30万人[②]。根据1999年、2003年和2007年发布的《美国在家上学报告》数据显示：在1999年，在家教育人数约为85万人，占全体学生人数的1.7%；截至2003年，在家教育人数大约为110万，占全体学生人数比例上升到2.2%；到2007年，全国大约有150万人接受在家教育，人数比例也上升到2.9%。2010年有200万在家受教育的儿童，几乎是全国学龄儿童的4%。[③] 一个家庭中的在家上学的孩子数量差异也很大，有些家庭只有1个孩子，而有些家庭多达8—9个孩子。部分学者认为，全美各州在家教育的合法化，应是造成近年来在家教育人数激增的原因之一。[④]

美国在家教育的发展主要基于以下原因：一是对美国学校教育的不满。学校教育质量的下滑激发家长对学校的不满，以及美国学校校园不安全因素增多，包括吸毒、酗酒、性乱及其他各种暴力事件。二是在家教育的自身优势。在家教育具有情感化和人性化的育人环境，能提供丰富多样的资源和活动，可以满足个性化教学与特殊的教育需求。三是家长不同于学校的教育理念和价值观，包括宗教信仰。许多基督徒选择在家教育，就是为了保护儿童免受世俗和自由主义价值观影响，希望通过在家教育确保他们接受与其宗教信仰一致的教导。

关于美国在家教育的成效。研究表明，美国在家上学的孩子的学业成

---

① 这儿的在家教育学生主要指5—17岁年龄段的学生。
② 杨巧玲：《教育行政的松绑与再规范：以在家自行教育为例》，《教育政策论》2000年第2期。
③ Ray B. D., "2.04 Million Homeschool Students in the USA in 2010" [R], National Home Education Research Institute, January 3, 2011.
④ 杨巧玲：《教育行政的松绑与再规范：以在家自行教育为例》，《教育政策论》2000年第2期。

绩普遍高于公立学校学生的平均水平。美国全国家庭教育研究所（NHERI）所长布莱·恩（Brian Ray）博士的一项研究结果表明，在家教育的学生在全国范围的标准化学术成就测试中表现优于公立学校的学生，各个科目分数都高30到37个百分点，比如，在家教育学生的阅读能力比公立学校学生高37个百分点，数学能力则高32个百分点。[1] 另一对在家受教育孩子的学业成就与传统公立学校的学生的对比研究也发现，当把在家受教育的群体划分到有组织的课程计划的群体中和没有组织的群体中时，数据显示，有组织的在家受教育的孩子比公立学校的孩子获得更高的标准化成绩，无组织的在家受教育者在这3个群体中标准化成绩最低。[2] 研究者还发现，在家教育学生进入大学的比例高于国家平均大学入学率。奥罗尔罗伯茨大学就有来自35个州及不同教区的202名在家教育的学生正在这里接受教育，其中女生占59%，他们的学术性测验（SAT）的平均成绩高于全国平均成绩。[3] 总之，从美国许多在家教育研究机构和大量的相关研究结果都一致证明，在家接受教育的学生学业成绩和其他方面的表现都高于国家平均水平或公立学校学生的测试结果，并且很多在家上学的学生还显示了各种创造才能。

### （二）美国各州在家教育的法律规制类型

尽管美国各州在家教育是合法的，但由于美国教育实行分权制，各州对在家教育的相关法律规定差异较大，宽严不一，多数情况下，法院认为对在家教育进行一定限制是合乎宪法要求的。美国联邦宪法修正案第10条规定："本宪法未授予合众国也未禁止各州行使的权力，分别由各州或由人民保留。"由于美国联邦宪法并未提及教育事务的权限归属，因此规范教育事务的权力由各州保留，教育行政体系属于地方分权制，有些州特别制定"在家教育法"来规范在家教育的实施，而有些州则通过其他相关

---

[1] Ray B. D., *Strengths of Their Own*, Salem, O. R.: National Home Education Research Institute, 1997.

[2] Martin‐chang S., Gould O. N., Meuse R. E., "The Impact of Schooling on Academic Achievement‐Evidence from Homeschooled and Traditionally Schooled Students", *Canadian Journal of Behavioural Science*, Vol. 43, No. 3, Jul. 2011, pp. 195–202.

[3] Murphy J., Gilmer S. W., et al., *Path Ways to Privatization in Education*, Greenwich: Ablex Publishing Coporation, 1998, pp. 166–172.

教育法律来加以规范①。另有一些州并未规定在家教育法，而是通过义务教育法的规定，来规范该州的在家教育。根据各州的义务教育法所引起的宪法诉讼及各种相关规定，可以分为三种基本的在家教育法律规制类型。

（1）"无例外"法令（"No-Exception" Statutes），指强迫入学法中规定所有适龄学童均须进入公私立学校就读，没有任何明示或默示的例外存在，即并不允许在家教育，除非该在家教育符合私立学校的条件。在此等法域（jurisdiction）内所发生的诉讼案件大多围绕两个主要争议点（dominant issue），一是此种"无例外"强迫入学法是否具有合宪性？二是在此种"无例外"的法律类型下，可以提供等同于公立学校课程的在家教育是否可取得"私立学校"的资格？

（2）"相当性"法令（"Equivalency" Statutes），指强迫入学法中有"默示的例外"（"implied exception"），规定学童须进入学校就读，或接受"其他相当的教育"（"equivalent instruction elsewhere"），通过像"其他相当的教育"这种不确定的法律概念，来提供"免除公立学校入学义务"的解释空间，默许其他的另类选择，使在家教育合法化。但此类法令经常引起的争议包括：第一，其他相当的教育是否包括缺乏社会接触（social contact）的"在家教育"？法院的见解是，先不论在家教育是否会影响学童的社会化，只要其课程具有与公立学校相当的水准，即应加以许可。第二，举证责任如何分配？究竟应由父母证明在家教育的相当性，还是由州证明其不具有相当性。第三，究竟由"法院"还是"学校"来判定在家教育是否具有"相当性"？法院尚未有一套明确的举证责任分配方案。

（3）"明示的"法令（"Explicit" Statutes），指强迫入学法中明确地允许父母自行或聘请家庭教师来实施在家教育。目前已有35个州已制定在家教育法，此类型的法律明确允许父母选择在家教育，因此相关的诉讼案件，也明显地较其他两种类型法律要少。此类法律所引发的案件，主要涉及以下争议：第一，在家教育是否构成私立学校？此处再度提出是基于不同的理由，为了规避在家教育相关法律的限制。第二，部分父母会质疑法律针对"实施在家教育的教师资格"的规定是否违宪？基于此两点争议，

---

① 例如：阿拉巴马州于1940年通过"家庭教师法"（"The Private Tutor Law"），借以规范在家教育教学者的资格。依据该法的规定，在家教育所聘请的家庭教师，须经州政府审核通过取得教师证书。

法院认为,当法令明确允许在家教育,并制定有特别规范时,法院即必须驳回父母有关"在家教育具有私立学校的地位"的主张,同时,强烈要求父母须严格遵守法定程序要件。第三,关于"举证责任"问题。第四,谁来认定在家教育是否具有相当性?

尽管美国各州均有不同形式的强迫入学法,晚近法院的见解大多偏向与支持在家教育的合法性,认为强迫入学法中的所谓"就学"("attendance"),并不限于"在学校教室中接受教育",应扩大解释为包括"接受学校或学区教育委员会所许可的教育活动",强迫入学法的立法目的,是为了确保学童均能接受教育,而不是为了强制学童在特定处所接受教育。①

## (三) 美国各州在家教育实施模式的具体规范内容

20世纪80年代,为规范全国在家教育,美国的全国州教育委员会协会(NASBE)对在家教育的实施提出了五条建议:第一,不入公立或私立学校的适龄儿童必须在地方、县或州一级的公立学校系统注册登记,以便教育行政部门对适龄人口有个预测,做好吸纳这些适龄在家教育者成年后再次进入学校系统的衔接准备工作。第二,各州应为在家教学建立统一的标准,诸如家长应有相应的资格认证,应采用认可的教材,应重视学生在基本学科的表现,等等。第三,各州应要求家长定期向学校官员汇报学生进步情况,以保证家长能胜任教学。第四,各州应采用全州标准一致的评价体系,评价标准应建立在学生学会了什么的基础上,定期评估除采用标准化测验以外,还可采用其他方式,家长不能作为评估人。学区应对在家教育的孩子的年底标准化测验进行集中管理,能够通过普通同等学历证书(GED)考试及其他类似考试的学生应免于进一步评估。第五,应为那些在学年内未取得进步的在家教育者建立试读或补读机制,以便及时吸纳那些在家上学失败的儿童及时返回公立学校进行教育。②

美国各州在家教育的实施模式不尽相同,有一半以上的州只建立一种在家教育模式,有些州则有两种以上的模式可供父母选择。③ 概括而言,

---

① 蔡佳霖:《国民小学阶段实施在家自行教育之研究》,硕士学位论文,台北市立师范学院国民教育研究所,1998年,第32—33页。
② 屈书杰:《在家上学——美国教育新景观透视》,《外国中小学教育》1999年第1期。
③ 资料来源:美国在家教育法律辩护协会(HSLDA),2003。

## 第五章 比较视野中的在家教育法律规范

各州在家教育实施模式可以分为以下几类。

（1）成立并运作家庭学校。此种模式在多数州得以采用，但各州规定宽严不一。[①] 关于"家庭学校"，密苏里州在家教育法有明确的规定。该法所称的家庭学校须符合三项要件[②]：第一，该学校的主要目的是提供私人的或宗教的教育（private or religious-based instruction）；第二，学生的年龄须在7岁至16岁之间，且不得超过四人（唯若该学生间具有亲属关系，则不在此限）；第三，不得索取或接受学费或其他报酬（charge or receive tuition fees or other remuneration）。而蒙大拿州则规定，只要由父母自行教育其子女，与前夫（前妻）所生的子女或家属者，即家庭学校[③]。北卡罗来纳州在家教育法则规定，家庭学校是指由两个以内的家庭所组成，学生在一人以上，由父母、监护人或其他家庭成员担任教学工作的非公立学校[④]。北达科它州在家教育法则规定，在家教育是指孩童的父母在其家中所为的教育[⑤]。阿拉斯加州的在家教育法则规定，如果学童在家接受父母或监护人的教育，则免除入学义务。[⑥] 对此模式并无任何特别要求。而乔治亚州、加州等对在家教育有相当明确的严格的规定，[⑦] 包括上课日数、教学科目、父母文化程度、评估测试等。例如：乔治亚州对在家教育的规定包括上课日数为每年180天，每天4个半小时；教学科目包括阅读、语文、美术、数学、社会和科学；负责教学的父母须具备中学文凭，如聘请家庭教师辅助教学，则该教师须具有大学以上学历；在家教育开始前30日内，须提出申请表给教育主管机关，往后每学年9月1日前须再递交计划书，内容包括学生姓名、年龄、家庭学校的所在位置、上课时间；须保持出席记录，每月递交给教育主管机关；父母每年须做成在家教育进度报

---

[①] 采用此种模式的州通常对于教学内容及教师资格均未有明确规范，大抵要求父母必须确保学习者的学习成果能符合州的教育目标。参阅林天佑《在家自行教育的理念与策略》，《国教新知》1999年第1期。

[②] Mo. Ann. Stat. §167.031.2(1)(a)–(c).

[③] Mont. Code Ann. §20-5-102(2)(e). "a home school is the instruction by a parent of his child, stepchild or ward in his residence."

[④] Article 39 Sec. 115C-563. "Home school means a nonpublic school in which one or more children of not more than two families or households receive academic instruction from parents, or legal guardian, or a member from either household."

[⑤] N. D. Cent. Code §15.1-20-04 and 15.1-23-01.

[⑥] Alaska Stat. §14.30.010(b)(12).

[⑦] Ga. Code Ann. §20-2-690(c).

告；自完成三年级课程之后起，每三年需接受一次标准化测验，并保存测验结果。

（2）聘用家庭教师。此种模式被许多州列为在家教育的合法模式①。采取此种模式的州，就每学年的上课日数大多有明确规定②，且大抵均要求父母所聘的家庭教师拥有合格的教师证书。比如，阿拉斯加州教育法所允许的第二种模式，就是聘用合格教师来教育孩子③。依其规定，授课教师必须具备教师证书，每年的上课日数为180天，教学内容须相当于公立学校所提供的课程。还有在格利格诉弗吉尼亚州一案中，维吉尼亚州的某法院支持该州的一项强迫入学法案，该法案要求在家教育的教师必须具有助教或者教师资格。密歇根州的一项法律也要求在家教育的教师要符合教师资格要求。在皮普尔诉贝内特一案中，学区要求从事在家教育的家长要获得教师资格证书，有些家长以宗教原因拒绝接受，但是密歇根州最高法院不支持家长的这项要求。④ 此种规定的用意在于，通过对教师证书的资格限制，来确保教育的品质，而将教学内容及学习评量交由教师自行作专业判断。

（3）在州教育厅注册核准的全时教授课程。采用此种模式的州并不多见，通常只是就上课日数及教学内容有所规范，有些则是由州教育主管机关在核准教授课程时以付款加以规制。爱达荷州于1995年采取了"双重注册"的方案，允许州内的大约4000名的在家上学的孩子进入公立学校学习一些课程和参加某些对他们开放的课外活动，前提是要求通过标准化测验。还有衣阿华、华盛顿、俄勒冈等州，公立学校对在家上学的学生限制也较少，从整体发展趋势看，公立学校对在家上学学生的开放程度越来越高。比如，加利福尼亚州学生必须先向学区的公立学校注册入学。取得公立学校的学籍后，再向学校提出在家独立学习计划，然后依据学校所核准的教学计划确实执行。包括上课日数、教学内容、学习记录的保存，以及学习评量等均依独立学习计划的规定。在此种模式下，在家教育的学童，仍被视为该公立学校的学生，并且必须遵守该校的相关规定和政策。

---

① 有 Alabama、Alaska、California、Colorado、Iowa、Pennsylvania、Virginia。
② 林天佑：《在家自行教育的理念与策略》，《国教新知》1999年第1期。
③ Alaska Stat. §14.30.010（b）（1）（B）。
④ 谢静、肖俊峰：《从教育法判例看美国政府对家庭学校的管理》，《湖南教育》2005年第12期。

(4) 取得宗教或其他私立学校的资格。所谓"私立学校",是指未直接接受州政府或联邦政府补助的学校①。所谓"宗教学校",是指由未直接接受州或联邦补助的教会或其他宗教组织所设的私立学校②。此种模式要求家长须在公立学校开学日之前,以"私立学校入学报告表"("Private School Enrollment Reporting Form")向当地教育主管部门提出申请③。并于每年10月15日前,将"私立及宗教学校入学报告表"("Private and Denominational Schools Enrollment Report")与"学校行事日程表"("School Calendar")上交给州教育厅。学校须保存每月出席记录,证明每年的上课日数为180天④。保存相关记录并提交州教育厅,包括每月出席记录、预防注射记录、课程记录、标准化测验记录、学业成就记录,以及体检记录⑤。依据阿拉斯加州教育厅所定的"设立私立或宗教学校指南",此种模式的家庭学校可免除防火、安全和石棉条例(fire, safety and asbestos regulations),以及州政府的体罚政策的限制。

一般而言,采用私立学校模式的州大多规定,在家教育的实施方式和内容必须与公立学校或一般私立学校一样,教师必须具备教学能力,且教学方式和内容必须接受教育主管机关的监督。⑥ 有些州规定在家教育为私立学校的延伸部门,其成立的要求及程序则依照一般私立学校。⑦ 另有少数的州规定在家教育得在地方教会或宗教团体赞助下运作,各州在教学内容、教师资格、通知对象等方面的要求可以各不相同。

(5) 对在家教育的各种支持。地方学区考虑到在家教育的孩子最终还会返回公立学校接受教育,因此,会积极寻求各种途径为在家教育家长提供支持。例如,在华盛顿州的部分学区会为实施在家教育的家庭提供职业督导;衣阿华州的第蒙学区为在家教育的孩子组织野外旅行等各种体育、艺术和音乐活动,还为家长组织各种研讨会;加利福尼亚州的库伯迪诺学

---

① Alaska Stat. § 14.45.200 (1). "a school that does not receive direct state or federal funding."
② Alaska Stat. § 14.45.200 (2). "a private school operated by a church or other religious organization that does not receive direct state or federal funding."
③ Alaska Stat. § 14.45.110 (a).
④ Alaska Stat. § 14.45.110 (b).
⑤ Alaska Stat. § 14.45.130.
⑥ 林天佑:《在家自行教育的理念与策略》,《国教新知》1999年第1期。
⑦ 例如加州、宾州。杨巧玲:《教育行政的松绑与再规范:以在家自行教育为例》,《教育政策论坛》2000年第2期。

区为注册的在家教育家庭每人提供1000美元的费用账户,以用于图书或其他教育支出。

美国在家教育的支持者众多,其中不乏一些民间教育团体和社会组织。据有关数据统计,在美国,约有85%的在家教育家庭参加了所在区域或其他地区的某个在家教育协会;全美的每个州至少有一个全国性的在家教育组织,地方性的在家教育组织更是形式多样,数不胜数。其中最有代表性的组织包括:一是美国在家教育法律保护协会(HSLDA),主要职责在于:为在家教育提供法律支持和辩护,为在家教育的发展扫除法律障碍;建立健全在家教育的相关立法,并在特定情况下采取行动保护组织的成员免受政府干预,为在家教育提供法律咨询和建议;创办《在家教育法庭报告》双月刊杂志,在全国的期刊上发表相关文章,为在家教育提供法律信息。如今,随着在家教育的合法性的确立,在家教育法律保护协会的职责从立法保护转向了如何更好地提高在家教育的质量。二是由雷博士(Brian Ray)创立的美国在家教育研究所(NHERI)。通过对在家教育的调查和研究,形成大量的事实和数据等研究成果,这些成果会以报告或媒体的形式展现出来。作为咨询者和研究者,美国在家教育研究所要为公众、家庭学校、其他研究者和政策制定者服务,还为在家教育的家长和学生提供学术性测试,从而更好地了解和指导在家教育。

从在家教育运动历史发展脉络来看,从早期父母教育权的争论,历经政府与在家教育父母间的对立与合作,在家教育家长间的结合与分化,在家教育运动已成为一股不可逆转的潮流,为美国社会大众所接受,在全美各州均将在家教育合法化之后,已慢慢走向成熟的道路。Robert Reich 认为,课程审查能使州政府确保学业内容能保护孩子的兴趣,包括在获得成人期的积极、自主和负责任公民所需要的技能,暴露于丰富、自由的生活方面;强制测试将给父母和政府一条路径去保证学生在某阶段的表现与他们公私立学校的伙伴的能力是一致的,使父母意识到他们的孩子有上大学的水平了;定期的视察会为大学和职业咨询打开大门,对于孩子和父母都是有益的;他们将给予政府了解家庭生活质量的窗口,监督是否免疫接种和存在虐待等;对于不遵从最低限度课程、内容、视察和测试要求的制裁,将仅仅要求学生回到具有资质的公私立学校。由此,在家教育的优势通过法制化得到更好的保护,大多数的伤害和弊端可以通过负责任的控制而得以避免。

第五章 比较视野中的在家教育法律规范

## 三 我国台湾地区在家教育相关规定

台湾地区自公布实施所谓"《强迫入学条例》"以来，除第 12 条规定"适龄国民经公立医疗机构鉴定证明，确属重度智能不足者，得免强迫入学"以外，要求其余六至十五岁的国民，都必须进入公立或私立中小学就读。早期，在强迫入学条例的规定下，父母并没有实施在家教育的自由。后来，为因应教育改革的潮流，所谓"《国民教育法》"亦陆续做了几次修订，第 4 条规定："为保障学生学习权，国民教育阶段得办理非学校形态之实验教育，其办法，由直辖市或县（市）政府定之。"从而，允许实施"非学校形态之实验教育"，也为在家教育的实施，找到了一个合法空间，但是该法同时规定，非学校形态实验教育的实施办法，由直辖市或县（市）政府规定。如此一来，是否可以实施在家教育，则由地方政府决定，因此，虽有大部分县市出台了在家教育的实施办法，仍有部分县市迄今未出台相关的实施办法。我国台湾地区与大陆地区同属于大陆法系，且具有相同的教育与文化背景，在家教育的规范化过程更具有借鉴意义。台湾地区在家教育发展状况，教育权限的划分，在家教育法规建构的原则、实施模式等都具有很好的借鉴与参考价值。

### （一）台湾在家教育的发展与实施概况

1. 台湾在家教育的发展

1967 年，因有感于六年国民义务教育的不足，以当年台统（一）义字第五零四零号令，命令实施九年国民教育。翌年，"立法院"通过了所谓"《九年国民教育实施条例》"，正式将国民教育年限延长为九年，分为国民小学及国民中学两个阶段。[①] 至此，台湾确立了九年国民义务教育制度，父母负有让子女进入正规公立或私立中小学就读的义务。并于 1982 年，公布了所谓"《强迫入学条例》"，规定适龄国民除智能不足、体能残障、性格或行为异常者外，均须强迫入学。而最早在台湾地区接受在家教育者，是外国传教士的子女，因为他们拥有外国国籍，并不受台湾地区所

---

① 谢瑞智：《教育法学》（增订版），台北：文笙书局 1996 年版，第 137—144 页。

・177・

谓"《强迫入学条例》"的限制，可以自行选择在家教育。之后在家教育才得以逐步发展，主要可以分为以下阶段。

第一，酝酿阶段。自1987年解除戒严以来，民间的教改团体相继成立，大力推动教育改革，包括的主要诉求有：教育权力下放、教育正常化、开放私人兴学的范围、尊重家长教育权与儿童学习权等。"森林小学"的创办，为台湾"另类教育"的兴起揭开了序幕。人本教育基金会于1989年9月宣布开办体制外小学"森林小学"，其动机是不满现行学校教育，旨在通过另一种更符合家长理念的教育形态，建立一个以人为本的教育实验园地，以实现人本教育的理念，矫正目前国民教育的诸多弊病。该小学由一群关心教育的家长、教师、学者及社会人士发起，并于翌年三月正式开学。此后，一些体制外的另类学校陆续成立。[1] 因部分学生家长赞同其教育理念而舍弃传统的学校教育，转而自行实施体制外教育，促使在家教育逐渐萌芽。

第二，萌芽阶段。大约从1993年起，有一些父母为了实现自己的教育理想，给予子女"全人"的教育而选择实施在家教育。但这一时期的在家教育尚未取得合法地位，因此实施在家教育的父母，会因违反所谓"《强迫入学条例》"而遭受处罚。为了促使在家教育规范化，有些父母开始向地方政府和"立委"陈情。1996年，台北市政府为顺应民意，开始评估及研究试办在家教育的相关事宜。

1997年，台北市政府发布所谓"《台北市国民小学适龄学童申请在家自行教育试办要点》"，于翌年开始试办国民小学一至五年级学生的在家教育。之后，花莲县也参考台北市的实施经验，采用教育实验计划的方式，于1999年开始办理在家教育，提供家长另类的教育选择。[2] 其后，高雄市政府也制定了所谓"《高雄市国民小学学生申请在家自行教育试办原则》"，自八九学年度开始试办国小学童的在家教育。新竹市政府也于

---

[1] 例如：1994年成立的"种籽亲子实验学苑"，1995年成立的"全人教育实验学校"，1998年成立的"雅歌小学"、"宜兰森林学苑"、台南县"沙卡小学"。这些学校均未依私立学校法核准立案，以致不能成为正式的私立学校。其中1997年成立的标榜"神本教育"的"伊甸学园"，是教友子女退出正规学校，在其所设的学园内自行实施"神本教育"，似乎可视为一种集体实施的在家教育。

[2] 方慧琴：《台北市实施在家自行教育之研究》，硕士学位论文，台北市立师范学院国民教育研究所，2002年，第3页。

2000年7月3日,发布所谓"《新竹市国民教育阶段学龄儿童在家教育试办实验计划》",开始试办国民中小学学童的在家教育。至此,在家教育在多个市县通过地方先行试点的方式得以萌芽与发展。

第三,规范化阶段。1999年2月3日,所谓"《国民教育法》"通过修订,第4条第4项明确规定"为保障学生学习权,国民教育阶段得办理非学校形态之实验教育,其办法,由直辖市或县(市)政府定之。"至此,在家教育正式取得法源依据,取得合法地位,各县市也积极因应所谓"《国民教育法》"的修订,先后制定相应的在家教育实施办法。彰化县政府率先于2000年7月17日制定所谓"《彰化县政府国民教育阶段非学校形态之实验教育办法》",作为非学校形态实验教育的实施依据。台北市政府亦宣布,自九一学年度起,停止试办在家自行教育,改纳入所谓"《台北市非学校形态实验教育实施办法》"中办理,该学年度共有八十八名学童申请在家教育。[①] 另外,台北县也自九十学年度起,开始办理非学校形态实验教育。台北县教育局组成非学校形态实验教育审议委员会,不定期进行访视,并对自行教育的内容提供改进意见。[②] 这些申请非学校形态实验教育者,多半由家长自行在家为子女教学,或是由志同道合者组成教学团队,让孩子在家接受教育。随着"非学校形态实验教育"的规范化,实施在家教育的人数逐渐增加,媒体亦开始宣传报道在家教育的优点。台湾在家教育进入持续发展的阶段。

2. 台湾现行在家教育的实施概况

自1998年台北市最早开始试行在家自行教育以来,截至2007年已有940例被批准的在家教育的个案,以平均每年超过一百宗的速度递增。2008年,到台北开放在家教育十周年,仅台北市的审批个案就已达291例,比前年增长了近五成。另外还有许多家庭并未进行申请,而是直接和学校进行协商讨论而达成默契。

台湾自主学习促进会表示,目前台湾在家教育有多种形态:一是个人在家教育,指家庭在家里自行教育自己的孩子;二是团体共学的在家教育,是指3个人以上30人以下的团体,几个有共同想法的家庭聚在一起,让孩子一起接受某种共同教育理念和形式的教育;三是机构式的在家教

---

① 台北市政府教育局:《台北市教育白皮书》,2002年版。
② 联合报:《非学校形态实验教育受理申请》,2003年4月16日第B2版。

育，是指180人以下的，需要进行登记，经过消防、安全等各方面办学机构资质检验的形态。

目前台湾实施在家教育的家庭，遍布各个县市，但为数不多。根据调查，这些家庭的课程设计主要是参考现行中小学的课程标准，再将认为重要的品格教育、外语课程或家事训练等课程融入各科教学中。教材方面，部分父母使用与学校相同的教科书，亦有父母采用民间出版的教科书或参考书，再配合子女的能力与学习情况，重新调整各单元的教学顺序。师资方面，大部分家庭均由母亲担任主要的教学工作，或者数个家庭采取团体教学的方式，由数位家长分别担任各科教学。学习评价方面，大部分父母采取问答、听写、写作、报告及测验卷等多元化的评价方式，来衡量子女的学习状况。[①] 许多父母还会安排子女参与社教机构所举办的户外参访活动。从在家教育者的成果来看，学生学习意愿提高、家人关系改善、生活态度改变、学习态度变好、品格的改变较符合家长的期待、家长变得比较快乐。[②] 部分家庭加入了"中华基督教慕真在家教育协会"[③]，由该协会提供包括法令咨询、申请协助和教学资源提供等相关服务。在家教育实践者还组织成立了"保障教育选择权联盟"，主要是做相关法律政策的推动，为在家教育家庭提供服务。也有部分家庭独自运作，未加入任何在家教育组织。

### （二）台湾在家教育的规范化

台湾地区与大陆地区同属于大陆法系，且具有相同的教育与文化背景，在家教育的规范化过程更具有借鉴价值。

在所谓"《国民教育法》"修订以前，由于所谓"《强迫入学条例》"的限制，在家教育并不具有法律上的容许性。为了落实"宪法"对人们教育权的保障，1999年修订公布的所谓"《国民教育法》"第4条第4款规

---

[①] 丁莉杰：《国民教育阶段在家教育课程实施个案研究——以新竹市为例》，硕士学位论文，台北师范学院课程与教育研究所，2002年，第43页。

[②] 陈瑞桂：《我国在家教育制度之法律地位与实施现况之探讨——以台北县市国中生在家教育为例》，硕士学位论文，台湾师范大学，2004年，第86页。

[③] "慕真在家教育协会"，是由一群基督徒于1998年成立的。根据该协会所公布的资料，其会员家庭遍布于基隆市、台北县、台北市、桃园县、新竹县、新竹市、台中县、台中市、嘉义市、台南市、高雄市、花莲县以及台东县。[on-line]，http://homeschool.fhl.net。

定:"为保障学生的学习权,国民教育阶段得办理非学校形态之实验教育,其办法由直辖市或县(市)政府定之。"由于"在家教育"也属于"非学校形态"的一种教育方式,因此,自本条文修订公布,父母实施在家教育获得正式确认。

依照本条文的规定,非学校形态的实验教育是"得办理",而不是"应办理",明确了在家教育必须规范化。因其具体实施办法授权于地方政府,使得"是否""何时"和"如何"实施在家教育等非学校形态的实验教育,完全由地方政府自行决定,在未订立相关实施办法的部分直辖市或县(市),父母则无法选择在家教育。因此,台湾在家教育虽然逐渐规范化,但是并未全面法制化,相关规定尚待各地方政府予以具体规范。因此,台湾目前的在家教育分为两种规制类型:一种是类似于美国的"明示的"规定,在已制定相关实施办法的县市,父母可以依法申请实施在家教育;另一种是类似于美国"无例外"规制类型,在尚未制定相关实施办法的县市,父母并没有选择在家教育的权利,仍必须依照所谓"《强迫入学条例》"的规定,将子女送入正规的公私立中小学就读。直到2010年教育部进行了进一步的修订,规定了国民教育阶段所有的关于非学校化实验教育的内容范围,全台湾才进行统一规范。

### (三) 台湾目前实施在家教育具体的相关规定

自2000年彰化县政府制定所谓"《彰化县政府国民教育阶段非学校形态之实验教育办法》"起,到2003年屏东县政府颁布所谓"《屏东县非学校形态实验教育实施办法》"为止,已共有14个地方政府依所谓"《国民教育法》"第4条第4款的规定,自行制定了非学校形态实验教育实施办法,在家教育作为非学校形态实验教育之一,亦归入其中。以下对各县市政府所订的实验办法就其异同,进行归纳分析。

第一,法源依据与实施目的:各县市实施办法第1条均明示,其法源依据是所谓"《国民教育法》"第4条第4款"为保障学生的学习权,国民教育阶段得办理非学校形态之实验教育,其办法由直辖市或县(市)政府定之"。部分县市同时指出,其实施目的在于保障学生学习权[1]、受教育

---

[1] 有台北市、高雄县、宜兰县、屏东县、基隆市。

权①，或父母的教育选择权②。

第二，审议委员会的组成：各县市政府均设有"非学校形态实验教育审议委员会"③或"教育审议委员会"④，其组成人员包括教育局长、教育局代表、学者专家、校长代表、教师代表、家长代表，以及社会人士（民间教育团体或机构）代表。负责在家教育的审核、咨询及申诉等事宜，部分县市还包括辅导与评鉴。审核申请案件时，部分县市规定应邀请或者是得邀请申请人出席，甚至陈述意见。台北市还规定参与在家教育的学生，如果不服在家教育的内容，可向审议委员会提出申诉。

第三，在家教育的申请程序与条件：有一半的实施办法，并未特别针对父母申请在家教育进行规定。也有部分县市将由财团法人或学术研究机构申请的非学校形态实验教育，与有学童父母申请的在家教育分别进行规定。⑤由父母申请者，可单独或是两人以上的共同申请，在申请期限内出具表明必要事项的申请书，向教育局提出申请。申请书需要载明在家教育的理由、教育方式、教学人员、教学计划、课程内容（包括学习领域、师资、教材教法、学习评量、协同教学方案、课程衔接规划）、教学资源及设备、预期成效、协同教学契约书等。而有两人以上共同申请者，要出示各法定代理人的同意书，并推派其中一人为代表。台北县还特别规定，父母申请的在家教育，应由父母自行担任主要的教学工作。台中县还另行规定，个人申请办理在家教育，限于国民小学适龄学生的家长或法定监护人，且需具备以下条件，方能提出申请：个人申请正常，能全职自行办理在家教育；需具备大学或专科毕业或同等学历，经教育机关合法登记或认证许可者；每月家庭所得在新台币三万元或每年平均所得在新台币三十万元以上者；在银行或金融机构至少应有三十万元的专户存款证明。此外，高雄市还要求出具学生的同意书。

第四，学生学籍的取得：大部分县市规定，参与在家教育学生的学籍，由教育局依在家教育的所在位置，指定公立中学或小学办理。部分县市规定学生的学籍设在原所属学区的学校。

---

① 仅高雄县。
② 仅基隆市。
③ 有台北市、台北县、嘉义县、高雄县、台东县、屏东县、台中县、苗栗县。
④ 有台中县、台南县。
⑤ 有台北县、嘉义县、台南县、台东县、高雄县、基隆市及屏东县。

第五章　比较视野中的在家教育法律规范

第五，学习评价的方式和原则：各县市的规定并不一致。以个人名义申请者，在计划结束或者毕业之前，参加学籍所在学校的评价。部分县会规定在家教育的学生应参加学校举办的定期考试，作为评价的参考依据，或配合学校定期考试期间提出的自行评价成绩，作为评量参考依据。台中县规定，经核定办理个人在家教育者，学生每学期至少返校二十小时，参加团体学习课程，而级任导师每学期至少应进行两次家庭巡视辅导，并做好记录；高雄县则规定，县政府得安排辅导人员定期及不定期前往施教地点巡视辅导，评价由实施教学者依据现行"国民中小学学生成就考察办法"的规定实施；台北县还进一步规定，定期辅导为每学期实施一次，每学年进行一次成效评价。

第六，取得毕业证书的要求：部分县市规定，参与在家教育的学生，如果依照国民教育的修业年限，并通过评价成绩合格者，可以取得学籍所在学校的毕业证书，[1] 而其升学则依相关入学规定办理。大部分规定由父母自行评价，只有台北县规定必须通过学籍所在学校的毕业评价；苗栗县规定，学生每周至少必须返回学籍所在学校一次，参加团体学习课程，学校依其参与学习活动及评价结果，颁发毕业证书；彰化县规定，在家教育学生的学习评价方式由申请人与学籍所在学校共同研讨制定，并凭此发给毕业证书。

第七，与学校教育的衔接方式：大部分县市均规定，如因故无法继续参与在家教育的学生，应返回户籍所在学区编入适当年级就读；[2] 只有高雄县和苗栗县规定应返回原学籍所在学校编入适当年级就读；其余县市则无相关规定[3]。

第八，教师资格的规定：大部分县市均规定，在家教育的教学者得由具有教学内容相关专长者担任，不受教育人员任用条例的限制；[4] 但台北县还规定，如果是由父母申请在家教育，应由父母自行担任主要的教学工作；台中县规定，个人申请办理在家教育者，限于国民小学适龄学生的家

---

[1] 但仍有些县市没有毕业资格的相关规定，如嘉义县、台南县、宜兰县、屏东县、台东县、基隆市。
[2] 原因大多为依计划实施实验教育后，成效不佳、学童适应不良，或有其他重大违法事件等。
[3] 有台中县、新竹县、宜兰县。
[4] 有台北市、台北县、嘉义县、台南县、台东县、屏东县、台中市、基隆市、彰化县。

长或法定监护人，须具备专科毕业或同等学历以上，必须全职自行在家教育，经教育机关合法登记或认证许可方可；其余县市并无相关规定①。

第九，在家教育的监督：大部分县市规定，如有办理不善，违反在家教育的理念、发生足以危害学生权益的事件、学童适应不良，或有不法事件等，得由教育局审议委员会审议后，视情节的轻重，命其限期改善或停止办理②。部分县市则规定由该县市政府评定确认终止在家教育③。仅宜兰县没有相关的监督规定。

第十，公共教育资源的使用：部分县市规定教育局应协助在家教育的学生，使用公立学校教育设施或政府有关机构的资源；④ 而有些县市规定由在家教育的家长、学生自行向公立学校申请使用；其余县市则无相关规定。

随着教育法令的松绑，在家教育在台湾地区逐渐规范化，但是由于具体实施办法授权于地方政府，各地规定宽严不一，部分县市甚至并未出台相应实施办法，以致父母无法选择在家教育，势必衍生出许多规制上的争议。主要包括两个方面，一方面是在家教育的教育权限如何划分；另一方面是在家教育的规范化程度问题。因此，台湾地区还需要建立完善全面的在家教育规制体系，进一步加以再规范，以切实保障学生学习权和父母教育权。但其在家教育的规范化过程中采取的实施办法，为我国大陆地区在家教育的合法性证成和制度建构提供了很好的借鉴。

## 四 对在家教育法律规范比较的简要评论

综观美国、我国台湾地区等地的在家教育，虽然有共同的比较基础，但因为历史文化、经济发展、教育发展等条件的不同，必须首先要认识与明确其存在的差异性。在此基础上，发现其共同点，他山之石，可以攻玉，如何参考他国或地区的在家教育法律体例、学说，以其为鉴，并兼顾

---

① 如嘉义县、屏东县、苗栗县。
② 如台北市、台中市、高雄县、屏东县、苗栗县、新竹县、彰化县、台北县。
③ 如嘉义县、台南县、台东县、台中市、基隆市。
④ 如台北市、台中县、台南县、高雄县、新竹县。

我国国情，以建立完善、符合理论的相关法制，是在家教育法制建设中必不可少的课题。

### （一）正确认识在家教育法律规范的差异性前提

从美国和我国台湾地区的在家教育规范化，可以窥见与我国大陆地区在家教育的差异性主要表现在两方面。一是家庭结构不同而使得在家教育的具体实施模式存在差异。由于其他各国或地区几乎不存在独生子女计划生育政策，多数在家教育家庭是多名子女一起学习生活。如美国国家教育统计中心（NCES）的调查显示：只有1个孩子的在家教育占14.1%，2个孩子的占24.4%，3个以上孩子的占61.5%。[①] 因此，很多家庭都是由父母独自教育自己家庭的未成年子女，孩子成长中也不存在缺失玩伴的问题，再辅以周末等的一些社交团体活动，孩子的社会化问题比较容易解决。而在中国大陆地区，由于历史原因，在家教育群体几乎都是独生子女家庭，如果采取独自在家的学习教育模式，因缺乏与同龄儿童的接触，孩子在社会化方面可能会出现更多的困难与障碍。社会化问题是家长们需要重点考虑的问题，也是中国在家教育遭受最多质疑之处。这也造成了中国在家教育家庭倾向于几个家庭的互助教育模式，也是值得提倡的教育模式。二是在家教育产生的动机和原因方面。各国在家教育产生的最重要的原因是对学校教育的不满意和宗教信仰的影响。而中国作为一个无神论国家，具有宗教信仰的人数所占比例较小，因此，宗教信仰因素的影响较弱，最主要的因素是对学校教育的不满意和父母多元的教育理念。除此以外，各国在家教育产生的原因几乎都是大同小异的，在家教育具有比较共同的基础，也具有借鉴的价值。

### （二）明确在家教育法律地位取得的权限划分

从多个国家或地区来看，因为相似的原因与动机、在家教育自身的优越性以及在家教育群体的合法化诉求增强，为了保障父母教育权和更好实现儿童受教育权，在家教育经历了从不合法到合法的被认可过程。各国或地区采取不同的类型和方式承认在家教育的法律地位。美国教育行政体系

---

① National Centers for Education Statistics 2006, "Home Schooling in United States" (2001), http://nces.ed.gov/pubs2001/2001033, pdf. 2001-7-20, 2006-12-21.

属于地方分权制，根据美国联邦宪法规定，教育事务权力保留给各州，各州都先后承认了在家教育的合法地位，但各州采取了宽严不一的在家教育法律规范，有的州是"明示的"法律，专门制定"在家教育法"规范其实施；有些州是"相当性"法律，通过其他相关教育法令来进行规范；还有州是"无例外"法律，在义务教育法中规定在家教育要符合私立学校条件。我国台湾地区在所谓"《国民教育法》"中规定"允许办理非学校形态的实验教育"，在家教育当属于"非学校形态"的一种教育方式，因此，在家教育的规范性得到确认。同时，该规定指出"其办法由直辖市或县（市）政府定之"，在家教育的相关规定完全由地方政府自行决定，在家教育分为两类，一是类似美国的"明示的"规制类型，县市地方政府自行制定相关实施办法；二是类似美国的"无例外"规制类型，某些地方县市并未制定相关实施办法，父母则无权选择在家教育。相比而言，明确允许父母自行或聘请家庭教师实施在家教育的"明示的"规制类型较少引发争议和诉讼案件。

因此，我国在家教育应采取哪种立法模式，即应在哪个法律层面确认在家教育合法性？中央与地方权限如何划分？这些都是我国在家教育取得法律地位需要思考的问题。首先，与美国、我国台湾地区等有着相似发展历程的我国大陆地区在家教育，为因应在家教育群体的合法化诉求，促进在家教育的健康有序发展，承认在家教育的法律地位是未来趋势。可以"明示的"规制类型为借鉴，在《义务教育法》中明文允许父母依法选择在家教育。其次，美国和我国台湾地区都把在家教育管理权限主要交由地方政府，采取因地制宜的地方在家教育管理办法，因规范的宽严不一，而引发诸多法律争议。为避免法律争议，我国可采取框架式立法，由国家先以框架立法形塑在家教育法制的基本架构，对在家教育的教育宗旨、基本原则，教育机关的组织方式，中央与地方或各级地方政府的协调，学生与家长的权利地位等进行原则性、纲领性法律规范立法。而在家教育的具体实施事项，采取地方自治模式，因地制宜制定在家教育具体实施办法并执行，由此清楚划分中央与地方权限。

### （三）合理引导与规范在家教育是根本保障

在家教育在获得合法身份地位后，多数国家和地区都对在家教育采取了程度不同、宽严不一的适度规范。美国和我国台湾地区都把教育权力更多地交给地方政府,对在家教育的监管可以分为"严格监管""放松监管"和"适度监管"三种情况。我国的在家教育还处于发展初期,存在更多亟待规范和解决的问题,因此必须进行一定程度的监管才有利于其健康有序发展。严格监管对在家教育的否定态度以及对在家教育自由的限制并不适合在家教育的持续发展,而放松监管也不利于解决在家教育中出现的一系列问题,因此,对在家教育应采取适度监管的规范措施,以给予在家教育自由发展的空间和良性发展的制度保障。

对在家教育的监管,其规范措施包括以下方面:一是在家教育的申请方面。要求在家教育需要进行申请,提交内容详细的计划书。二是教师资格认定方面。对父母的学历与聘用的家庭教师的教师资格都应有严格要求,以此来确保教育的品质。三是与公立学校关系方面。要求在家教育学生到公立学校注册,取得学籍,以便参加公立学校的考试、课程与活动,并随时有机会返回学校就读等。四是评价方面。在家教育学生可以通过参加测试,对其学习进行评价。五是对在家教育进行监督,责令改善或终止不利于学生合法权益的在家教育行为。六是在家教育的社会支持方面。包括对公共教育资源的共享,对在家教育的财务补助、法律援助以及专业帮助等。这些都是在对在家教育进行适度规范时应该考虑和涉及的方面,对我国未来在家教育的法律制度构建具有借鉴价值。

综合本章所述内容,基于在家教育规制问题共同的出发点,在对在家教育进行功能比较的基础之上,通过对美国和我国台湾地区的在家教育规范化发展历程的考察分析,为我国在家教育法律问题的解决提供了有价值的参考与启示。以其为鉴,并结合我国国情,如何正确对待我国在家教育法律现象,在什么条件下给予在家教育法律地位,如何合理引导与规范我国在家教育等是需要具体面对与解决的问题,以为在家教育的未来持续发展做好充足准备。

# 第六章

# 我国在家教育法律规范体系构建

针对我国在家教育还在持续发展的情况,其所面临的法律规范问题,应该是首要考虑和重点解决的关键问题。本书对在家教育法律问题的呈现与分析,对我国在家教育的法理论证,以及美国和我国台湾地区在家教育法律规范化的比较借鉴,对我国义务教育法律制度下在家教育的法律问题有了较为全面而客观理性的认知和判断。对此首先需要有一个清晰的逻辑思路予以应对,然后从理论与实践层面,对我国在家教育法律规范问题提出思考与建议,以明确在家教育的法律地位,保障儿童的受教育权,在实现义务教育培养合格"四有"公民目标的基础上,促进儿童全面、自由、个性化发展。

## 一 在家教育法律规范问题的应对逻辑

在具体展开解决在家教育法律规范问题的策略与建议之前,需要梳理和提炼出一个比较清晰而简明的逻辑思路,才能使在家教育法律规范问题的解决更具有客观现实性与逻辑层次性。主要通过以下方面逐层加以展开。

### (一)禁止、放任或监管:回应在家教育地位之惑

对于在家教育现象,是采取严令禁止的措施予以限制与取消,或是采取漠视不管的放任态度,还是采取适当监管予以规范,这是截然不同的三种态度。就当前和未来的一段时间来看,在家教育还将持续发展,采取漠视不管的态度不利于在家教育的健康有序发展,采取严令禁止的措施也不

能阻止现实中不断发展的现状,并不能从根本上解决问题,我国应当做的是疏而不是堵,要在法律和政策上有所准备,进行引导。借用劳凯声教授所言,"禁"的思路无法积极适应并有效促进适切于社会结构发展变革的教育改革,并且可能因为压抑社会需求而在未来引发更复杂尖锐的矛盾,故不建议采纳。"放"即尊重个体需要和教育发展趋势,允许"在家上学"。鉴于"在家上学"在权利诉求上的合理性和促进教育发展方面的积极意义,以"放"的思路宽容"在家上学",改革既有教育制度,是另一可选路径。[①] 对在家教育的禁止与限制是对义务教育法律制度与学校教育形态捆绑的定势思维模式,如果承认义务教育的实现模式与途径的多元化,只要在家教育能够达到义务教育质量水平和实现培养目标,在家教育也是可为途径。因此,改革现有的教育制度,给予在家教育合理引导与适度规范,是回应在家教育地位的正确路径。

### (二) 单点击破或全面改革:回应教育改革的实施之惑

在家教育问题的解决,如果只是简单承认其法律地位,进行引导与规范,这种思路过于狭隘,也是远远不够的。在家教育法律现象出现的原因是多元的,一是学校教育制度本身为家长与学生所诟病,二是义务教育法律制度实现形式的单一化,三是人们对多元个性化教育选择诉求的增强。原因的多元导致问题解决的多元,采取任何单一的教育改革措施都无法真正解决现实问题。我们应当看到学校作为实施教育的主要场所,学校教育仍然是民众选择教育的主流方式;在家教育是支流,是对学校教育的有益补充,也要保证其健康有序发展。因此,对于在家教育问题的解决,不应该以鼓励和支持在家教育形态为最终落脚点,而是对整个教育体制的全面改革,要多措并举,多管齐下,针对学校教育所暴露的弊病和在家教育所凸显的优势,大力推进教育体制改革,构建更加灵活多样的教育制度,在保障义务教育的真义、培养社会合格公民的基础上,尽量满足人们多元化的教育需求,使人人都能得到充分发展的机会,实现儿童全面自由发展的教育目的。

---

① 劳凯声:《"在家上学",如何走出"桃花源"》,《人民政协报》2013年2月6日。

### (三) 政策或法律：回应在家教育制度创新的路径之惑

为了在家教育的健康有序发展，应该对在家教育进行正确引导和合理规范。针对在家教育形态与义务教育法律制度所产生的冲突，似乎在家教育问题需要通过法制化予以解决。但是因为政策与法律功能分工的不同，以及义务教育本身也是兼具政策与法律双重属性的制度存在，在家教育法律问题解决也需要通过法律与政策两种手段的结合，一是在时间上，针对在家教育目前的发展状况，采取自下而上的地方教育制度创新，逐步推动在家教育的法制化是正确途径，也就是由政策到法律的逐渐演进过程。二是在层级权限划分上，在国家层面，需要通过法律手段明确在家教育的法律地位，做出原则性规定；而其具体实施，则可在既有的法律框架界定的范围内，大力挖掘灵活而创新的政策制度。通过两者的有力结合，推动在家教育制度创新。

## 二 解决在家教育法律规范问题的理论思考

针对以上在家教育法律规范问题解决的应对逻辑，而自然产生了对在家教育法律规范问题的一些原则性的理论思考，主要包括对在家教育的明确界定，在家教育取得合法地位的条件，对在家教育的基本衡量标准等，以便对在家教育法律规范问题做出理性并具有前瞻性的评价与判断，对在家教育法律规范问题的最终解决发挥指导作用。

### （一）对在家教育的界定

在家教育在本书中是一个重要和关键的概念，通过研究可以得出一个符合我国国情的界定。根据美国与我国台湾地区在家教育实施模式的不同，可以窥见对在家教育的界定范围的差异。美国最常见的合法的在家教育，主要是指由一个或少数几个家庭组成，并对孩子数量有严格要求，由父母担任教学工作，不存在收费等商业目的的教育行为。第二种合法模式是可以聘用具有教师证书的合格教师来教育孩子。第三种是采取"双重注册"的方案，使孩子可以参加公立学校的一些课程和活动。第四种是取得宗教或私立学校资格，一般对教学内容与方式、教师资格等都有严格规定。可见，美国对在家教育的界定较为宽泛，既可以是在家庭里面由父母或家庭教师实施教育，也可以进入并不受政府或教会资助管理的私立与宗教学校。因为美国孩子升学渠道畅通，是否在公立学校注册也不是必然要求。而我国台湾地区根据所谓"《国民教育法》"提出允许办理非学校形态的实验教育，在家教育是作为实验教育之一种，因此在家教育的界定较为狭义，主要是指由父母自行在家担任主要教学工作的教育行为，并且多数要求学生要在公立学校注册取得学籍。

因此，我国在家教育应根据国情和具体现实情况，明确界定在家教育的内涵和外延，准确回应前文提出的在家教育与微型学校界定不清的问题。在家教育的"家"是相对于学校而言的，以家庭为主要场域，是以家庭为中心的多场所多形式的教育。我国的在家教育应采取较为狭义的界定，主要是指处于义务教育阶段的适龄儿童以家庭为主要教育场所，一个或几个家庭的孩子聚集在一起学习与活动，父母承担主要的教育或监管责任，由父母或者延请的家庭教师担任教学工作，不存在索取或接受学费或其他报酬等的办学商业行为，替代传统正规学校教育并达到义务教育的相当水平，可以免除强制入学义务的一种非学校化的、家长自助的弹性教育形态。各种微型学校模式应排除在外。

**（二）在家教育权利的实现需要教育行政的松绑与再规制**

在家教育的权利诉求与义务教育制度之间的张力，需要通过教育行政的松绑与再规制予以消解。自上而下的教育强制与自下而上的教育自由诉求是伴随教育改革与发展的理论性与实践性问题。在康德看来，教育是一种"必要的强制"，那么，"人们怎样才能把服从于法则的强制和运用自由的能力结合起来"，也就是如何通过强制培养出儿童的自由？[1]这需要通过教育行政的松绑与再规制，找寻到由冲突走向融合的最佳结合点。

第一，教育行政的松绑并不是放任不管，而是给予儿童更多的在家教育权利保障。教育行政的松绑，不仅下放了教育权力，同时也为在家教育的合法性拓展了空间。所谓"教育松绑"，并不意味着国家完全不再进行任何管制，而是在合目的性的前提下，寻求新的管制政策（再规范）。其所强调的是在组织层级中，上级减少控制，以扩大下级的选择权。也就是

---

[1] ［德］康德：《论教育学》，赵鹏等译，上海人民出版社2005年版，第13页。

要解除、改进教育的制度性约束,而从病理、生理面来解决各项教育问题。[①] 法律的自由,是指在一定社会生活中,人们受到法律的保障并能按照自己的意志进行活动的权利。哈耶克认为,自由赋予了文明创造力和社会进步的能力,必须要拥有能保障自由的"私域"。他指出:"个人是否自由,并不取决于他人可选择的范围大小,而取决于他人能否有权力操纵各种条件以使他按照他人的意志而非行动者本人的意志行事,因此,自由预设了个人具有某种确获保障的私域。亦预设了他的生活环境中存有一系列情势是他人所不能干涉的。"[②] 为保障在家教育权利,可以像台湾一样,义务教育阶段准许开办非学校形态的实验教育,在家自行教育即非学校形态的一种教育实验,赋予家长依法为子女选择受教育方式、内容以及参与学校教育事务的权利,同时政府须提供必要的协助,其具体管理办法可由直辖市或县(市)政府自订。通过这些规定松绑原来的中央集权的教育体系,将教育权由中央下放到地方,并由政府更多下放给人们,使体制外在家教育得以依地方政府规定具有合法性,也为在家教育取得合法性建立法源依据。

第二,教育松绑与权力下放固然符合民主化、多元化的在家教育诉求,但是为保障在家教育的健康有序发展,在赋予在家教育权利自由的同时,需要对在家教育行为再行规制。在家教育从有违强迫入学法规到成为合法的教育方式之一,体现了教育行政松绑的发展趋势,但教育松绑之后,选择在家自行教育的家长可能会逐渐增加,对教育行政的冲击与挑战更加明显。教育松绑往往伴随着更多的教育法规,各地方政府需要拟定相关办法而予以适当的规范,使在家教育健康有序发展,同时在家教育者获得应有的协助与支持。当家长选择在家自行教育子女时,应该受到什么规范、规范到什么程度,由谁决定这些规范?以及政府、学校、父母和社会应该扮演什么角色,承担什么责任等方面的问题,中央与地方政府都必须制定相关的教育法规与配套措施加以再行规范。

---

① 朱敬一、戴华:《国家在教育中的角色》,《行政院教育改革审议委员会教改严刊》1996年第12期。

② [英]哈耶克:《自由秩序原理》,邓正来译,生活·读书·新知三联书店1997年版,第6页。

### （三）在家教育取得合法地位的前提条件

从前文论述的我国目前在家教育的发展现状来看，经历了从蛰伏萌芽、矛盾对立到继续发展阶段。同时，虽然我国在家教育具有合理性依据，但目前我国教育行政部门对在家教育行为采取一种不支持不鼓励态度，使在家教育法律现象处于既不受处罚又不予支持的尴尬局面。一种新生事物，有其发生发展，或逐步壮大成熟或走向自我消亡的过程，当其顺应历史发展的客观规律，具有强大生命力时才演变为旧事物的转化、质变或否定，和新事物的产生。一种新事物要取得合法地位，需要经历一个复杂的发展成熟历程。改革需要解决新事物的合法化问题，政府只有在其具备合法化的成熟条件的适当时机，才会考虑给予合法地位。

在家教育要获得合法化身份，需要具备一定的前提条件与共性特征。从美国和我国台湾地区的在家教育规范化发展历程来看，美国的在家教育经历了从 20 世纪 60 年代末以来的争论、对立、合作、强化、区分阶段，到 20 世纪 90 年代共 30 余年的发展历程，在家教育才在美国 50 个州无一例外取得法律认可。由于美国是联邦分权制国家，各州都自行对在家教育进行管理。我国台湾地区的在家教育主要基于对学校教育体制的不满和寻求更符合家长教育理念的教育形态，也从 1987 年以来经历了酝酿、萌芽到 1999 年的规范化阶段。在此期间，在家教育家庭会因违反义务教育法而遭受处罚；为促进在家教育规范化，向地方政府陈情；然后，各地方政府顺应民意，相继开始评估和发布地方在家自行教育的试办条例，进行地方试点。最后，在各地在家自行教育试办行动取得良好成效之后，政府才通过了对所谓"《国民教育法》"的修订，使在家教育正式取得法源依据。

从以上两例在家教育的发展历程可以看出，我国的在家教育要取得合法身份，也需要经历一定的发展历程，具备一定的前提条件和符合适当的时机。一是在家教育的发展规模不断扩大。我国现在的非学校教育形态规模已达 10 万，但其中真正实行在家教育的规模较小，还处于持续发展阶段，而其是否具有蓬勃发展的良好势头，有待于时间去检验。二是在家教育的成效必须是显著的。美国等众多国家或地区的在家教育在发展中，通过相关学者对在家教育各个学龄阶段，尤其是进入大学阶段后的学业和社会化等方面的跟踪调查研究，多数结果证明在家上学的孩子各方面表现均不低于或优于学校教育的孩子。我国的在家教育也需要有对实证数据的可靠分析才能令人信服和被予以支持。三是在家教育亟需政府支持、合法化诉求增强。由于部分家长以自己的力量无法在学校保留学籍，同时担忧孩子未来的升学就业问题，有些父母会向各级教育行政部门提出申请，希望赋予在家教育合法身份。当游走于灰色地带的在家教育蓬勃发展，生命力日趋旺盛，在家教育群体合法化诉求增强之时，可以采取地方政府先行试点的办法，对在家教育履行监管职责和提供服务职能。到条件成熟之时，顺势而为，启动相关法律条文的修订工作，使在家教育获得合法的法律地位。

**（四）义务教育培养目标的实现是衡量在家教育的基本标准**

在家教育权利的实现并不是简单赋予其合法身份即可，对于在家教育的实施应该有一个最基本的标准和要求，即达到义务教育的质量水平，实现义务教育的培养目标。在此基础之上，满足在家教育的多元个性化发展需求，实现儿童全面、自由、个性化发展的最终目标。要实现义务教育的良性发展和在家教育儿童学习自由权的有效保障，需要相应的在家教育特定制度形式给予"制度性保障"。义务教育质量与目标的实现是衡量在家教育及其法律制度的基本标准，也是教育行政制度的松绑与再规制的限度。而儿童全面、自由、个性化发展是在家教育的最终价值目标和法律制度创新的生长点。

首先，在家教育要达到义务教育的质量水平，实现其培养目标。提高义务教育质量、实现义务教育目标有多种方式，在家教育并不是现行体制的对立面，在满足了相关条件的基础上，可以成为单一的学校教学模式的补充。对在家教育的容许，其中最重要和基本的衡量和评估标准就是要达到义务教育的质量水平，实现义务教育的培养目标。我国《义务教育法》第3条对其培养目标有着详细规定："义务教育必须贯彻国家的教育方针，实施素质教育，提高教育质量，使适龄儿童、少年在品德、智力、体质等方面全面发展，为培养有理想、有道德、有文化、有纪律的社会主义建设者和接班人奠定基础。"在具体的制度设计上，必须有利于义务教育培养目标的达成。在家教育需要走专业化的发展道路，真正了解儿童、认识儿童成长发展规律，为每一个儿童设计适合他全面而个性化的教育方案。通过规范性、专业化的教学指导，严格科学的教育质量评估，在实现义务教育的培养目标的同时，满足自己的个性化需求，培养出合格甚至更加优秀的"四有"公民。

其次,在家教育法律制度构建是义务教育质量与目标达成,儿童全面、自由、个性化发展实现的前提和保障。制度能促进目标的实现,也能激励人的发展。人作为一种主体性存在物,通过制度的变迁和创新实现自身的发展。在实现儿童的全面自由个性发展的在家教育行为中,需要相应的制度安排保证义务教育质量与目标的达成,以有助于儿童全面自由发展的实现。在家教育法律制度走出机械单一化的、标准统一性的传统教育制度模式的藩篱,打破传统教育制度模式下儿童的"同质性",充分尊重并保护个体的先天差异,其出发点就是使儿童在自己已有基础和特质上,受到适当的教育,最终使每个儿童能"各得其所",尽可能得到充分的发展。

再次,儿童的全面、自由、个性化发展是在家教育法律制度创新的生长点。我们必须解答的一个关键性问题是,什么样的在家教育制度安排才是"好的""善的"在家教育制度?人是教育制度的主体和目的,制度是为了促进人的发展。"制度是为人而设,而人非为制度而设。"[1] 制度基于主体性规定经历了神本制度、物本制度、人本制度的发展过程。人本制度是通过人、为了人的制度,能够推动人的发展。"制度是人的发展程度的社会衡量器,制度的合理性、进步性必然以人的主动性为内在根据和基础。"[2] 教育制度是人创造的,是为人而存在的,教育制度的设计、安排和运行要以现实的人为中心。教育制度服务于现实生活中具有自我意识、独立自主、自由自决的每个现实的个体。因此,必须从现实教育生活世界出发,从儿童出发衡量和检验制度的合理性。"好的"在家教育法律制度有利于促进儿童自由全面发展,尤其是儿童的独特性和差异性的发展。"好的""善的"在家教育制度,必须坚持以儿童为本的价值原则,以促进儿童的全面而自由发展为价值旨趣。在家教育法律制度认可、尊重和保护个体的多样性,就是为了促进每一位受教育者的全面自由发展,使儿童日臻完善,成为一个能承担不同责任的社会人。

---

[1] [美]杜威:《哲学的改造》,许崇清译,商务印书馆2004年版,第107页。
[2] 施惠玲:《制度伦理研究论纲》,北京师范大学出版社2003年版,第130页。

# 三 解决在家教育法律规范问题的制度建议

问题源于现实，再回归现实。在对在家教育持有正确理念的指导下，还须通过制度实践推动其健康有序发展。在当前和未来的一段时间内，在家教育还将持续发展，我国应当做的是疏而不是堵，要在法律和政策上有所准备，进行引导。与此同时，我们更应当看到学校教育是主流，应将更多的精力放到公立学校的改革上；在家教育是支流，是对学校教育的有益补充形式，也要保证其良性发展。因此，须多措并举，多管齐下，通过对整个教育体制的不断改革，构建更加灵活多样的教育制度，保障义务教育的真义，培养社会合格公民，实现儿童全面自由发展的教育目的。

### （一）确立在家教育法律规范的指导原则

作为教育法制体系中的一部分，在家教育法制构建应符合宪法保障公民受教育权和父母教育权的意旨，在家教育的合法化和法律制度建构中，必须首先确保学生学习权和尊重父母教育权。同时，为保障义务教育阶段适龄学童接受义务教育的真义，获得相当水平的教育，国家需要负起监管责任，以防止父母教育权的滥用，同时积极履行服务职责，以利于在家教育权利的实现。

1. 尊重父母教育权原则

父母教育权是基于子女出生而拥有的自然天赋权利，具有不可剥夺性和转移性。允许父母实施在家教育，并不是为父母创设的一项新权利，而是父母对子女教育权的再确认。因此，在建构在家教育法律制度时，要首先尊重父母教育权，坚持自由、多元和弹性的原则，不宜做过多的干涉和限制。同时，国家还应该积极支持和帮助在家教育的父母，满足在家教育父母合理的多元教育诉求。虽然有部分报道认为公共教育的衰退促使了在家教育的出现，但是在家教育并不适合每个家庭。然而，无论是在家或公私立学校的教育环境，高度的父母参与都更有助于学生获得成功。

2. 确保儿童学习权原则

《义务教育法》的目的在于保障儿童青少年平等接受义务教育的权利，具体而言，在义务教育阶段，无论采取何种教育形态，只要其实现了保障儿童的学习权的教育目的意涵，都应得到承认和保护，在家教育也不例外。同时，父母教育权的存在也是基于未成年子女学习权的实现为前提和最终目的才得以确立。1989年联合国《儿童权利公约》第18条规定："缔约国应尽其努力确保承认父母双方皆有养育及教养其子女的责任的原则，……而子女的最大利益将是他们主要考虑的事。"该公约明示，父母教育权的行使，不是为其自身的利益，而是基于对未成年子女的最大利益（the best interests of the child）的考量。因此，在儿童的教育过程中，父母拥有的教育选择权必须以子女最大利益为前提，依照子女的资质潜能和发展需求，选择最适合其成长的教育方式，以保障其学习权、受教育权的最佳实现。同时，随着未成年人心智的逐渐成长与成熟，父母要逐步给予子女更多的自我决定权利，两者呈现此消彼长的关系。

3. 履行国家的监管与服务职责的原则

虽然父母具有在家教育的权利，但是其目的也是为了儿童学习权的更好实现，基于国家对儿童受教育权的保护义务，国家也有责任对在家教育履行适度的监管职责，既不过度干涉，也不能放任不管，以适当的方法和手段保障儿童学习权的实现，免受来自第三方（父母）的侵害。国家的监督权限包括在合理范围内采取积极主动的措施预防亲权的滥用，并要求子女获得不低于义务教育标准的教育水平，达成义务教育的培养目标。对于在家教育的监管，应该是中央与地方政府均作为监管主体，地方政府的教育主管机关作为监管在家教育实施的实际执行主体，具有对教育事务的自治权限，要将其监管职责落到实处。在管理型政府向服务型政府转变的过程中，政府须放弃许多管不了、管不好、不该管的事情，转变为教育服务的组织者、协调者与裁判者。公民本位是服务型政府的价值取向，公民的利益需求居于决定性地位，以统治与管理为辅助。作为法治的服务型政府，是权力受到严格限制和尊重个人自由创造机会与权利的政府。在家教育中，父母承担了主要义务角色，并不能完全免除政府的教育义务。政府应该通过为在家教育提供相关的服务，改变角色定位，积极履行自己的教育义务。

**（二）实体法层面的在家教育法律规范**

一部教育史，就是一部教育制度的创新史，创新实质上就是创造先进教育制度、教育理论的灵魂。教育发展背后的核心机制是教育制度创新，教育制度创新是教育发展与创新的必要条件和保障，教育制度创新需要良好的政策环境和制度保障。当然，教育制度创新不是一味地否定教育传统和摆脱教育传统的制约，而是改造和发展教育传统，实现创造性转换，解决教育发展中面临的现实问题，以适应教育与人的发展需要。

现实的在家教育问题需要教育创新来解决，而教育创新的实践需要得到教育制度的保证，就必须在教育制度创新上下功夫。在家教育法律制度创新就是要满足人们对教育的多元个性化诉求，构建在家教育权利自由得以实现的机制。因此，必须由法律制度提供保障，对在家教育权利给予确认，通过教育行政的再规制，形成合理公平的制度设计和安排，生成促使儿童获得自由全面发展的在家教育法律制度。在家教育权利的合理性基础需要通过工具性权威制度向现实性转化，成为一种"普遍性制度话语"。通过调整适应性的"外部治疗性"与主动内生性的"内部探究性"的制度结合，实现真正的"良法之治"。

1. 从地方到国家层面的在家教育法律制度创新

第一，我国在家教育可先行地方试点，进行教育制度创新。教育本质上就应该是因地制宜地从各地实际需要出发，以解决现实教育问题的。基于现实的教育与个人发展需求的在家教育不适宜采用"围堵战略"予以遏制的被动管理，而应通过社会和个人主导的自下而上发生的诱致性制度变迁（也称为需求主导型变迁）的强大动力，鼓励地方教育制度创新，通过各地自主的实践与探索，提供解决问题的可行路径与方法。地方和基层的教育制度创新是教育改革成功的重要资源和条件，是宏观教育制度改革的基层、先声和生长点。鼓励试点是促进制度创新的一种重要机制，在一些制度一时难以整体改变的情况下，可以允许和鼓励地方局部的试点，通过教育改革的先期实验与试点，给予改革的特许权，在这些探索和试点的基础上，为整体性的变革提供经验与典范，适时予以评价、总结、提升和推广。在改革实践中，应该允许合法性教育改革与法律之间有一定的缓冲带，应该允许底层民众或地方政府在一定范围内突破法律法规的规定而进行试点和实验。只要是教育改革，就不可避免地对现有法律法规有所创新和突破。正如学界所公认的，当立法权限和程序尚无明确的法律规定时，或客观情况发生了巨大变化导致原有法律规定明显不能适应时，在这种情况下推行民意支持的教育改革,不能称为非法,只能称为"良性违宪"。①当教育改革实验非常成功,并获得了非政治公共领域内公众的普遍认可时,在条件成熟时,教育决策部门应把经验提升为政策,再把政策上升为法律法规,自下而上地推动相关教育改革。任何超前的或理想化的改革,如果从试点开始,逐步推进的有序、渐进、建设性的变革都是较为安全的。

因此,针对在家教育问题,地方政府通过符合本地实际情况的试点,先行创新在家教育地方制度,积极履行监管和服务职能。各地方政府可以拟定相关办法,建立一套严格规范的监管与服务体系,为其准入、退出、管理、评估及与学校教育的衔接等提供制度依据,使当地的在家教育健康有序发展,保障义务教育的真义。为将来的在家教育制度整体性变革提供经验借鉴。

第二,在家教育需要通过顶层设计,制定全国层面的《在家教育条例》,以立法保障合法身份。由地方政府驱动的"中间扩散型制度变迁"的制度创新思维和实践经验需要向上扩散,提高制度创新的层级,以构建顺应现代化进程的顶层设计和整体制度安排。通过自上而下的与自下而上两个过程的互动,推进和实现有效的在家教育制度创新。为保障父母教育权与未成年学童学习权,使在家教育顺利实施,在条件成熟时认可在家教育,在对相关教育法律条文进行修改的同时,由国家制定《在家教育条例》加以规范。

在家教育法律制度的构建,需要探讨和解决的首要问题是:在家教育法律制度的建构究竟归属于国家还是地方?即中央与地方教育权限的划分问题。我国的在家教育法律制度的建立,有两种可行途径:一是由国家以框架性立法来形塑在家教育法制,二是由各地方自治立法机关,分别制定自治条例来规范。比如美国和我国台湾地区都主要是因地制宜地制定地方在家教育的管理办法,但因为其规范得宽严不一,也引发了诸多的法律争议。因此,兼采他国或地区的经验,本书认为,因在家教育法制化的重要性和避免法律争议,实现对学生学习权和父母教育权的有效保障,其可行的途径是采取框架式立法,由国家先以框架立法形塑在家教育法制的基本

---

① 任中平、李睿:《论政治合法性与法律合法性的关系及其调适》,《政治与法律》2007年第6期。

架构,对在家教育的教育宗旨、基本原则,教育机关的组织方式,中央与地方或各地方政府的协调,学生、家长与教师的权利地位等进行原则性、纲领性法律规范立法。至于在家教育的具体实施事项,可以采取地方自治模式,由各地方自治团体的立法机关来配合当地人们需求,因地制宜地制定在家教育实施条例并执行。

2. 相关教育法律的完善

世上本不存在至善的制度,宋代的朱熹已经看到:"大抵立法必有弊,未有无弊之法,其要只在得人。……若非其人,则有善法,亦何益于事。"① 法有弊但一切更改之却甚易。"法是吞噬他自己孩子的撒旦",法只有通过与自己的过去决裂才能使自己变得年轻。② 一项具体的法,因为它曾经出现,就要求无限地即永久地存续下去,好比一个挥臂打自己母亲的孩子。当它诉诸法律观念时,是对它的嘲讽,因为法律观念是永恒的生成,但已经生成的必须让位于新的生成,这原是:所形成的一切,是值得毁灭的。③ 现在的在家教育作为一种持续发展的教育现象,再一味地禁止与刑事定罪已不是可行选择,对新的法律现象的合理性确认,并在具备相应的前提条件之时进行法律再规制才是可为途径。

在家教育者已经创造了文化意义上非常独立的一种教育模式,不同于义务教育学校教育的形式和内容,这些需要有官方授权。综观多国家庭与学校之间围绕教育权利从对峙走向融合的在家教育合法化过程,对于我国新出现的在家教育法律事实,须尊重家长与儿童的特殊教育需求,慎用"禁止"的刚性调节手段,除确实有损于儿童受教育权利或明显有害于儿童身心健康发展的情况外,不轻言取缔,以避免人为地将在家教育与义务教育对立起来。④ 在依法行政原则下,法律是行政机关执行政策的依据,要通过对相关教育法律的修改与制定,实现教育行政对在家教育的松绑与再规制,顺利推动在家教育健康有序发展,保障和落实儿童受教育权。

第一,对《义务教育法》相关法律条文的完善建议。教育立法应该具有前瞻性,新《义务教育法》的颁布实施只是我国义务教育立法的一个新

---

① 黎靖德:《朱子语类》(第7册),中华书局1986年版,第2680页。
② [德]耶林:《为权利而斗争》,郑永流译,法律出版社2007年版,第6页。
③ [德]耶林:《为权利而斗争》,郑永流译,法律出版社2007年版,第6页。
④ 劳凯声、李孔珍:《教育政策研究的民生视角》,《教育科学研究》2012年第12期。

的起点,我们必须根据我国义务教育发展的需要,及时、适时地改进这部法律,以使之更好地指导和规范我国义务教育的发展。[①] 针对在家教育的状况,要使在家教育取得合法的法律地位需要:首先,为保持法的安定性,在地方对在家教育进行试点。其次,对在家教育法律行为进行法律解释,法律本身的缺陷需要不同的法律解释进行弥补和阐释。根据我国《立法法》第42条规定:"法律有以下情况之一的,由全国人民代表大会常务委员会解释:(一)法律的规定需要进一步明确具体含义的;(二)法律制定后出现新的情况,需要明确适用法律依据的。"在家教育是否符合《义务教育法》所称的"入学"的要求,作为义务教育法制定后出现的新情况,需要做出进一步的解释。一是运用目的解释法,从目的法角度在现行法律条文中寻找解释空间,实现对法律僵化的一种修正。义务教育法的立法目的是保障儿童的受教育权利,在家教育并没有违背其目的,如果在家教育达到了相当于学校义务教育的标准,就应具有合法性。二是运用扩充解释法,《教育法》《义务教育法》中的"入学"概念字面含义窄化了立法原意,因此需要出台确定的司法解释,对"入学"做出更广义的解释,明确"入学"不仅是"入校",应包括所有进入义务教育阶段学习内容的形式。如果未来在家教育发展达到了合法化的前提条件,《义务教育法》第5条可修改为:"适龄儿童、少年的父母或者其他法定监护人有督促其子女或受监护人入学或接受其他相当教育的义务。"为在家教育的合法性拓展空间,从而实现儿童的个性化教育需求与国家对义务教育的规范管理的统一。

  第二,对《教育法》《民办教育促进法》相关法律条文的修改建议。在家教育作为非学校教育形态中的一种,可以通过制定《在家教育条例》和完善《义务教育法》得以实现。而其他众多非学校教育形态,比如,那些有组织的为个别孩子提供个性化教育服务的全日制现代私塾、书院等义务教育阶段的办学机构,由于其教育法律关系主体不同于在家教育,其中主要涉及教育机构与学生之间的民事法律关系,其问题的解决也不同于在家教育,应该纳入法律规定的"其他教育机构"的范畴予以管理。在教育权力的三种存在形态中,微型学校只能划归为社会教育,即民办教育机构之列,以使微型学校获得合法的法律地位,保障儿童的合法权益。私塾和

---

[①] 刘复兴:《新〈义务教育法〉的突破与创新》,《教育研究》2006年第9期。

学堂等微型学校应严格要求按照《教育法》《民办教育促进法》的关于民办私立学校的规模和标准，取得民办私立教育机构的合法许可证。《民办教育促进法》专门针对国家机构以外的社会组织或个人举办的学校及其他教育机构，对其设立条件、学校的组织与活动、教师与受教育者的法律地位、学校资产与财务管理、法律责任等各个方面进行了严格规定。这使得诸如从在家教育现象中发展而来的微型学校以及其他私塾、书院等多元的教育形态，在诸多方面无法达到相关法律条文的规定，无法获得合法的私立学校教育资质。为了对民间多元教育形态进行支持与规制，可以通过对《民办教育促进法》相关条例进行一定的修改，对民间办学团体的人数、办学场地等硬件进行较为宽松的管理，赋予私立学校更大的弹性运作空间，在不改变义务教育的培养目标的宗旨下，使儿童受教育权利的实现方式更趋多元化。

### （三）程序法层面的在家教育法律保障

1. 政府对在家教育的监管与服务制度

关于政府是否有权监管在家教育以及有多大的权力来监管在家教育，这在本质上涉及教育权归属问题。根据不同的立场和态度，大体可分为"严格监管"论、"放松监管"论、"适度监管"论三类观点。[①] 本书认为，儿童是教育的主要权利者，无论国家抑或家庭都是保障儿童学习权实现的协助者，都有义务帮助、保护儿童受教育权利的实现。我国的在家教育应采取"适度监管"措施，既给予在家教育的权利，同时政府应拥有对在家教育的监管权力，以保证在家教育儿童接受与公立学校相当的教育。"适度监管"的一个基本理念就是，在家教育应该达到一定的标准，使孩子具备相应的学业能力和参与社会的技能。[②] 根据美国多元的在家教育模式和我国台湾地区各县市宽严不一的实施办法，我国大陆地区可以兼采适合我国国情的在家教育模式，积极履行政府对在家教育的监管与服务职能，通过规范性的教学要求和专业化的操作，使在家教育向专业化的道路发展，同时有效避免孩子的辍学和受虐待现象发生，使在家受教育儿童的教育与生命健康权益得到有效保障。具体制度建议如下。

---

① 王佳佳：《当代西方国家"家庭学校"监管之争》，《外国教育研究》2011年第9期。
② 王佳佳：《当代西方国家"家庭学校"监管之争》，《外国教育研究》2011年第9期。

第一，在家教育主管机关的设立。应从中央到地方分设在家教育的主管机关，在中央确定为教育部，地方为各级政府。主管机关应设有在家教育审议委员会，负责在家教育的审议、监督和评估。审议委员会的成员应主要包括：学者专家、教育行政人员、在家教育的家长、教师代表以及社会公正人士等，其中，会议主席应由家长团体民主选举产生。

第二，在家教育申请备案制度的建立。在家教育学生要依法取得学籍，必须经过申请程序，登记备案，为准入提供制度依据。在家教育者必须到当地的教育行政部门提出正式的书面申请，登记备案，并由监护人签署"在家接受义务教育保证书"。在此，登记备案的在家教育学生，是在公立系统的一定监管下进行学习的，这样有利于国家对在家教育在读学生数量有一个全面的统计数据，确保这些孩子是在家接受教育而不是辍学。在此基础上，教育部门还可以收集到更为详尽的在家教育资料，包括对在家教育的学业成就、社会化问题等有一个比较全面具体的了解，有利于对在家教育研究工作的全面深入展开，为未来在家教育的健康有序发展提供帮助和支持。

第三，在家教育父母教育资质认定制度的建立。什么样的人才能为孩子提供教育呢？在家教育的教师，无论是父母还是家庭教师都应具有相应的教育资质。虽然各国或地区对父母是否应具有教师资格证问题，宽严不一；但教师职业具有专业化特征，不但要具有专业化的知识和能力，还要懂得教育学与心理学等相关知识。因此，父母及延请的家庭教师，学历上应有明确的规定，必须要求具备基本的教师资质水平，要么取得国家统一认证的教师资格证书，要么必须达到国家对在家教育教师的资格认定要求；以有效减少在家教育中的盲从与非理性行为所造成的教育风险，最大限度地保障在家教育的质量水平。

第四，统一与个性相结合的课程标准的制定。课程标准指的是由一系列与学生学习结果有关的目标、计划和标准等组成的框架，它限定了学生应该学习的内容和所要达到的目标。[1] 学校教育的课程标准往往由国家教育行政部门制定，并以文本形式呈现。它体现的是国家对各教育阶段学生在认知能力、动作技能、知识和情感态度价值观等方面发展的基本要求。[2]

---

[1] 苏贵民：《课程标准研究取向的回顾与前瞻》，《中国教育学刊》2013年第1期。
[2] 靳玉乐：《新课程改革的理念与创新》，人民教育出版社2003年版，第85—86页。

课程是实现教育目的的重要途径，是组织教育教学活动的最主要的依据，是集中体现和反映教育思想和教育观念的载体，因此，课程居于教育的核心地位。在家教育教学也应该建立相应的课程标准，以更好地保证教育教学质量。

在家教育的课程标准制定应兼有统一与个性相结合的特点。一方面，为在家教育课程建立统一标准。在家教育作为义务教育的一部分，必须达到学校教育的相当水平。因此，学校教育课程标准即对在家教育的统一的基本要求，在家教育每年要接受专业的课程评定，要求课程必须包括国家统一教材、可以灵活选择个性化的教材。另一方面，在达到统一课程标准要求以外，在家教育课程设置可体现个性化特征。无论是以何种方式选定课程，个性化是在家教育课程的典型特征。课程设置主要包括教学时间、教学材料、教学内容、教学方式四个方面。根据孩子的特点和需求，在家教育的课程设置可以多种多样。根据不同家庭中不同孩子的需要自由选择，随时做出灵活调整，以利于因材施教，进行个别化的教学。因此，在家教育必须既要反映义务教育的统一课程标准，又要有体现自己个性化的课程设置，两者不能有所偏废。

第五，教学监督与质量评估制度的建立。为保证在家教育的有效性，必须对在家教育情况进行跟踪监督。各级教育主管机关设立的在家教育审议委员会及学籍所在地学校，同时担任监督职责，对家长的教学进行监督和评估。通过对申请书与计划书的审查、定期家访，对教学环境进行考察，与孩子及家长进行交流，对学生的不同形式学习成果进行检查，查看家长定期提交的教育报告以及教学计划等，对在家教育的教学过程进行实时监控，对家长的不恰当教学行为提出指导与改正建议，而对于连续多次不合格的教育行为要提出警告，加强监督，对确实不能胜任在家教育任务的家长，提出终止在家教育和回到学校接受教育的建议。对在家教育的价值导向进行严格监督，坚决杜绝不符合《教育法》与《义务教育法》的教育行为与言论，维护教育的公益性，保证社会合格公民养成。

在家教育的质量评估，重要的因素应该包括儿童的品德、智力发展与学业成绩。可以借鉴英国地方教育当局的评估方式，从以下三方面进行多元化的评估检测：一是与考试有关的评估，二是与同龄儿童的比较评估，三是儿童个人的进步评估。要求在家教育的父母保持教学及评量记录，作为评估的重要依据。同时，在家教育的学生必须定期参加学校的学业水平测验，至少达到每学年一次，以保证他们确实掌握了必要的知识文化和技能，而不是在浪费时间，接受在家教育儿童的测验成绩如果低于同年级的义务教育要求的相当水平，且经过家庭补习后在半年之内未能提高，该儿童就不能继续接受在家教育，必须返回公立学校学习。在家上学的学生，如果经教学评估与考核，成绩合格，可取得学籍所在地学校的毕业证书；对于未能通过评估者，亦应颁发修业证书，使其获得同等学力证明。

2. 在家教育与学校教育的衔接制度

在我国，关于教育的二元思维比较严重，往往把在家教育与学校教育视为两种相互对立、非此即彼的存在物。实际上，教育是一项系统工程，仅靠学校教育单方面的力量难以完成新时代所赋予的育人任务，在家教育能满足一些不适应学校教育的儿童的个性化教育需求，是一种多元教育形态的存在形式。在家教育与学校教育都实践着培养人的最终教育目的，都属于系统化教育，理应移去在家教育与传统学校教育的"界碑"，将在家教育纳入现在的学制系统，实现学校教育制度与家庭教育制度的有效沟通与衔接。

第一，在家教育学生电子学籍的取得。2014年9月，教育部将为每位学生核发全国唯一的电子学籍号，用于监测学生上学考勤，伴随学生从小学到高中的就学历程。如果在家教育学生不能取得电子学籍，这就意味着他们无法参加体制内的中高考，无疑窄化了未来的升学与就业通道。因此，在家教育学生可以采取"双重入学"的方式，学校采取开放的招生注册制度，允许在家教育的学生在所在学区的公立学校注册。登记备案的在家教育学生必须与学籍所在地学校保持联系，定期参加学校的考试、课外活动以及部分开放课程等，并使用学校的公共资源，学校教师将学生的各方面表现记录在案，并形成电子学籍的记录档案。这也就为在家教育学生回归学校、参加中高考提供了可能性保障。在家教育学生电子学籍所在学校也可以依法取得政府的生均教育资助。

第二，准许在家教育学生参与公立学校考试，并享有参加中高考的资格。公私立学校都会定期或非定期地举行学业成绩考试，以检测学生某一阶段的学业水平，使师生能对自己的教与学做出一定的反思与改进。而在家教育的家长往往因不太关注孩子的学业成绩而很少采用标准化考试对教学进行评估检测。让在家教育的学生参加学校定期举行的期中期末考试等，不但有利于学校对在家教育进行监督评估，也有利于在家教育父母对自我的教育做出一定的反思和评估，以便对自己的教学内容与方法等及时做出调整。同时，在家教育学生应该享有同等的参加中高考的权利资格，为在家教育的学生提供相同的升学通道，以提供平等的升学和就业机会，为其未来发展扫除障碍。但对在家教育的学生年龄应该有合理的规定，以防出现部分家长以升学为目的的急功近利的片面化应试教育，让孩子过早参加中高考升学考试，不利于孩子的身心健康发展。

第三，允许在家教育学生随时返回学籍所在学校就读。教育是一个长期和复杂的过程，既然学校教育并不能在普遍意义上保证每一个孩子取得成功，在家教育亦是如此。因此，在家教育的实施过程中，难免会遇到各种已知或未知的挫折与困难，并不是每一位家长都有能力妥善解决。无论是学校教育还是在家教育，只是教育形式的不同，而其出发点与最终目的都是为了让孩子接受好的教育，并获得最大限度的自我发展。在家教育不是永恒不变的决定，你可以给它一个实践的机会，如果需要再回到学校，为着共同教育目的的实现，我们应该允许在家教育学生在遭遇困难的时候，能无条件获得学校教育的支持与帮助，破除学校教育与在家教育之间的壁垒，让孩子能随时返回学校接受教育。并对在家教育、回到公立学校的儿童、回到学校的原因及儿童的学业水平等都应达成理解。

第四，在家教育学生可使用学校公共资源，参加公立学校的一些课外活动。为给在家教育学生提供更多更好的学习机会，在家教育者可以申请使用学籍所在学校的公共资源，如教具、实验器材、图书馆、运动场、体育器材等。政府还应鼓励学校向在家教育家庭提供各种形式的支持，比如，允许在家教育者定期参加学校的某些特色课程与课外活动等。

**（四）相关规章制度的完善与创新**

1. 学校教育制度的变革

在我国义务教育阶段，孩子"有学上"的问题已经得到基本解决，"上好学"开始成为人们新的教育诉求，也是学校教育所面临的新问题。在家教育现象一方面折射出当前社会民众对多元化、个性化教育的诉求；另一方面也表达了民众对当前学校教育理念和质量的不满。学校作为实施教育的主要场所和渠道，学校教育仍然是民众选择教育的主流方式，因此，当前的重点不在否定学校教育，而在于通过汲取在家教育的优点，关注学生的个体差异，进一步深化学校教育体制改革，优化和完善学校教育制度，实现学校教育由同质化的选拔功能到个性化育人功能的转变。

第一，由工具理性向价值理性的育人功能转变。在家教育的父母坚持以儿童为本的理念，为了真正实现儿童全面、自由、个性化发展而做出自我努力，最大特点就是充分尊重孩子的兴趣特长，依据孩子的个性化需求实施灵活的教育方法，重视对孩子独立人格、正确价值观的培养。现代的多元化社会要求一个人不但具有良好的专业知识与技能，更要求一个人具备独立做出选择与判断的能力、对多元文化的接受与包容能力以及自由、平等、博爱的价值观。而我国的学校教育却更多强调教育的社会功能，应试教育高压下学校与家长只关注学生的学习成绩，而对孩子的人格培养不甚关心。因此，我国的学校教育应转变教育价值取向，从社会服务导向的工具理性价值上升到对个体价值理性的重视，在强调以人发展为本的前提下，实现其社会服务功能。学生是独立的人的存在，教育观中最本质的是学生观，把学生看作完整的生命个体，强调学生的主体能动性和个体独特价值，承认学生的差异性，不唯分数论，关注学生的多元发展与成才观，关注孩子的独立人格、社会责任感与终极关怀品质的培养。

第二，尽力做到教学小班化。在家教育最大的优势和特征就在于其人数偏少，几人一起学习的情况是常态，也存在一人独自学习的状况，能针对个体自身情况进行个性化教学，其教学成效凸显。而我国学校教育的一大特点就是大班额。但是，一个班级的学生数应该控制在一个合理的限度内才能有更好的教学效果。一般说来，中小学校班级人数超过50人即"大班额"。在我国，特别是中西部地区，大班额现象普遍存在，随着城镇化进程的加快，尤其是一些中小城镇，多数班级多达70—80人，在这种情况下如何去奢求和实现所谓的对学生个体的关注和个性化发展呢？大班额现象给学校教育教学工作带来严重的负面影响，不仅有损于义务教育的公平性，更使我国基础教育教学质量大打折扣，阻碍了学生的个性化发展，严重制约了我国基础教育均衡发展目标的实现。学校基础教育在完成大众化的普及性教育时，在充分利用班级授课制的高效率的同时，要尽可能减少班级学生数量，解决超大班额问题，要把班额人数严控在一个合理的教学范围内，我国目前规定的是45名学生。在有条件的地方，应逐步实现小班化教学。对于小班化教学，教育界也还没有一个确切的概念。国外的资料显示，英国的班级规模是20—25人一个班，不超过30人，美国和德国是平均25个学生一个班，加拿大不超过30人一个班。2010年开始,小班化教育探索已经进入了国家和各省"十二五教育发展规划纲要",这是一个良好的开端,应该成为学校教育致力追求的方向和目标。

第三,课程设置与教学内容方式上应具有更多自由性与灵活性。首先,在课程设置和教材选择上,在家教育具有很强的自主性,一般家庭很少按照学校的课程计划和教材内容进行教学,也没有严格遵循我国的分科科目进行教学,打破了学科界限,更多采取的是一种综合性的课程学习,比如,通过阅读和国学知识进行语文学习,物理、化学、生物等加强了课程知识之间的有机联系,使学生掌握的知识不再碎片化,能更好地认识世界和解决现实生活中的问题。分科课程与综合课程都是观照和解决人与文化之间的关系问题。而我国自新中国成立以来主要采用分科课程的形式,其存在一定弊端,各门学科课程过于专门化,割裂了学科之间的联系,单一学科的条块式知识,无法解决现实生活中的复杂综合性的问题,造成了人与文化和现实世界的分离。现实世界是一个人类知、情、意的和谐发展的文化世界,要求课程能为学生的全面和谐发展提供整体的内容与时空方式,追求人性的全部实现与多样化文化的整合。而在家教育家长们所设置的课程具有综合性特征,这也正是现代学校课程发展的趋势和特点,值得借鉴。我国学校教育应探索更加合理的课程设置,在学校的课程设置和教材选择上,给予更高的自由度,增设国家、地方和学校各级选修课程,进行差异化、个性化设置。同时,还应增加国学经典内容,以加强对传统文化知识的学习和继承。其次,学校教学变革可以从在家教育中借鉴经验,如小学低年级课桌椅的排列、教具的配置等可以与家庭学习的布置相似;可以多采用家庭生活中的实际问题作为教学题材;教学少受学科与课程表的约束;将学生分成若干组,配备教师,模拟家庭中的亲子关系进行教育。将学校变成一个充满爱和温暖的家庭,塑造一种新型的班级氛围、教学模式及学习方式等。

第四,由单一向多元的教育评价转变。在家教育的父母对子女成长的衡量标准值得学校借鉴和思考,在家教育父母不太鼓励竞争,普遍淡化对子女学业分数的关注,尊重儿童的多元智能发展,更加重视儿童自身的生命快乐成长、自我个性的塑造以及思考力和创造力潜能的开发等。但是,父母对分数的淡化并不代表孩子学业成绩的低下,由于孩子具备了学习的内驱力,多数孩子养成了良好的学习习惯,具备了更强的学习能力。因此,许多孩子才能在更短的时间内习得比学校更多的知识文化。即使是厌学的孩子，也能因为回避了学校中正式与非正式的对自我的负面评价，而在家庭学习中重新找回自信与自我，通过对自我价值的确认，重新投入对课程的学习中。在家教育对多元智能的肯定与挖掘，启示我们探索多元的评价方式。霍华德·加德纳（Howard Gardner）的多元智能理论旨在强调关注学生的个别差异，以避免以考试、标准化为导向的筛选教育导致教学的异化，强调各项智能的全面发展和个性才能的充分发展，认为并不存在适用于所有人的统一的评价模式或标准。

现代学校教育基本上是一种以语言智能和数理逻辑智能为重点，忽视其他智能发展的教育。教师和学校根据上级教育行政部门的要求用同一种评价尺度和标准对学生进行评价，以升学率为主要指标，学生的学习成绩是衡量学生优劣的重要甚至唯一指标，更多地注重总结性评价，引起了明显的"应试教育"倾向。因此，在学校教育评价中，要借鉴在家教育中对多元智能的尊重，彻底改变以往的把分数作为教育质量唯一衡量标准的评价观，强调把促进个体发展与适应社会需要作为衡量教育质量的双重标准，在学校教育评价中既要注意对儿童的统一要求，也要关注个体差异和不同发展需求，为个体特色化发展创造空间，教育欲评之"价"必须指向社会中具体的人的发展和完善，探索有利于儿童多样化发展的多元评价方式。同时，亟待改变我国现有的单一而僵化的高考选拔制度，将学生的人格、兴趣以及非学业化活动等纳入高考选拔指标评价体系。建构多元一体的科学、合理的评价指标体系。

第五，加强对教师素质的培养。在家教育中的多数父母并未取得教师资格，但是他们有着正确的教育价值观，关注儿童的身心健康发展，勤于思考和学习，对教师专业化构成了一定的挑战，学校教育应强化教师素质的培养。教师素质是指教师在教育教学实践活动中逐渐形成的相对稳定的、与学生身心发展休戚相关的、对教育教学效果具有显著影响的基本品质的总和。2012年2月，教育部发布的《教师专业标准（试行）》为我们研究教师素质结构提供了理论依据。教师素养的培养是一个持续性、动态化的长时间的过程。教师素质是一个复杂的综合结构，本文采取较为通用的分类方法，将教师素质结构分为专业理念与师德、专业知识和专业能力三个维度。教师的职责在于教书育人，不但应该对于教师的专业知识与能力进行严格把关，还应该关注教师的育人理念与师德。首先，教育发展要承担适应社会进步和人的发展的双重使命，对教师素质的要求，不仅在于专业素养方面，而更应注重教师正确理念和价值观的树立。教师在教学过程中要把学生视为完整的生命个体，学生不仅是学习者、教学的对象，更是教学的参与者与创建者。彻底摒弃高高在上的教师权威，建立民主、平等的师生关系尤其重要。其次，教师要有教育智慧和教学的艺术和技巧，在教学中，教师要善于调动、激发、引导学生的学习兴趣，使儿童产生强烈的求知欲望和内在动力，关注创新能力的培养。再次，要提高教师的反思与持续学习的能力。彻底摒弃只关注对学生知识教授的"教书匠"角色，力求做一个不断反思与学习、持续进步的反思学习型教师。

第六，扩大父母在学校教育中的参与权，加强家校合作。在家庭教育功能不断弱化，学校教育功能无限扩展的今天，在家教育的出现给我们提供了一个反向的成功例证，不同于部分父母的"教育卸责"的现状，许多父母也具有强烈的教育责任意识与较强的教育行动能力。学校管理制度改革应更多吸纳家庭参与，扩大父母在学校教育中的参与权。父母作为委托授予学校教育权利的契约方，对子女的教育权不仅包括家庭教育领域，也包含学校教育领域。父母的学校教育参与权可分为父母知情权，提案、发言权，共同决定权三种主要类别。[1] 近年来，学校教育中，家长参与学校教育的意愿也在不断提高，应该尊重父母的教育参与权，充分调动家长的积极性，利用和发挥家长的教育优势，与学校教育形成合力，成为影响学校教育的重要力量。同时，加强家校合作关系，提升家庭教育能力。要充分发挥学校对父母的教育影响力，通过开设专题讲座与专门课程等方式，对父母进行教育与辅导，使家庭明确自身的责任与提升自身教育能力。要逐步恢复家庭应有的育人机能活力，将本来应由家庭承担的教育责任交还给家庭。新形势下家校合作的有效途径和方法包括：改革家长委员会；创立形式多样的家长会；完善家长学校，加强对家长的培训；探索互联网时代家校沟通协调机制等。总之，通过学校与家庭的充分合作与优势互补，发挥二者的最佳效能，可以使各自的教育功能得到理性回归，弥补和改善目前学校教育一枝独秀所造成的诸多弊端。让父母与学校的关系从商业化、功利化的被动模式回归到主动参与的模式，从消极的"以脚投票"的教育自由选择权转到以积极的态度"用手投票"，主动参与和改进学校

---

[1] [美] Michael Fullan：《教育变革的新意义》（第四版），武云斐译，华东师范大学出版社 2010 年版，第 144 页。

教育。

一言以蔽之，在支持为真正的公共教育而战中，非在家教育者不仅仅能做正确的事情，而且可以潜在地把我们的深刻理解奉献给公共教育中思想开明的老师和管理者。学校教育要重视大众的教育诉求变化，尽量满足人们的多元教育需求，给学习者更大的选择可能性，通过大力推进教育体制改革，构建更加灵活多样的学校教育制度，建设多样化的公共教育服务体系，使人人都能得到充分发展的机会。

2. 社会支持系统的完善

在家教育家庭需要官方的法律授权，获得政府的社会政策支持。作为边缘化群体，在家教育群体处于相对弱势与不利地位，迫切需要来自社会各界的支持与帮助。通过完善社会支持系统，使在家教育者能多途径、广渠道获得应有的协助与支持。

第一，加强网站资源建设，建立良好的在家教育网络体系。互联网的出现不但颠覆了传统的通信、出版和传媒等行业，也正颠覆着教育的实现形态。现代传媒和网络技术，社会的、政治的和经济的几股汇合的力量已经促进或也许是刺激了在家教育的增长。信息网络的普及打破了时空限制，为在家教育者查找和选择教育资源带来了便捷，成为获取教育资源和资讯的主渠道。随着在家教育越来越普及，网络不但成为在家教育家庭寻找课程信息资源的重要渠道，还是家庭间沟通联络的重要方式。同时，学生可以在一个强大的在线学习环境中独自在家学习，包括任务安排、视频音频利用、学习者之间的讨论、向他人请教问题等。在家教育需要大量利用国内外的网络共享资源，但是随着在家教育群体的发展壮大，需要有教育和传媒等各个领域的专家借助网络平台，根据在家教育者的需求，整合资源，提高资源利用的有效性。

第二，充分利用社区资源优势，为在家教育家庭创造良好学习与成长环境。社区是现代社会城市生活的基本单位，是一个灵活动态的地方。没有单一的老师或者父母能够满足一个孩子在任何特定时间的学习和社交需要，在家教育要取得成功，必须充分发挥社区的资源优势，来满足儿童的成长需要。我国的社区基础设施建设还相对比较薄弱，应以此为契机，加强社区对教育的服务功能，这也是社区教育、学校教育与家庭教育的三位一体融合的契机。首先，积极开展社区宣传活动，宣传家庭教育的重要性，同时对家长进行指导、培训，对在家教育家长给予更多的支持与帮助。要鼓励在家教育家庭彼此互助合作，建立互助团体。其次，充分利用社区的公共空间，整合社区教育资源，包括社区公共图书馆、健身房、博物馆、科技馆、电影院、公园、运动场等，为社区孩子们提供丰富的学习、娱乐机会。在家教育学生通过参加大量的社区活动，比如，体育活动、教会活动、舞蹈表演等增加社交机会。再次，成立志愿者组织，为社区孩子提供志愿服务机会，培养孩子的社会责任感与终极关怀意识。

第三，建立针对在家教育家庭的福利支持制度。通过对在家教育学生身份的确认，孩子应该可以享受正常学生的福利优惠制度。比如，购买学生火车票，参观、旅游打折等。要对在家教育父母提供形式多样的专业支持，政府可以为父母提供教学知识和技能等形式多样的教育培训，提高其教育教学的专业性。培训的内容通常包括：与儿童沟通的方法和技巧，教授和指导孩子学习的方法，以及一些学科专业技能等。政府要向在家教育者提供信息、交通与教育咨询等方面的服务，还可以发行相关杂志期刊对在家教育进行正确的舆论引导。

第四，建立在家教育的法律援助制度。在家教育在取得合法化地位的前后，都会产生各种形式的法律纠纷，需要政府与民间法律组织提供法律援助。政府法律援助是国家的一项法律制度，《法律援助条例》对援助的对象、内容与范围等都有明确规定，具有很大的局限性。而民间法律援助因其目的的公益性、方式的灵活性、宗旨的多样性，更能为在家教育群体提供切实可行的帮助。因此，包括高等院校或其他社会组织等可以成立一些非营利性的民间在家教育服务组织提供法律援助，支持家长抚养和教育儿童的权利。比如，成立"在家教育权益保护协会""在家教育法律支持协会""全国在家教育网络"等全国性的在家教育组织，家庭通过信件和电话进行关于在家教育的法律咨询，在家教育组织通过刊物和电话服务等方式为在家教育的家庭提供法律咨询服务，采取相应行动保护成员合法权益，并根据特定的情况为在家教育扫除法律障碍。同时，为更好地保护在家教育儿童的生命健康权、受教育权与发展权等权益免受监护人的侵害，在家教育组织也应该对儿童提供法律援助。

综合本章所述，解决在家教育法律规范问题，首先，遵循在家教育法律规范问题的应对逻辑对在家教育的地位、教育改革的实施、在家教育的制度创新进行解惑。其次，在理论层面加以思考，对在家教育概念进行正确界定，通过教育行政的松绑与再规制实现在家教育权利，在家教育的合法化在满足相应的条件的基础上，应该把儿童全面、自由、个性化发展作为在家教育法律制度构建的衡量标准和制度创新的生长点。再次，研究源于现实，再回归现实，在具体法律制度建议上，仍应坚持学校教育的主流地位，把学校教育制度改革作为重点。同时，对在家教育法律制度进行创新是补充，相关社会支持系统是配套制度，以及相关教育法律的完善也不可缺少。由此，我国在家教育实现从实质到形式的合法性统一，构建在家教育法律规范体系，保障儿童受教育权利的充分实现。

# 结　　语

当写作接近尾声之时，我的思绪却又回到了选题的原初。在2012年11月召开的教育法学年会上，教育法学专家劳凯声教授在最后总结陈词时，特意针对我国出现的在家上学现象，简明扼要地表明了自己的观点与看法，认为现在的在家上学现象与义务教育初期的辍学不一样，它是在学校教育不能满足孩子需求发展的情况下所作的选择，背后的法理涉及家庭教育权利、学习者权利和国家教育权力等，其中关涉的学校与家庭、国家与个人之间的矛盾，民意和法律政策之间的互动，都是我们要解决的问题。来自社会现实的重要教育法律问题，正是教育法学研究者需要做出系统和深入研究的课题，由此，引发了笔者对在家教育法律现象的关注与思考。

涂尔干曾说："教育会随着时间和地点的不同而发生无穷无尽的变化"，不会"存在一种理想的、完美的教育，可以不加区别地适用于所有人"，因而，"如果有人把教育从时间和地点的条件中抽离出来，一开始就去问理想的教育必须是什么的，这就等于承认教育体系本身并没有什么实在性。"[①] 在家教育的出现带给人们对教育的全新认识和体验。不断有新的家庭正在或正计划加入在家教育群体，引发了社会各界对在家教育越来越多的关注和争议。争议说明了在家教育所带来的越来越深的社会影响以及对本问题展开研究的必要性，因此，笔者随着了解的不断深入而萌发了对本问题进行研究的强烈动机。清楚地阐释在家教育存在的合理合法性问题，为在家教育寻求法理依据就成为本书亟待完成的使命。

在家教育法律规范问题的研究需要运用一种综合的法律理论思维，从法律现实、价值和规则多个维度进行诠释，实现对在家教育的法理证成。

---

[①] ［法］涂尔干：《道德教育》，陈光金等译，上海人民出版社2006年版，第230—231页。

## 结 语

本书从义务教育法律制度下在家教育法律现象出发，发现在家教育在实践与理论方面的内在自洽的合理性基础，同时从法律现实发现在家教育的法律规范冲突，探寻其冲突根源，再进一步阐述在家教育在本体与价值方面的合法律性机理，进行法理论证。最后，从理论与实践角度对在家教育法律规范问题的解决提出思考与建议。

伊万·伊利奇认为，学校的正规教育不可能在普遍的意义上取得成功。[1] 对于在家教育这种多元教育形态的出现，人们应给予更多的关注。通过在家教育等多元教育形态的共生与互补，人的个性才能更充分地展开，多样化的自我实现才能成为可能。这是一个权利的时代，是被压抑已久的人们权利意识觉醒的时代。在家教育作为一种应有的权利，当我们争取到在家教育的合法权益时，同时需要注意不能独揽权利。"教育作为一种人类学事实是存在于人的全部社会生活中的，而不是仅仅局限于学校生活的时空框架。"[2] 教育实践是先于"教育""学校教育""家庭教育"等概念而客观存在的，并不仅仅局限于某一特定时空领域，而是广泛地不可分割地存在于人的全部社会生活中。教育必须在家庭、社区、社会、人类和自然世界的重叠的背景下开始，滋养每一个孩子的独特潜质。由学校教育与非学校教育，正规教育与非正规教育，制度化教育与非制度化教育等多元的教育形态共同构成和谐的教育生态。在培养社会的合格公民的同时，充分实现儿童全面、自由、个性化发展的最终目标。

总体来看，本书已达成了预期的研究目标，并在研究方法论与具体研究方法上具有一定的创新性。运用了综合法学的研究范式，从法律的现实、价值与规则多维视角对在家教育问题进行分析；将"fieldwork"作为最基本的研究方法运用于教育法学研究，通过田野考察从现实中发现问题、寻求证据，以进一步从社会学、法学的视角进行分析，增强研究的说服力。正因为本书是基于田野考察的综合研究范式，也无形中冲淡了教育法学的逻辑思辨的理论色彩。同时，由于本书主要从较为宏观的角度对在家教育法律问题进行分析，缺乏对法律规范制度的具体详细设计；同时由于笔者学识、精力所限，对在家教育的法理论证还不够深入，尚需进一步完善。本书作为在家教育领域的一项前期的理论研究，提出的

---

[1] Illich I., *Deschooling Society*, New York: Harper & Row, Publishers, 1971, p.1.
[2] 项贤明：《泛教育论：广义教育学的初步探索》，山西教育出版社2002年版，第200页。

一些具体政策法规层面的构想与建议，尚需在实践中检验。对在家教育的相关研究刚刚开始，无论是从经济学、教育学、社会学等各个角度，这都是一块尚待探索开垦的教育领地，希望本书能在该领域起到抛砖引玉的作用，引发更多学者投入在家教育的相关研究中，这也将是笔者继续努力的方向。

# 参考文献

马克思、恩格斯：《马克思恩格斯全集》第 1 卷，人民出版社 1997 年版。
马克思、恩格斯：《马克思恩格斯全集》第 3 卷，人民出版社 1960 年版。
马克思、恩格斯：《马克思恩格斯全集》第 42 卷，人民出版社 1979 年版。
马克思、恩格斯：《马克思恩格斯全集》第 23 卷，人民出版社 1972 年版。
马克思、恩格斯：《马克思恩格斯全集》第 20 卷，人民出版社 1971 年版。
马克思、恩格斯：《马克思恩格斯全集》第 46 卷（上），人民出版社 1979 年版。
马克思、恩格斯：《马克思恩格斯选集》（第一集），人民出版社 1972 年版。
蔡佳霖：《国民小学阶段实施在家自行教育之研究》，硕士学位论文，台北市立师范学院国民教育研究所，1998 年。
柴克清、赵厚姗：《挪威的选择性教育与家庭教学》，《外国中小学教育》2002 年第 4 期。
常生龙：《在家上学亟须明确监管责任》，《中国教育报》2014 年 10 月 20 日。
陈恩伦：《论学习权》，博士学位论文，西南大学，2003 年。
陈恩伦：《论学习权》，《中国教育学刊》2003 年第 2 期。
陈佩琪：《父母在学校教育上的权利》，硕士学位论文，台湾大学法律学研究所，1995 年。
陈瑞桂：《我国在家教育制度之法律地位与实施现况之探讨——以台北县市国中生在家教育为例》，硕士学位论文，台湾师范大学，2004 年。
陈若葵：《孩子"在家上学"父母须慎重选择》，《中国妇女报》2013 年 12 月 12 日。
陈淑英：《论父母在家教育权——教育行政的松绑与再规范》，《学校行政双月刊》2006 年第 3 期。

陈燕平：《再次兴起的美国家庭学校》，《国际展望》1990 年第 6 期。

陈志科：《家庭学校：可以尝试的基础教育新场所》，《天津市教科院学报》2001 年第 12 期。

陈志科：《论家庭学校及其应具备的条件》，《天津市教科院学报》2006 年第 8 期。

陈志科：《在家上学的合法性探讨》，《天津市教科院学报》2007 年第 10 期。

褚宏启：《教育法的价值目标及其实现路径——现代教育梦的法律实现》，《教育发展研究》2013 年第 19 期。

褚宏启：《教育法学的转折与重构》，《北京师范大学学报（社会科学版）》2013 年第 5 期。

褚宏启：《论教育法的精神——为了人的自由而全面的发展》，教育科学出版社 2013 年版。

褚宏启、杨海燕：《教育公平的原则及其政策含义》，《教育研究》2008 年第 1 期。

丁莉杰：《国民教育阶段在家教育课程实施之个案研究——以新竹市为例》，硕士学位论文，台北师范学院，2002 年。

杜晓萍：《美国 K1—12 阶段"在家上学"形式利弊控析》，《宁波大学学报（教育科学版）》2006 年第 12 期。

段斌斌：《论在家上学的合法化前提》，《华中师范大学学报（人文社会科学版）》2018 年第 3 期。

段斌斌：《逃离与回归："在家上学"应作为学校教育的补充》，《中国人民大学教育学刊》2016 年第 3 期。

方长春：《家庭背景如何影响教育获得：基于居住空间分异的视角》，《教育学报》2011 年第 12 期。

方慧琴：《台北市实施在家自行教育之研究》，硕士学位论文，台北市立师范学院国民教育研究所，2002 年。

付建军：《从同质公平到差异公平——美国基础教育财政政策中公平理念的转变、应用与启示》，《外国教育研究》2011 年第 9 期。

傅汉荣：《一对父母挑战学校教育模式让女儿回家上学，私塾现代版广州上演》，《羊城晚报》2001 年 9 月 18 日。

傅松涛：《教育组织形态的历史回归与超越——当代美国家庭学校的组织形态分析》，《比较教育研究》2007年第10期。

高全喜：《再读穆勒》，《读书》2011年第6期。

公丕祥：《法理学》，复旦大学出版社2003年版。

龚向和：《受教育权论》，中国人民公安大学出版社2004年版。

巩本栋：《程千帆、沈祖棻学记》，贵州人民出版社1997年版。

顾明远：《教育大辞典》，上海教育出版社1998年版。

关明凯：《法律的三维透视——对法的价值、规则、事实的统一性研究》，法律出版社2008年版。

管华：《儿童权利研究——义务教育阶段儿童的权利与保障》，法律出版社2011年版。

郝文武：《教学方式对能力发展作用的价值取向和实践整合》，《北京师范大学学报（社会科学版）》2007年第3期。

何颖：《当前我国义务教育阶段"在家上学"的法学分析》，《教育学报》2012年第4期。

何西宁：《试论我国家庭教育权》，《当代经理人》2006年第6期。

胡长清：《中国民法总论》，中国政法大学出版社1997年版。

胡金木：《公正：捍卫儿童的学习权》，《教育学术月刊》2009年第2期。

胡劲松、段斌斌：《论"在家上学"的权利主体及其权利性质——保障适龄儿童受教育权的视角》，《教育研究与实验》2014年第4期。

胡劲松：《学校教育制度与个体发展》，《开放时代》1999年第1期。

胡青：《试论中国古代的家学》，《江西教育科研》1990年第1期。

胡淑芸：《美国"家庭学校"引发争议》，《社会》1998年第9期。

胡琰：《透视美国家庭学校教育中的家长角色》，《外国中小学教育》2008年第9期。

黄恒学：《公共经济学》，北京大学出版社2002年版。

江畅：《优雅生存与人类幸福》，《伦理学研究》2002年第11期。

江佳芳：《中部地区在家教育学生家长亲职压力与社会支持之研究》，硕士学位论文，台中教育大学，2013年。

金柯：《另类教育：家庭学校打造"天才少年"》，《解放日报》2004年2月15日。

靳晓燕：《全国中小学生将统一学籍管理》，《光明日报》2014年8月

23 日。

靳玉乐:《新课程改革的理念与创新》,人民教育出版社 2003 年版。

瞿同祖:《中国法律与中国社会》,中华书局 1981 年版。

劳凯声:《变革社会中的教育权与受教育权——教育法学基本问题研究》,教育科学出版社 2003 年版。

劳凯声、李孔珍:《教育政策研究的民生视角》,《教育科学研究》2012 年第 12 期。

劳凯声:《论教育法在我国法律体系中的地位》,《北京师范大学学报(社会科学版)》1993 年第 4 期。

劳凯声:《"在家上学",如何走出"桃花源"》,《人民政协报》2013 年 2 月 6 日。

李步云:《宪法比较研究》,法律出版社 1998 年版。

李德顺:《关于社会主义核心价值观的几个问题》,《上海党史与党建》2007 年第 7 期。

李洁:《从学习权研究看教育发展趋势》,《河北师范大学学报(教育科学版)》2011 年第 7 期。

李莉:《构建社会支持系统,促进教师专业成长》,《上海教育科研》2008 年第 10 期。

李连宁、孙葆森:《教育法制概论》,教育科学出版社 1997 年版。

李明昌:《在家教育法制化之研究》,硕士学位论文,台湾辅仁大学法律研究所,2004 年。

李思敏:《不一样的教育选择:三个在家教育家庭的个案研究》,硕士学位论文,台湾屏东教育大学,2007 年。

李晓燕:《教育法规地位新探》,《教育研究》1996 年第 6 期。

李晓燕:《教育法学》,高等教育出版社 2006 年版。

李晓燕、巫志刚:《教育法规地位再探》,《教育研究》2014 年第 5 期。

李晓燕、夏霖:《父母教育权存在的法理分析》,《兰州大学学报(社会科学版)》2014 年第 3 期。

李新玲:《在家上学——叛离学校教育》,中央广播电视大学出版社 2012 年版。

李震山:《宪法未列举权保障之多元面貌——以"宪法"第二十二条为中心》,李震山《多元、宽容与人权保障——以宪法未列举权之保障为中心》，台北：元照出版公司 2005 年版。

廖青、肖甦：《我国台湾地区在家上学合法化之后的经验与启示》，《教育科学》2017 年第 6 期。

廖申白：《西方正义概念：嬗变中的综合》，《哲学研究》2002 年第 11 期。

林玲：《在家上学权利的正当性与合法性分析》，《当代教育科学》2016 年第 3 期。

林天佑：《在家自行教育的理念与策略》，《国教新知》1999 年第 1 期。

刘道玉：《中国必须创新教育价值观》，《人民日报》2013 年 10 月 15 日。

刘得宽：《法学入门》，中国政法大学出版社 2006 年版。

刘复兴：《新〈义务教育法〉的突破与创新》，《教育研究》2006 年第 9 期。

刘松山：《有关公民受教育权的几个问题》，劳凯声《中国教育法制评论：第 2 辑》，教育科学出版社 2003 年版。

刘伟：《关于情感教育目标的几点认识和思考》，《教育理论与实践》1998 年第 6 期。

刘争先：《在家上学：对制度化学校教育的反抗与反思》，《贵州师范大学学报（社会科学版）》2013 年第 6 期。

卢海弘：《美国"家庭学校"的教学述评》，《比较教育研究》2004 年第 5 期。

鲁维明：《论教育的公权形成和私权回归》，《浙江师范大学学报》2004 年第 3 期。

陆建猷：《中国传统家学的现代参鉴价值》，《社会科学》2013 年第 5 期。

陆文静：《在家教育联合体的民族志研究——以 W 书院为个案》，硕士学位论文，南京师范大学，2015 年。

吕世伦、文正邦：《法哲学论》，中国人民大学出版社 1999 年版。

吕世伦：《现代西方法学流派》，中国大百科全书出版社 2000 年版。

罗豪才：《现代行政法的平衡理论（第二辑）》，北京大学出版社 2003 年版。

骆正言：《论美国州立法对在家上学的规制》，《外国教育研究》2018 年第 4 期。

南京师范大学《教育学》编写组：《教育学》，人民教育出版社 1984 年版。

倪洪涛：《论义务教育阶段学生的学习权——从"孟母堂"事件谈起》，

《法学评论》2008 年第 4 期。

牛芳菊：《约翰·霍尔特与美国家庭学校》，《教育发展研究》2005 年第 2B 期。

齐学红、陆文静：《在家教育对儿童社会化影响的个案研究》，《教育科学研究》2013 年第 7 期。

秦惠民：《走入教育法制的深处——论教育权的演变》，中国人民公安大学出版社 1998 年版。

屈书杰：《在家上学——美国教育新景观透视》，《外国中小学教育》1999 年第 1 期。

饶从满：《美国家庭学校教育运动简介》，《外国教育研究》1991 年第 4 期。

饶龙飞、欧阳晓安：《教育权概念之辩诘——学说述评的维度》，《井冈山大学学报》2010 年第 5 期。

阮纤茹：《在家教育者之资讯行为研究》，硕士学位论文，台湾淡江大学，2011 年。

商务印书馆编辑部：《辞源》，商务印书馆 1988 年版。

申素平、段斌斌：《在家上学的法律关系分析——以霍菲尔德的法律关系理论为分析视角》，《教育发展研究》2017 年第 12 期。

申素平：《教育法学——原理、规范与应用》，教育科学出版社 2009 年版。

申素平：《在家教育的法理分析——从我国在家教育第一案说起》，《中国教育学刊》2008 年第 7 期。

沈宗灵：《法理学》，高等教育出版社 1994 年版。

沈宗灵：《现代西方法理学》，北京大学出版社 1997 年版。

施惠玲：《制度伦理研究论纲》，北京师范大学出版社 2003 年版。

石元康：《当代自由主义理论》，联经出版事业公司 1995 年版。

苏贵民：《课程标准研究取向的回顾与前瞻》，《中国教育学刊》2013 年第 1 期。

孙国华：《法学基础理论》，法律出版社 1982 年版。

孙国华：《权力（power）和权利（right）是一对矛盾吗?》，《理论法学》2000 年第 2 期。

孙绵涛：《教育效能论》，人民教育出版社 2007 年版。

孙霄兵：《受教育权法理学——一种历史哲学的范式》，教育科学出版社

2003 年版。

孙霄兵：《中国教育法律治理研究》，中国民主法制出版社 2013 年版。

台北市政府教育局：《台北市教育白皮书》，2002 年版。

田正平、李江源：《教育公平新论》，《清华大学教育研究》2002 年第 1 期。

汪海燕：《新中国义务教育历史研究》，硕士学位论文，西北师范大学，2003 年。

汪利兵、邝伟乐：《英国义务教育学龄儿童"在家上学"现象述评》，《比较教育研究》2003 年第 4 期。

汪晓东、袁鸿林：《我就是那个私塾老师》，《人民日报·华东新闻》2005 年 11 月 11 日。

王道俊、王汉澜：《教育学》，人民教育出版社 1999 年版。

王佳佳：《当代西方国家"家庭学校"监管之争》，《外国教育研究》2011 年第 9 期。

王录平、胡劲松：《论"在家上学"作为一种权利》，《教育科学》2014 年第 3 期。

王啸：《教育与自由》，《教育研究与实验》2000 年第 2 期。

王雪梅：《儿童权利保护的"最大利益原则"研究（上）》，《环球法律评论》2002 年冬。

王彧：《我国制定法的缺陷和完善》，《四川警官高等专科学校学报》2006 年第 6 期。

王柱国：《学习自由与参与平等：受教育权的理论和实践》，中国民主法制出版社 2009 年版。

魏宏：《法律规范的社会学内涵》，《法律科学》1996 年第 4 期。

温辉：《受教育权入宪研究》，北京大学出版社 2003 年版。

吴庚：《宪法的解释与适用》，三民书局 2004 年版。

吴明益：《国家管制教育市场的合理地位与制度因应——以教育权的保障为中心》，硕士学位论文，台湾大学法律学研究所，1994 年。

吴清山、林天佑：《在家自行教育》，《教育资料与研究》1995 年第 16 期。

吴秋霞：《在家上学儿童社会化问题研究——以袁小逸为例》，硕士学位论文，西南大学，2015 年。

吴永军：《我国教师专业化研究：成绩、局限、展望》，《课程·教材·教法》2007 年第 10 期。

夏勇：《人权概念起源——权利的历史哲学》，中国政法大学出版社 2001 年版。

夏勇：《走向权利的时代》，中国政法大学出版社 1995 年版。

夏征农：《辞海》，上海辞书出版社 2000 年版。

项贤明：《泛教育论：广义教育学的初步探索》，山西教育出版社 2002 年版。

谢晖：《解释法律与法律解释》，《法学研究》2000 年第 5 期。

谢敏婷：《浅论法学研究方法——以西方三大法学流派思想为引线》，《法制与经济》2011 年第 10 期。

谢瑞智：《教育法学》（增订版），文笙书局 1996 年版。

辛占强、许国动：《国家教育权与家庭教育权紧张的原因探析——以需求与责任的关系为分析维度》，《沈阳教育学院学报》2007 年第 8 期。

熊华生：《为了儿童的幸福与发展》，博士学位论文，华中师范大学，2006 年。

熊华生：《追求儿童幸福是教育的神圣使命》，《教育研究与实验》1996 年第 2 期。

胥茜：《我的孩子在家上学》，《中国教育报》2002 年 1 月 20 日。

许崇德：《宪法》，中国人民大学出版社 1999 年版。

许春清：《法理的社会学分析》，《西北师范大学学报（社会科学版）》2003 年第 7 期。

许育典：《教育法》，五南图书出版公司 2007 年版。

严从根：《合法律性追求与合法性追求——两种教育改革取向间的冲突及消解策略》，《教育科学研究》2010 年第 7 期。

严存生：《法的合法性问题研究》，《法律科学》2002 年第 3 期。

杨东平：《在家上学：一种崭新的教育生长》，《青年教师》2014 年第 6 期。

杨东平：《中国教育公平的理想与现实》，北京大学出版社 2006 年版。

杨建军：《"法理"词义考》，《宁夏社会科学》2008 年第 11 期。

杨巧玲：《教育行政的松绑与再规范：以在家自行教育为例》，《教育政策论坛》2000 年第 2 期。

杨永宁：《"在家上学"态度调查》，《鲁东大学学报（哲学社会科学版）》

2017年第5期。

杨元禄：《初中男子在家教女儿，称将其培养为科学家》，《四川在线—华西都市报》2007年2月27日。

杨宗科：《法理学引论》，陕西人民出版社1999年版。

殷海光：《殷海光文集》（第1卷），湖北人民出版社2001年版。

尹力：《儿童受教育权：性质、内容与路径》，教育科学出版社2011年版。

尹力：《教育人权及其保障——新〈义务教育法〉何以落实和完善》，《教育研究》2007年第8期。

尹力：《试述父母教育权的内容——从比较教育法制史的视角》，《比较教育研究》2001年第11期。

余雅风：《论在家教育入法的价值目标与规范重点》，转引自劳凯声、余雅风《中国教育法制评论（第十二辑）》，教育科学出版社2014年版。

余雅风、茹国军：《"在家教育"立法的现实诉求及框架构想——以北京市义务教育阶段为例》，《北京社会科学》2015年第12期。

袁振国：《当代教育学》，教育科学出版社2008年版。

张步峰、蒋卫君：《现代私塾"孟母堂"能否见容于法治》，《法学》2006年第9期。

张民堂：《试论效能教育的核心理念》，《理论前沿》2007年第18期。

张念宏：《中国教育百科全书》，海洋出版社1991年版。

张欧：《女孩在家上学十年引质疑，读美名牌大学成绩优异》，《成都晚报》2011年12月19日。

张骐：《论法的价值共识——对当代中国法治进程中一个悖论的解决尝试》，《法制与社会发展》2001年第5期。

张千帆：《宪法》，北京大学出版社2008年版。

张铁明：《教育产业论》，广东高等教育出版社2002年版。

张文显：《二十世纪西方法哲学思潮研究》，法律出版社1996年版。

张文显：《马克思主义法理学》，吉林大学出版社1993年版。

张正德、付子堂：《法理学》，重庆大学出版社2003年版。

赵琳琳：《揭秘"私塾女孩"辛蕴甜的读书经》，《广州日报》2006年8月8日。

赵汀阳：《论可能生活》（修订版），中国人民大学出版社2004年版。

赵忠心：《家庭教育学——教育子女的科学和艺术》，人民教育出版社2001

年版。

郑国萍:《我国义务教育阶段在家教育权利论析》,《中国教育学刊》2014年第8期。

郑素一:《教育权之争——"孟母堂事件"的法理学思考》,《探索与争鸣》2006年第11期。

郑新蓉:《试论父母教育权的起源、演变和特征》,《教育研究与实验》2000年第5期。

郑渊洁、郑亚旗:《郑渊洁教子秘诀》,二十一世纪出版社2006年版。

《中国大百科全书(法学卷)》,中国大百科全书出版社1984年版。

《中国大百科全书(教育卷)》,中国大百科全书出版社1985年版。

《中国大百科全书(哲学)第1卷》,中国大百科全书出版社1985年版。

周光礼、刘献君:《政府、市场与学校:中国教育法律关系的变革》,《华中师范大学学报(人文社会科学版)》2006年第9期。

周叶中:《宪法》,高等教育出版社2001年版。

朱敬一、戴华:《国家在教育中的角色》,《行政院教育改革审议委员会教改严刊》1996年第12期。

卓泽渊:《法的价值论》,法律出版社2006年版。

[德] 费尔巴哈:《费尔巴哈哲学著作选》,荣震华等译,商务印书馆1984年版。

[德] 黑格尔:《法哲学原理》,范扬等译,商务印书馆1979年版。

[德] 康德:《论教育学》,赵鹏等译,上海人民出版社2005年版。

[德] 拉德布鲁赫:《法学导论》,米健等译,中国大百科全书出版社1997年版。

[德] 拉伦茨:《法学方法论》,陈爱娥译,五南图书出版公司1996年版。

[德] 毛雷尔:《行政法学总论》,高家伟译,法律出版社2000年版。

[德] 韦伯:《经济与社会(上卷)》,林荣远译,商务印书馆1997年版。

[德] 耶林:《为权利而斗争》,郑永流译,法律出版社2007年版。

[法] 狄骥:《宪法学教程》,王文利等译,春风文艺出版社1999年版。

[法] 卢梭:《社会契约论》,何兆武译,商务印书馆2011年版。

[法] 涂尔干:《道德教育》,陈光金、沈杰译,上海人民出版社2006年版。

[法] 托克维尔:《论美国的民主(下卷)》,董果良译,商务印书馆1988

年版。

［古希腊］亚里士多德：《政治学》，吴寿彭译，商务印书馆 2008 年版。

［美］Fullan：《教育变革的新意义》（第四版），武云斐译，华东师范大学出版社 2010 年版。

［美］博登海默：《法理学——法律哲学与法律方法》，邓正来译，中国政法大学出版社 2004 年版。

［美］布朗：《生与死的对抗》，冯川等译，转引自陈庆德《经济人类学》，人民出版社 2001 年版。

［美］杜威：《民主主义与教育》，王承绪译，人民教育出版社 1990 年版。

［美］杜威：《哲学的改造》，许崇清译，商务印书馆 2004 年版。

［美］罗尔斯：《正义论》，何怀宏等译，中国社会科学出版社 1988 年版。

［美］奈勒：《教育学基础》，转引自陈友松《当代西方教育哲学》，教育科学出版社 1982 年版。

［美］庞德：《通过法律的社会控制》，沈宗灵译，商务印书馆 1984 年版。

［美］伊利奇：《非学校化社会》，吴康宁译，桂冠图书股份有限公司 2004 年版。

［日］阿部照哉、池田政章、初宿正典、户松秀典：《宪法——基本人权篇》，周宗宪译，中国政法大学出版社 2006 年版。

［日］川岛武宜：《现代化与法》，申政武等译，中国政法大学出版社 1994 年版。

［日］久下荣志郎、崛内孜：《现代教育行政学》，李兆田等译，教育科学出版社 1981 年版。

［日］芦部信喜：《宪法》（第 3 版），林来梵等译，北京大学出版社 2006 年版。

［苏］苏霍姆林斯基：《给教师的建议》，杜殿坤译，教育科学出版社 1984 年版。

［苏］苏霍姆林斯基：《怎样培养真正的人》，蔡汀译，教育科学出版社 1992 年版。

［印］森：《以自由看待发展》，任赜、于真译，中国人民大学出版社 2002 年版。

［英］哈耶克：《自由秩序原理》，邓正来译，生活·读书·新知三联书店 1997 年版。

［英］朗特里:《英汉双解教育词典》，教育科学出版社1992年版。

［英］洛克:《政府论（下篇）》，叶启芳等译，商务印书馆1981年版。

［英］密尔:《论自由》，许宝骙译，商务印书馆2013年版。

［英］斯密:《国民财富的性质和原因的研究（下卷）》，郭大力、王亚南译，商务印书馆1974年版。

［英］沃克:《牛津大辞典》，李双元等译，法律出版社2003年版。

Apostolerisnh, "Children's Love of Learning: Home Schooling and Intrinsicmotivation for Learning", Ph. D. Dissertation, Clark University, 2000.

Coleman J. S., "The Concept of Equality of Educational Opportunity", *Harvard Educational Review*, Vol. 38, No. 1, 1968.

Eley M. G., "Homeschool – Public School Collaboration", Ph. D. Dissertation, Arizona State University, 2006.

Finch D. D., "The Experiences of Homeschool Mothers", Ph. D. Dissertation, University of Massachusetts Lowell, 2012.

Gaither M., *Home School: An American History*, New York, NY: Palgrave Macmillan, 2008.

Hammad M. T., "Promoting the Social Well – Being of Homeschooled Children: Parental Perspectives and Curricular Suggestions", Ph. D. Dissertation, Webster University, 2012.

Hanna L. G., "Homeschooling Education: Longitudinal Study of Methods, Materials, and Curricula", *Education and Urban Society*, Vol. 44, No. 5, 2012.

Heap A. J., "Appreciating Relationships: Creating a Foundation for Collective Future Visioning in a Home Learners Program", Ph. D. Dissertation, Royal Roads University, 2007.

Hodgson D., *The Human Right to Education*, Aldershot: Dartmouth Publishing Company Ltd. & Ashgate Publishing Ltd., 1998.

Holt J. R., *Teach Your Own: A Hopeful Path for Education*, Delta, 1982.

Horsburgh F., "Home Schooling Within the Public School System", Ph. D. Dissertation, Simon Fraser University, 2005.

Illich I., *Deschooling Society*, New York: Harper & Row, Publishers, 1971.

James A., Prout A., eds., *Constructing and Reconstructing Childhood: Con-*

*temporary Issues in the Sociological Study of Childhood*, London: The Falmer Press, 1990.

John S. G., "Dewey and the American Movement to Homeschooling", *Education*, No. 4, 2018.

Krause J. M., "Homeschooling: Constructing or Deconstructing Democracy? Long Beach", Ph. D. Dissertation, California State University, 2012.

Lois J., "Role Strain, Emotion Management, and Burnout: Homeschooling Mothers' Adjustment to the Teacher Role", *Symbolic Interaction*, Vol. 29, No. 4, 2006.

Marks, Welsch, "Homeschooling Choice and Timing: An Examination of Socioeconomic and Policy Influences in Wisconsin", *Journal of School Choice*, No. 1, 2019.

Martin-chang S., Gold O. N., Meuse R. E., "The Impact of Schooling on Academic Achievement – Evidence from Homeschooled and Traditionally Schooled Students", *Canadian Journal of Behavioral Science*, Vol. 43, No. 3, 2011.

Mayberry M., Knowles J. G., Ray B., Marlow S., "Home Schooling: Parents as Educators", *CA: Corwin*, 1995.

Mccarthy F. B., "The Confused Constitutional Status and Meaning of Parental Rights", *Georgia Law Review*, Vol. 22, No. 4, 1998.

Medlin R. G., "Homeschooling and the Question of Socialization Revisited", *Peabody Journal of Education*, Vol. 88, No. 3, 2013.

Meyerhoff M. K., "Homeschooling—Perspectives on Parenting", *Pediatrics for Parents*, Vol. 22, No. 9, 2006.

Miller R., "Creating Learning Communities: Models, Resources & New Ways of Thinking About Teaching & Learning", *Natural Life*, Vol. 76, 2013.

Mises L. V., *Human Action*, Auburn, AL: Ludwig von Mises Institute, 1949.

Murphy J., Gilmer S. W., et al., *Path Ways to Privatization*, Greenwich: Ablex Publishing Coporation, 1998.

Nichols D. M., "Calaveras Changing Face of Homeschooling", *McClatchy – Tribune Business News*, 2011.

Pearl F. M., "Living Room School: The Real Deal on Homeschooling", *New*

*Moon Girls*, Vol. 17, No. 1, 2009.

Priesnitzw, "Education Is not Something That's Done to You", *Natural Life Magazine. com*, 2008.

Rathmell J. L., "A Heuristic Inquiry into the Stress that Home Educators Experience", Ph. D. Dissertation, Liberty University, 2012.

Ray B. D., *Strengths of Their Own*, Salem, OR: National Home Education Research Institute, 1997.

Reich R., "The Civicperils of Homeschooling", *Educational Leadership*, Vol. 59, No. 7, 2002.

Richardson E., "Homeschooling Laws (or Lack Thereof) in New Jersey—Are Children Slipping Through the Cracks?", *Journal of Law and Education*, Vol. 42, No. 1, 2013.

Rrivero L. ed., *The Homeschooling Option: How to Decide When It's Right for Your Family*, New York: Palgrave Macmillan Press, 2008.

Sarah J. P., "The Influence of Homeschooling on Entrepreneurial Activities: A Collective Case Study", *Education + Training*, No. 8, 2017.

Swcada W. G., *Equality in Education*, New York: Falmer, 1989.

Swidler E., "Re-Imagining School: Public Educators & Unschoolers May Have Much in Common", *Natural Life Magazine. com*, 2010.

Watson, "Is Homeschool Cool? Current Trends in American Homeschooling", *Journal of School Choice*, No. 7, 2018.

Yuracko K. A., "Educationoff the Grid: Constitutional Constraints on Homeschooling", *California Law Review*, Vol. 96, No. 1, 2008.

Zheng G. P., "A Qualitative Study of Educational Needs of Homeschooling Families in China", *US – China Education Review B*, Vol. 4, No. 6, 2004.

# 附　　录

## 附录一　参考法律文件汇总

《世界人权宣言》（1948 年）
《儿童权利宣言》（1959 年）
《儿童权利公约》（1989 年）
《儿童生存、保护和发展世界宣言》（1990 年）
《经济、社会及文化权利国际公约》（1966 年）
《中华人民共和国宪法》（2004 年修正）
《中华人民共和国教育法》（1995 年）
《中华人民共和国义务教育法》（2006 年修订）
《中华人民共和国民办教育促进法》（2003 年）
《中华人民共和国立法法》（2000 年）
《中华人民共和国婚姻法》（2001 年修订）
《中华人民共和国未成年人保护法》（2006 年修订）
《中华人民共和国妇女儿童权益保障法》（1992 年）
《法律援助条例》（2003 年）
《国家中长期教育改革和发展规划纲要（2010—2020 年）》（2010 年）
《中国儿童发展纲要（2011—2020 年）》（2011 年）
"《中华民国宪法》"（2006 年修正）
台湾所谓"《国民教育法》"（2003 年修正）
台湾所谓"《教育基本法》"（1999 年）
台湾所谓"《强迫入学条例》"（2003 年修正）
台湾所谓"《台北市非学校形态实验教育实施办法》"

台湾所谓"《台北县非学校形态实验教育实施办法》"
台湾所谓"《彰化县政府国民教育阶段非学校形态之实验教育办法》"
台湾所谓"《屏东县学校形态实验教育实施办法》"
台湾《台北市非学校形态实验教育家长与学校教育责任一览表》
台湾《台北县政府办理非学校形态实验教育辅导及评鉴实施方式》
台湾《澎湖县学年度非学校形态实验教育申请表》
台湾《高雄市98学年度非学校形态实验教育计划申请书范本》
Constitution of the United States
Alaska Stat.
Ariz. Rev. Stat.
Colo. Rev. Stat.
Hawaii Rev. Stat.
Mo. Ann. Stat.
Ga. Code Ann.
Mont. Code Ann.
Hawaii Admin. Rules
N. D. Cent. Code
Cal. Educ. Code

# 附录二　关于在家教育基本情况的问卷调查

尊敬的家长：

您好！为更好地了解我国在家上学的基本状况和家长对教育孩子的基本需求，帮助您的家庭获得更多的国家和社会支持，以更有利于您的孩子健康成长，特开展本次问卷调查。本次调查只做研究之用，您无须任何顾忌，请根据您的真实情况和想法填写，我们将对您的回答严格保密。衷心感谢您的支持与合作！

1. 您的文化程度（　　　）
①小学　②初中　③高中/中专　④大专　⑤本科　⑥硕士　⑦博士
2. 您的职业（　　　）
①全职在家教育孩子　②经商　③行政事业单位　④公司企业　⑤自

由职业　⑥其他_____

3. 您爱人的职业（　　）

①全职在家教育孩子　②经商　③行政事业单位　④公司企业　⑤自由职业　⑥其他_____

4. 您家的年收入状况（　　）

①5万元及以下　②5万—10万元　③10万—20万元　④20万—50万元　⑤50万—100万元　⑥100万元以上

5. 您的家庭有无宗教信仰（　　）

①有　②无

6. 您家孩子在家上学的施教者是谁（　　）

①父母　②家庭教师　③父母与家庭教师一起　④几个家庭合作的家长　⑤在家书院或学堂的教师

7. 如果是您亲自教育孩子，您有教师资格证吗（　　）

①有　②没有

8. 您家孩子年龄（　　）

①0—3岁　②3—6岁　③6—9岁　④9—12岁　⑤12—15岁　⑥15岁以上

9. 您家孩子在家上学几年了（　　）

①1年以内　②1—3年　③3—6年　④6—9年　⑤9—12年

10. 您家孩子一共有几个伙伴一起在家上学（　　）

①1个　②2个　③3—5个　④6—8个　⑤9—12个

11. 您家孩子在家上学的主要原因（　　）

①孩子对学校教育不适应　②父母对学校教育体制的质疑　③父母对在家上学的理想与期望　④宗教信仰　⑤其他

12. 目前您家孩子是否在学校取得学籍（①是　②否），是否回校参加考试（①是　②否）

13. 您对孩子未来的规划（　　）

①看情况，不排除回学校上学的可能性　②坚持在家上学，但会参加体制内的中高考等　③坚持在家上学，不与体制内接轨　④坚持在家上学，将来出国深造

14. 您认为在家上学最大的好处是什么？

15. 您认为在家上学最大的困难、疑惑是什么？

16. 您如何解决孩子社会化问题？

17. 您对孩子成长的要求与期望是什么？

18. 您对政府与社会的期望是什么？

## 附录三  关于在家教育具体情况的访谈提纲

### 一 关于家长教育行为与观点的访谈提纲

1. 您家孩子多大年龄？在家上学多长时间？为什么在家上学？

2. 您家孩子是独自在家上学还是和其他小伙伴一起？

3. 谁充当孩子的老师？课程如何设置？教材如何选择？您的教学计划和安排是怎样的？

4. 孩子是否在学校取得学籍？为什么要或者不取得学籍？

5. 您认为在家上学最大的好处是什么？

6. 您认为在家上学最大的困难是什么？

7. 您如何解决孩子社会化问题？

8. 您对孩子成长的规划，未来的期望是什么？

9. 您对政府与社会的期望是什么？（比如：是否希望给予在家上学合法化空间？是否希望给予父母相关的教育指导与资源供给？是否愿意政府对父母的教学资格、在家上学的质量进行监督？）

### 二 关于"儿童幸福感"的访谈提纲

1. 在家学习的学业负担重吗？作业多不多？累吗？

2. 你觉得学习好玩吗？你觉得学习是为了什么？你能主动地、有计划地进行学习吗？对于你的学习课程计划，你能不能提出自己的计划和安排？

3. 在家学习有没有丰富多彩的活动？举例说说。你都有哪些方面的兴趣爱好？平时怎么去体验和发展呢？

4. 你的自由活动时间多吗？都做些什么？

5. 你在家有可以一起玩的伙伴吗？有多少？你们多久一起玩一次？主要干些什么？你喜欢与哪种类型的朋友交往？

6. 你们家的氛围是属于哪种类型（严肃、民主、温馨还是冷漠）？你觉得父母尊重和理解你吗？当遇到问题时，父母更多的是与你像朋友一样的商量，还是更多的按他们的意志行事，让你遵照执行？

### 三 关于教育行政机关工作人员观点的访谈提纲

1. 贵省（市/地区）是否存在在家上学的案例？有人向你们提出在家上学的申请吗？
2. 如果贵省（市/地区）存在在家上学行为，将如何处理？
3. 对于它的未来发展，政府是一个什么样的态度？

### 四 关于专家（包括教育法学、教育学、法学专家教授以及立法界专家）观点的访谈提纲

1. 请问您对在家上学现象怎么看？
2. 从法律角度而言，您认为应该如何对待和处理在家教育法律行为？

### 五 关于学校领导观点的访谈提纲

1. 贵校是否存在取得学籍而在家上学的孩子？
2. 贵校是如何看待和处理在家上学行为的？
3. 如果要求贵校大力支持与配合在家教育，您觉得学校可以在哪些方面提供支持与帮助？

### 六 关于非在家教育者观点的访谈提纲

1. 您身边有在家上学的例子吗？
2. 您如何看待在家上学现象？
3. 您有把孩子留在家里自行教育的想法吗？为什么？

## 附录四 访谈记录节选

### 访谈记录节选（一）

访谈对象：在家上学14岁的女孩希希的妈妈

访谈地点：云南大理大木屋

访谈时间：2013年10月20日，下午4：30—5：00和2014年5月25日，上午11：30—12：00

具体内容如下。

问：能否简单介绍一下您的女儿选择在家上学的原因？

答：希希在传统学校上学到4年级，后来出现部分孩子会出现的一些问题，厌学、情绪低落、不和同学们交流、与同学打架。我本来是在外企

从事管理工作，为了孩子的健康成长，不得不放下工作，其间从广东辗转到过成都、大理寻求华德福、腾龙灵性教育等，最后还是觉得自己带孩子更好，因为没有谁比父母更了解和关爱自己的孩子。于是3年前把她带到大理，与几个家庭的孩子一起学习生活。

问：孩子现在成长得怎么样？

答：经过我的耐心引导，当然我也在与希希一起不断学习成长，希希已经改掉了厌学孩子的毛病，释放了身体内的负面情绪，变得自主、克制、热情，并在学习中逐渐找到了发展方向，对西医有了执着的热爱，经常会自己戴上口罩，拿上手术刀解剖老鼠麻雀之类。希希的钢琴已经放下了几年，现在她也自己主动又开始练了。一切都在向好的方面发展。

问：听说希希已经准备到一所国际学校读书了？

答：这正是我想向你分享的一件事情。2014年年初，孩子主动提出想去国际学校学习，并且自己上网查找相关学校信息，最后锁定成都的一所国际学校，通过了严格的英语和数学笔试、全英文的面试，并且被划分到初三的水平段。我女儿特别高兴，我也很开心，没有想到这个评价结果。因为我们社区一直没有考过试，也没有跟外界去比对过。所以，这次女儿的出征对我而言也是非常地新奇。国际学校对英语当然是比较重视，面试以及将来的授课，都是全英文的，我女儿这次面试的英文成绩并不算太好。我们平时并没有特别重视这门课的学习。主要课程还是在多元激发孩子的兴趣、学习自主性为主。我女儿的数学和英语语法，基本上是平时课余时间自学的。有疑问的情况下，我才出马给予一些帮助。这次的考试，她都是自己在两个月前，因为自己确定了要考国际学校，自学准备的。我想说，在家上学给了她什么？给的主要是她自己对自己越来越清晰的认知、自主的选择、自主的学习的动力。有了这些，技术层面的问题，其实确实不是难题。我女儿这次的笔试成绩属于中上，面试口语的成绩属于中下吧。但是，当时校长（英国人）面试过后给的评语是：英语不是太好，但相信她可以很快赶上来。主要原因是什么呢？其实我也在事先给了女儿一些引导。就是面试的时候，勇敢地去表达，努力地去与对方交流。我想，这种专注、努力的状态，是任何真正有见地的教育者都会看重的。女儿已经独立了，算是我们社区的第一个"毕业生"吧！对了，我申明一下我们的教育主张。我分享我女儿的案例，并不是说，考取国际学校就是很了不起的成绩。我们高兴的是，孩子可以"自主"选择自己的方向，可以有能力去选择。无论什么样的道路都是优秀的！关键是孩子清楚自己想走的路，并且知道如何去走。

问：为什么想着去国际学校呢？

答：因为我女儿喜欢医学，而且是西医。希望通过去读国际学校，然后出国深造。而且她自己的计划还是将来学成回国，她说中国的病人太多了，医学又不够发达，希望能学有所用。另外，通过在家学习的自我调适，孩子已经具备了自我管理、自主选择能力的时候，我也可以适时放手了。

**访谈记录节选（二）**

访谈对象：在家上学 9 岁男孩天天的爸爸

访谈地点：重庆北碚区天天家里

访谈时间：2013 年 7 月 10 日，下午 4：00—5：00

具体内容如下。

问：你们家孩子在家学习感觉效果怎么样？

答：在家上学让孩子学会了学习，会学习的学什么都可以又快又好，不会学习的就像即便是打了一辈子麻将，也是低水平。会学习有点赢家通吃的感觉，这里所谓赢家是指会学习的人，不过，好在这种赢家人人都有机会当，只要教育得好。我家孩子的英语老师是学校的，她觉得孩子比他们学校的小朋友更优秀，各方面发展更好，现在已经相当于高中学生水平了。她见的小朋友多，比我有发言权。我们家孩子自控能力很强，可以全神贯注看书 3—4 个小时。去学围棋，半年时间就超过了班上已经学过 2—3 年的同学。我无意于夸耀孩子，而是觉得在家上学可以养成良好的学习习惯和掌握良好的学习方法，带来更好的学习成效。

问：您是如何处理孩子的社会化问题的呢？

答：其实，在家上学的家长，最担心和首要考虑的问题就是娃娃交际交往、归宿感问题。我不仅想到了这个问题，而且从各方面解决。6 岁以前，我对天天的基本策略是以玩为主，养成习惯为辅。所以在 6 岁前，经常带他到四处游玩，接触大量的各色人等。例如，经常去各类茶馆，那里喝茶的人主要是旅行者，小至两三岁幼儿，大到八九十岁耄耋老者，省内省外、国内国外的游客，茶馆老板、伙计、跑堂的，无论男女老少，只要天天感觉有趣的，都乐于和其瞎侃一番，人家喝茶的也是闲来无事，也乐得和他逗乐。甚至天天的英语口语开口这一关，基本上也有茶馆老外的功劳。在家上学已经小具规模，形成了一个小圈子，在这个圈子里，各位有心的家长积极为孩子们组织各种各样丰富多彩的活动，有公益的科学试验、义卖活动、义务劳动，至于体育活动就更多了，仅仅在我们的群里面，就有每周的踢球、爬树、捉迷藏、捉昆虫、自行车、马球、攀岩等活动，可以说，只要孩子喜欢的活动，我们家长都会想办法组织的。另外，部分在家上学的学生会在家长的组织下聚集学习，形成一种人数较少的小集体，真正实现因材施教，这种优势是学校无法比拟的。反观现在的学校，弊端重重。首先，孩子在学校只能接触到同龄人。其次，现在的学校，由于担心孩子的安全问题，有的学校除了上厕所，甚至连教室都不能出，至于体育课，基本上是做做样子而已，所以才有中国学生体质连年下降。

问：在家上学对家长的综合素养的要求应该很高吧？

答：在家上学其实不易，需要家长投入大量的时间精力，更需要家长持续不断地学习，这不是谁想做都行的。在家上学对于大多数家庭并不适合。如果是父母两人中一人全职在家教育孩子，那么对其要求是，有钱、有闲、有能力、有毅力，这是起码的要求，至于其他的如学习能力、眼界、悟性等更是要求高于常人，否则，你如何保证教育的效果，保证对孩子的正确引导？

**访谈记录节选（三）**

访谈对象：教育部行政官员

访谈地点：swu 大学

访谈时间：2014 年 3 月 26 日，下午 4：50

具体内容如下。

问：S 司长，您好。借您来到 swu 大学进行学术交流的机会，向您请教一个问题。请问，对于我国近年出现的在家上学现象，能否简单谈谈您的态度和看法？

答：对于这个问题，我们已经在做有关调查和研究，这也引起了教育行政部门的高度关注。近年来由于各种原因，确实有部分家长正在或打算实施在家教育，我也有所了解。近来还有在家上学的家长联名向教育部提交在家上学的申请。对新的教育现象，我们要给予持续关注和深入分析，弄清其存在的合理性与合法性。也许到适当时机，条件成熟之际，启动相关立法和修改法条也是可以的，但目前条件尚未成熟。

**访谈记录节选（四）**
访谈对象：教育法学专家 L 教授
访谈地点：swu 大学
访谈时间：2012 年 11 月 10 日，上午 11：40
具体内容如下。

问：L 教授，您好。会议上您简略地谈到了在家上学现象，能否再更详细地向我们谈谈您的观点？

答：目前正处在教育的一个新开端，人们的教育诉求发生了转变。其中一个现象就是在家上学，最近 3—5 年越来越凸显，不仅是老百姓的反映，也引起了教育决策层的关注。对于在家上学现象，官方以前的态度是认为在家教育违反了义务教育的相关刚性政策规定，我认为应该慎言违法，义务教育初期的辍学和现在的在家上学是不一样的，以前是因为文盲家庭不重视教育，而辍学宁可外出打工，现在是具有大学以上学历、有能力实施教育的家庭，在学校教育不能满足孩子需求发展的情况下所作的选择。背后的法理涉及家庭教育权利、学习者权利和家长权利，这是受教育权从他赋向自赋的过渡，从要我上学向我要上学的转变，使学校与家庭关系发生了变化，最初普及教育，为了实现公民的受教育权，要求国家的积极作为，公民消极不作为表现为义务。实际上这种关系搞反了，公民的受教育应该是权利，而国家应该是义务。所以，学校与家庭、国家与个人之间的矛盾如何解决？如何在民意和法律政策之间构成良性互动，代表老百姓的想法，是我们要解决的问题。也是我们教育法学研究者的研究课题，希望像你们这样更多的年轻学者加入相关研究中来。

# 后　　记

又是一年"鸟飞村觉曙，鱼戏水知春"的时节，著作终于落笔，回首往昔，个中滋味唯自知。本书是对博士论文的进一步深入持续研究，回首在基地求学的时光里时常感觉自己在黑暗中前行，又像是在征服一座座高山，每个阶段都经历了对心志的最大磨砺，从对教育一知半解的迷茫，到选题所经历的一波三折，再到论文写作中的不断肯定与否定的自我修正过程。辛勤之后收获的不仅是一纸文凭，更是锤炼了自我，感悟了为学为人之道，使我经历了学术志业和思想心灵的全新"蜕变"。饮水思源，在专著付梓之际，最想表达的就是感谢赐予我智慧和关爱的每一个人。

首先感谢导师张诗亚教授。先生治学严谨，学贯中西，涉猎古今，经纶满腹，精历史，善诗文。无论是课堂内外、茶余饭间，都是我们学习的大好时机。分析问题，鞭辟入里。当百惑无从得释时，先生的教导使余如醍醐灌顶，茅塞顿开。还要特别感谢先生对我学业中所遇困境的理解、宽容和支持，师恩永记！师母廖伯琴教授气质优雅、平易和蔼，她严谨求实的治学态度值得我们女博士们永远学习与敬仰。

感谢导师孙霄兵教授。作为一名学者型官员，温文尔雅，博学多才，名德重望，治学严谨。在整个博士求学期间，都得到了先生高屋建瓴、耐心真诚的悉心指导，令我钦佩与折服。无奈学生愚钝，多劳老师费心了。

感谢硕导郑白玲教授。正是她的无限关爱、支持与鼓励，学生才能继续学术梦想，领略到不一样的人生风采，开启不一样的人生篇章。

感谢陈恩伦教授。在整个学业生涯中，我总是把他默认为"二导"，几多打扰，从论文的选题到写作都凝聚了陈老师的诸多心血与指导。同时也感谢其夫人张文娟教授对我们的关爱。

感谢求学期间、开题之时、论文撰写过程中以及答辩时给予我教诲和帮助的老师们。感谢同窗金兰挚友在生活中、学习上的各种支持和帮助，

## 后　记

朝夕相处，情谊拳拳，永远感怀。感谢同室四载漂亮、聪明的闺蜜一路相伴，经历彼此心灵的慰藉、思想的碰撞和苦闷的分担，共同见证彼此的点滴成长。

感谢在田野考察中结识的志同道合的家长朋友们，小伙伴们，他们提供给我的不仅仅是研究素材，更是对教育的一种全新认识和解读。

每一段生命历程都离不开家人的无限关爱与鼎力支持。感谢为我操劳一生的爸爸、妈妈对我学业工作的大力支持，总是安慰我："别急，慢慢来"。感谢哥嫂对父母的全心照顾。还要特别感谢公公、婆婆的辛勤付出，他们在本该颐养天年的古稀之年，拖着病体全心全力照顾襁褓中的幼孙，使我能心无旁骛地在异地求学，到我毕业之时孩子已长成能唱诵《三字经》的聪明淘气的小子。感谢爱人繁忙工作之余，对小儿的照顾和对我无尽的鼓励，使我能克服重重压力坚强走过来。感谢儿子的到来，使研习教育的我时刻反躬自省，"要尊重孩子之天性，保护孩子之天真"。

理无专在，学无止境。正如霍金说过的："如果我们已经抵达终点，则人类精神将枯萎死亡。但我认为，我们将永远不会停止：我们若不更加深邃，定将更加复杂。"在未来的日子里，我将满怀感激和感恩之心，勤奋工作，用心生活，书写人生的美好篇章。